KB068264

스트레스는
나쁜 것이
아닙니까

THE STRESS TEST

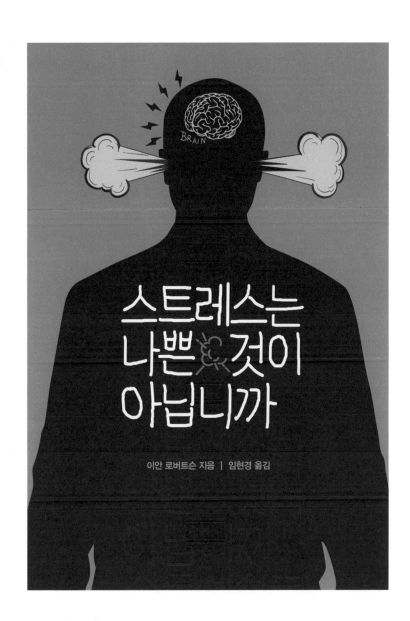

스트레스는 나쁜 것이 아닙니까

이안 로버트슨 지음 | 임현경 옮김

RHK
알에이치코리아

나를 죽이지 못하는 것은 나를 더 강하게 만든다.

– 프리드리히 니체

차례

Prologue

컴퓨터가 부팅되길 기다리면서 초조하게 손가락으로 책상을 두드
렸다. 보통 몇 초면 나타나는 익숙한 화면이 오늘은 몇 분이나 걸려
나타났다. 메일함을 열고 또 한참을 기다렸다. 결국 메일을 확인했지
만 모든 동작이 지긋지긋할 만큼 느렸다. 워드도 마찬가지였다. 컴퓨
터의 모든 기능이 파업에 돌입한 것 같았다. 컴퓨터 기사는 소프트웨
어에 약간 문제가 있는 것 같다며 운영체제를 다시 설치했지만 그래
도 마찬가지였다. 내 컴퓨터는 여전히 파업 중이었다. 컴퓨터 기사가
말했다.

"최신 운영체제가 램 메모리에 비해 너무 커서 그럴지도 몰라요. 업
그레이드를 해야겠어요."

다음 날 새 소프트웨어와 대용량 메모리의 설치로 파업은 철회됐
다. 우리는 소프트웨어와 하드웨어, 그리고 둘 사이의 아슬아슬한 관
계로 컴퓨터의 성능을 따진다. 그나마 소프트웨어를 다시 설치하면

STRESS TEST

하드웨어의 성능이 좋아진다는 사실은 무리 없이 이해한다.

그런데 이건 어떤가? 인간의 소프트웨어와 하드웨어, 그러니까 마음과 뇌 그 둘의 관계에 대해서 말이다. 이에 대해선 일반인은 물론 전문가들도 제대로 이해하지 못하고 있다.

임상심리학자로 10년간 일하다 뇌과학 연구에 뛰어든 지 어느덧 30년이 흘렀다. 흔치 않은 경우지만 그 덕분에 인간의 마음이라는 소프트웨어와 뇌라는 하드웨어가 서로 어떻게 영향을 주고받는지에 대해 몇 가지 중요한 사실을 발견할 수 있었다. 처음 공부를 시작했을 때만 해도 상상조차 못 했던 방식으로 인간의 마음과 뇌는 상호작용을 하고 있다는 것을 확인했다.

마음에 문제가 있는 환자를 치료하는 임상심리학자의 일과, 뇌를 치료하고 재활하는 신경과학자의 일은 서로 관련이 없다고 오랫동안 생각해왔다. 과학자도, 의사도 마음과 뇌는 별개의 대상으로 연구해왔으니 당연히 그럴 수밖에 없었다. 하드웨어를 다루는 뇌 연구자들과 소프트웨어를 다루는 마음 전문가들은 여전히 서로 소통하지 않는다. 하지만 실제로는 여러 가지 상황이 소프트웨어와 하드웨어에 동시에 영향을 끼친다. 컴퓨터의 성능을 향상시키려면 소프트웨어와 하드웨어를 모두 살펴야 하듯 심리학과 신경과학도 마찬가지다.

그렇기 때문에 다소 늦은 감이 있지만 지금이야말로 이 두 분야에서 일하며 배운 모든 지식을 하나로 통합해야 할 때라고 생각했다. 이 책에서 나는 임상심리학자로서 과거에 치료했던 환자들의 사례를 신경과학자의 눈으로 다시 살펴보았다. 그러면서 마음의 문제와 스트레스를 해결하는 방법을 찾기 위해 노력했다.

임상심리 현장을 경험하고 인지신경과학 이론까지 연구할 수 있었던 것은 크나큰 행운이었다. 그 덕분에 사람들이 능력을 발휘하고, 역경에 긍정적으로 대처하고, 도전에 응하기 위해 뇌라는 하드웨어와 마음이라는 소프트웨어를 어떻게 활용해야 하는지 새롭게 이해할 수 있었다. 이 책에는 바로 그에 관한 내용이 담겨 있다.

정신적 문제의 해결,
대상과
행위자의 인식

1975년 뉴질랜드의 정신과 병동에서 간호조무사로 일하던 때였다. 매주 월요일 아침마다 신체 일부가 마비된 환자의 휠체어를 끌고 치료실로 내려갔다. 정신과 의사가 환자의 머리에 전극을 연결하고 전류를 흐르게 하면 환자는 몸을 잠깐 뒤틀었다가 곧 잠잠해졌다. 그런 치료가 끝나면 환자들을 다시 병동으로 데리고 올라가는 것까지가 내 일이었다. 환자들은 한두 시간 후 멍한 상태로 깨어났다. 이는 정신과 병동 환자들이 전기충격요법 ECT, electroconvulsive therapy을 받는 풍경이다.

환자들은 보통 몇 주씩, 특별한 경우에는 몇 달씩 입원해 있었다. 환자들 중 환각이나 환영, 망상, 조증, 심한 우울증 같은 중증 정신질

환 증상을 보이는 사람은 극소수였고, 알코올중독인 몇 사람을 제외하면 대부분은 경미한 우울증이나 불안장애 또는 인격장애를 앓고 있었다.

우울증이 심했던 환자가 전기충격요법으로 기적처럼 낫는 것을 목격한 적도 있다. 우울증의 시커먼 동굴에서 밝은 마음으로 빠져나오는 환자를 지켜보는 것은 정말 멋진 일이었다. 하지만 대부분의 환자들은 크게 변하지 않았다. 정신질환 환자들 중 간혹 증세가 더 심해지는 경우도 있었다.

하루는 정신과 병동을 책임지는 전문의가 의학적 치료가 필요한 정신질환과, 분별 있는 사람이라면 누구나 받을 수 있는 일상생활 문제에 대한 상담은 분명히 다르다고 내게 설명했다. 그는 단언했다. "여기 환자들은 병에 걸린 겁니다. 그리고 우리의 치료법은 전기충격요법과 약물치료예요. 여기 환자들은 상담은 필요 없어요." 그의 말대로 내가 일했던 1년여 동안 그 병동의 모든 환자는 대개 다양한 약을 처방받아 복용했고 대다수는 휠체어를 타고 월요일 아침마다 전기충격요법을 받으러 내려갔다. 그것이 그들의 일상이었다.

그런데 그 병동의 공동책임자였던 다른 전문의는 상태가 아주 심각하거나 자살 충동에 사로잡힌 환자가 아니면 좀처럼 입원을 시키지 않았다. 대신 숙련된 간호사들과 심리학자들이 다양한 심리요법과 집단요법을 진행하는 외래 진료 클리닉을 운영했다. 그곳에서도 몇 주동안 일했는데 내가 보기에는 그 외래 환자들과 입원시키는 환자들이 크게 다르지 않았다.

완전히 상반된 두 가지 치료법에 나는 당황했다. 병동의 다른 선배들도 의학적 개입으로만 환자들을 치료할 수 있다고 확신하고 있었다. 하지만 개인의 잠재능력이라는 개념이 유행하던 1960년대에 심리학을 전공했던 나는 환자를 입원시키지 않는 의사의 접근 방식에 마음이 기울었다. 엄청난 스트레스를 받던 사람도 자기 문제를 터놓고 얘기하고 나면 스트레스에서 약간이나마 벗어날 수 있지 않을까? 하지만 솔직히 말해서 두 가지 치료법의 결과에 확실한 차이는 없어 보였다. 나는 그 모든 상황이 혼란스러웠다.

■ ■ ■ ■

뉴질랜드에서 일하기 1년 전인 1974년, 나는 피지 섬에서 교사로 일하고 있었고, 그때 프리드리히 니체의 글을 처음으로 읽었다. 나른한 도시 라우토카의 시립도서관에는 책이 드문드문 꽂혀 있었다. 읽을 만한 책이 별로 없어 도서관에 앉아 니체의《우상의 황혼Twilight of the Idols》을 읽기 시작했다. 니체가 일주일 만에 자신의 핵심 사상을 요약한 책이다. 글래스고 대학교를 다닐 때 심리학 전공과 연계해 철학을 공부했었지만 니체는 공부할 기회가 없었다.

지금 생각해보면 참으로 안타까운 일이다. 니체는 훌륭한 철학자일 뿐만 아니라 프로이트만큼 심리학자로서도 영향력이 큰 인물이었다. 사실 니체는 프로이트가 주장했다고 알려진 많은 사상들을 그보다 몇 십 년 전에 이미 주장했다. 무의식의 개념은 물론, 우리가 불편한 감

정을 억압하거나 타인에게 투사한다는 것 역시 니체의 생각이었다.[1]

니체는 책의 도입부에서 마흔두 가지 격언을 소개한다. 그중 하나는 다음과 같다. "나를 죽이지 못하는 것은 나를 더 강하게 만든다."[2] 그는 로마 시대의 시인 아울루스 푸리우스 안티아스^Aulus Furius Antias도 "영혼이 고양되고 정신이 성장한다. 상처를 통해서"라고 말했다며 자신의 사상이 전혀 새로운 개념이 아님을 밝혔다.[3]

니체가 역경을 통해 더 강해졌다면 이는 당연히, 훗날 프로이트가 묘사했던 기본 욕구들을 넘어서기 위한 실존적 자유에 대한 인간의 믿음 때문이었다. 그의 저작들을 통해서도 드러났지만 니체는 개개인을 통제할 수 없는 힘의 대상^subject이 아니라 자신의 힘을 사용할 수 있는 행위자^agent로 바라보았다.

니체의 생각은 정신과 병동에서 환자들을 돌보는 동안 계속 내 머릿속을 맴돌았다. 환자들의 뇌, 즉 하드웨어에 문제가 있다고 생각해서 전기충격요법을 실시하는 정신과 의사들은 니체와 정반대의 입장인 듯했다. 그들이 보기에 환자들은 행위자가 아니라 스트레스의 대상이었다. 반면 심리요법을 활용하는 의사들은 환자를 스트레스에서 벗어나려고 적극적으로 노력하는 행위자로 여기는 것 같았다. 나는 후자의 접근법이 더 마음에 들었지만 어떤 방식으로 치료를 하든, 환자를 하드웨어라는 '대상'으로 바라보든 소프트웨어라는 '행위자'로 바라보든 환자들의 상태는 크게 달라지지 않았기에 혼란스러웠다. 어떤 환자도 역경을 통해 더 강해지는 것 같지 않았기 때문이다. 환자들이 행위자이고 자신의 두려움을 통제할 수 있다면 심리치료를 통해 스트레스를 이겨내고 더 강해져야 하는 게 아닌가? 그런데 이를 증명해줄 환자는 단 한 명도 보지 못했다.

남태평양을 떠나 다시 유럽으로 돌아오면서도 이 두 가지 관점은 여전히 내 안에서 충돌하고 있었다. 마음이라는 소프트웨어를 통제할 수 있다는 니체의 믿음에 본능적으로 끌리기는 했다. 하지만 영원히 벗어날 수 없을 것 같은 환자들의 고통을 마주할 때마다 의심이 고개를 들곤 했다. 어쩌면 환자들의 정신적 문제는 뇌가 고장났기 때문이며, 그래서 전기충격요법을 쓰는 의사가 옳을지도 모른다고 말이다.

■■■■

1976년 10월 런던의 모즐리 병원 정신과학협회에서 임상심리학자 수련 과정을 시작했다. 다행스럽게도 런던에서는 뉴질랜드만큼 전기충격요법을 광범위하게 사용하고 있지 않았다. 게다가 내가 떠나고 얼마 지나지 않아 뉴질랜드 병원의 운영진이 교체되면서 전기충격요법 사용이 다소 주춤해졌다는 사실도 알게 됐다.

모즐리 병원의 동료들은 대부분 의학을 공부하고 정신과 의사가 되기 위해 훈련 중이었지만 나처럼 심리학을 전공한 사람들도 몇 명 있었다. 우리는 협회의 심리학 부서에서 훈련을 받았다. 당시 협회는 뇌의 하드웨어에서 고장 난 회로를 찾아 과학 기술로 그 엉클어진 화학 작용을 바로잡는 데 중점을 두고 있었다. 사실 이것은 지금까지도 정신의학의 핵심이다. 뉴질랜드 병원의 환자를 대하는 기본 관점이 런

던에서도 고스란히 통용되고 있었다. 환자의 정신적 문제는 뇌의 질환으로 인한 것이며 의사들이 뇌의 고장 난 부분을 찾아내 고칠 수 있다는 믿음 말이다.

이 믿음은 심리학의 기본 가정과는 정반대다. 심리학자들은 정신과 의사들과 달리 뇌라는 하드웨어보다 마음이라는 소프트웨어를 다루는 법만 생각한다. 그중 하나가 '행동요법'인데 공포를 느꼈던 상황을 점차 높은 강도로 대면하게 만들어 환자를 치료하는 방법이다. 강박장애도 비슷한 방법으로 치료한다.

심리학의 관점은 그랬지만 당시 나는 아직 가치관이 확립되지 않은 학생이었기에 정신과학협회의 분위기에 휩쓸리지 않기는 어려웠다. 카리스마 있는 저명한 선배들 틈에서는 더더욱 그럴 수밖에 없었다. 게다가 정신과학의 기본 가정에 동의할 수밖에 없었던 두 가지 확실한 이유가 있었다.

첫 번째는 당시 활발하게 연구되기 시작한 유전학이었다. 유전학은 단기간에 주목할 만한 과학적 연구 성과를 내며 전성기를 맞이했는데, 1970년대는 쌍둥이 연구가 중심이었다. 쌍둥이 연구는 일란성 쌍둥이와 이란성 쌍둥이의 천성과 양육을 비교해 다양한 장애의 원인을 밝히는 데 사용됐다. 예를 들면 이란성 쌍둥이보다 일란성 쌍둥이가 우울증을 겪을 확률이 더 높은데, 이는 곧 우울증을 유발하는 유전적 요소가 존재한다는 뜻이었다. 정신과 의사들은 부모들을 인터뷰해 정신질환 가족력을 살폈고 가족력이 발견되면 정신질환은 단순하게 유전병으로 받아들여졌다.

정신과학의 기본 가정에 동의할 수밖에 없는 두 번째 이유는 당시 학계를 지배했던 근본적인 믿음 때문이다. 바로 '성인의 뇌는 구조화hard-wired 되었다'는 확신이다. 사람들은 성인의 뇌는 구조화되어 있기 때문에 뼈가 부러졌다가도 붙는 것과 같이 스스로 재생되는 것이 아니라고 믿었다. 이는 당시 의학계 종사자들, 특히 신경과학자들은 누구나 믿는 정설이었고 심리학자들도 마찬가지였다. 뇌는 경험을 통해 유아기에 형성되지만 일단 성인이 되면 집 안의 전기 배선처럼 고정돼 쉽게 변하지 않는다고 믿었다. 물론 전기 배선은 나중에라도 바꿀 수 있지만 뇌는 바꿀 수 없다. 그래서 정신과 의사들의 관점에서 보면 인간은 일정 부분 유전적으로 물려받아 유아기 동안 형성된 신경회로로 평생을 살게 된다.

이 믿음은 정신의학계에서 여전히 사라지지 않고 있다. 정신과 의사들은 뇌는 변하지 않으므로 물리적·화학적 치료를 통해서만 그 회로를 바꿀 수 있다고 믿는다. 점차 줄어들고는 있지만 전기충격요법과 약물에 지나치게 의존하는 까닭도 이 때문이다.

오늘날 전기충격요법의 사용은 비교적 줄어들었지만 정신질환에 대한 약물 처방은 급격히 늘었고 계속 증가하고 있다. 한 예로 국가의료보장제도를 통해 약물 처방에 대한 포괄적인 집계가 가능한 영국의 경우를 살펴보자. 2013년 영국 인구는 대략 5,300만 명이었다. 그리고 그해 우울증 치료제의 처방전 수는 5,300만 장이었다.[4] 재발급된 처방전이 많다고 감안해도 이는 믿기 힘든 수치다. 심지어 많은 양이 처방되고 있는 항불안제 같은 기타 향정신제는 제외한 수치다.

도대체 무슨 일이 일어나고 있는 것일까? 과거에 제대로 진단하지 못했던 우울증을 이제는 제대로 치료해보겠다고 정신의학계가 달려든 것일까? 아니면 사람들이 스스로 스트레스를 해결하려 하지 않고 의사에게 의존한 채 약만 처방받으려고 하는 것일까? 그것도 아니라면 사람들이 맞서기 어려운 스트레스가 엄청나게 증가한 것일까? 이 질문들에 대한 정확한 답은 아무도 찾지 못했다.

감정적 경험도
뇌 구조를
바꾸는가

현대의 삶이 100년 전보다 스트레스가 많은 것은 사실이다. 공동체는 무너졌고 가족은 해체됐으며 노동으로 인한 압박과 가차 없는 경쟁이 만연하다. 하지만 다른 측면에서 보면 스트레스가 줄었다고도 할 수 있다. 강제노역, 기아, 영아와 산모의 높은 사망률, 결핵과 디프테리아의 시대는 지나갔다.

그렇다면 왜 지금 정신적 고통이 더 커 보이는 것일까? 모즐리에서 환자들을 치료하던 시절부터 나는 그 질문을 떨쳐버릴 수 없었다. 많은 사람들이 저마다 막다른 벽에 부딪혀 있었다. 그렇기 때문에 정신과 병원을 찾은 것이다. 하지만 누구나 겪을 법한 스트레스에 제대로 대처하지 못해 지옥을 걷고 있는 사람들도 많았다. 결국 병원을 찾게 만든 그 어떤 스트레스도 환자들을 더 강하게 만들어주는 것 같지 않았다. 정신의학과 2년 차, 나는 '인간이 자기 마음의 주인'이라는 니체의 믿음에 의심을 품게 됐다.

1982년 에든버러에서 임상심리치료와 대학 강의를 시작한 나는 모즐리에서 배운 것을 토대로 어린 학생들에게 열변을 토했다.

"뇌는 근육이 아니다. 뉴런은 한번 죽으면 재생이 불가능하다. 손상된 뇌는 고칠 수 없다."

에든버러의 정신과 동료들은 환자들의 뇌가 그 정도로 망가지지는 않았지만 생화학 작용이나 신경회로가 약간 틀어져 제대로 작동하지 못하고 있다고 생각했다. 그리고 그 상태는 약물과 전기충격요법으로만 나아질 수 있다고 여겼다. 정신질환에 대한 그와 같은 접근법은 성인의 뇌는 어떤 경험으로도 변하지 않는다는 믿음에 정확히 들어맞는다. 어느 순간 니체의 믿음을 저버렸던 나도 큰 고민 없이 그 이론을 학생들에게 가르쳤다. 1960년대에 유행했던 자아실현과 자기계발, 개인의 성장과 발전이라는 온갖 비현실적인 낙관론은 뇌의 물리적·유전적 불가역성이라는 냉혹한 현실을 마주해야 했다.

2년 후 나는 에든버러의 애슬리 에인슬리 재활병원에서 신경심리학자로 일하기 시작했고 '뇌는 근육이 아니다'라는 강의도 계속했다. 그러던 어느 날, 하늘이 무너졌다. 그해 초에 발표된 한 논문에서 성인의 뇌는 구조화된 것이 아니라 경험에 의해 변할 수 있다는 사실이 증명된 것이다.[5] 하룻밤 만에 믿음이 뒤집혔고 나의 인생도 바뀌었다. 이 일을 계기로 나는 임상심리학자가 아닌 신경과학자가 되기로 마

음먹었다.

나를 충격에 빠트린 그 논문에 따르면 인간을 포함한 모든 포유류 뇌의 대뇌피질에는 '감각지도sensory maps'가 존재하는데 그 부위에서 신체 각 부분에 연결된 신경회로가 만들어진다. 예를 들면 손가락에는 각각의 신경회로가 연결돼 있다. 집게손가락을 건드리면 집게손가락에 연결된 신경회로를 타고 그 회로에 연결된 뇌세포가 활성화된다. 그런데 집게손가락을 잃으면 집게손가락과 연결된 뇌세포들은 엄지손가락과 가운뎃손가락의 감각에 재빨리 반응하기 시작한다. 즉 뇌가 손가락이 절단된 경험을 반영하여 물리적으로 변한다는 것이다.

과학계가 통째로 흔들렸다. 어떤 손가락 끝을 계속 자극하면 그 손가락에 연결된 뇌세포가 활성화된다는 연구도 연달아 발표됐다.[6] 마취로 신경회로가 일시적으로 차단되기만 해도 뇌의 감각지도가 변한다는 사실도 밝혀졌다.[7] 시각을 잃어 점자 읽는 법을 배운 사람은 점자책을 읽는 데 사용하는 손가락과 연결된 뇌 지도가 확장된다는 연구도 있었다.[8]

획기적인 발견 후에는 늘 후속 연구가 폭발적으로 뒤따르듯, 그 후 몇십 년 동안 발표된 수백 편의 논문은 과거 100년 동안 누구도 의심하지 않았던 뇌에 대한 인간의 믿음이 틀렸음을 증명했다. 뇌는 경험에 따라 변하며,[9] 그와 같은 뇌가소성Neuro-palasticity은 감각에만 해당되는 것도 아니었다. 뇌 전체가 그랬다. 청각은[10] 물론 언어[11]와 주의력,[12] 기억을[13] 관장하는 부분까지도 말이다.

그러나 여전히 니체의 낙관론과 유전학적 숙명론 사이에서 갈피를 못 잡고 있던 내게 마지막 결정적인 한 방이 있었다. 바로 감정적 경험까지도 뇌를 물리적으로 바꿀 수 있다는 사실이었다. 존 볼비John Bowlby는 연구를 통해 아이의 감정적 경험이 뇌에 어떻게 영향을 미치는지를 밝혔다. 갓난아기들은 엄마와 끈끈한 정서적 유대감을 형성하는 것이 몹시 중요하다. 그런데 만약 엄마가 아기의 감정적 욕구에 민감하게 반응하지 못해 '불안정애착' 관계를 맺은 경우 그렇지 않은 아이들보다 스트레스 상황에서 더 불안해하고 쉽게 빠져나오지 못하며 그 효과 역시 아주 오래 지속된다는 사실이 확인되었다.

또한 18개월 당시 안정애착과 불안정애착 상태를 보였던 아기들이 각각 스물두 살이 됐을 때 차이가 나타났다. 불안정애착을 보였던 아기들, 그래서 자라면서 불안을 더 많이 느꼈던 아이들은 감정을 관장하는 뇌의 핵심 부위인 편도체가 안정애착을 보였던 아이들과 많이 달랐다. 편도체는 불안을 느낄 때 활성화되고 오랫동안 반복적인 자극을 받으면 확장된다. 양육자와 불안정애착 관계를 맺은 아기들은 스물두 살이 됐을 때 정신과 치료가 필요한 수준은 아니었지만 안정애착 관계를 맺은 이들보다 편도체가 훨씬 발달해 있었다.[14]

나는 혼란스러웠다. 경험이라는 소프트웨어가 뇌의 하드웨어 구조를 재편할 수 있다니 말이다. 한 세기 전, 파괴되는 우상을 목격했던 니체도 그런 마음이었을 것이다. 내가 믿고 있던 우상은 정신적 고통의 뇌질환 이론이었다. 그리고 첫 번째 교리와도 같았던 '성인의 뇌는 변하지 않는다'는 믿음은 크게 흔들려 굴러떨어지기 일보 직전이었다. 그럼에도 간신히 버틸 수 있었던 것은 두 번째 교리인 생물학적

사실, 즉 유전학 때문이었다. 인간이 갖고 있는 2만 4,000개의 유전자는 경험에 의해 변하지 않는다. 물려받은 유전적 특성에 갇혀 있다.

뇌가 변하지 않는다는 개념은 무너졌지만 유전적으로 타고난다는 냉혹한 사실 덕분에 내 우상은 여전히 건재했다. 정신과 의사들이 환자의 가족력을 면밀히 살피는 것도 생물학적 근거가 있는 당연한 일이었다. 우울증, 강박장애, 불안장애 등 유전 때문이라고 여겨지는 정신질환을 해결하기 위한 전 세계적 노력 또한 그렇다. 정서장애는 대부분 유전적 요인 때문에 발생한다고 쌍둥이 연구도 증명했다. 하지만 그 우상도 갑자기 와장창 무너져버렸다.

1990년에 나 역시 얼핏 알고 있었던, 하지만 제대로 이해하지 못하고 있던 유전자의 진실이 밝혀졌다. 경험이 유전자의 기본 구조에는 영향을 미치지 못하지만 유전자가 작동하는 방식은 바꿀 수 있는 것으로 드러났다.[15] 유전자는 단백질을 '발현'시키고 그 단백질은 우리 몸과 뇌에서 다양한 기능을 수행하고 우리의 행동을 좌우한다. 그런데 경험과 환경이 유전자의 단백질 합성 활동을 좌우한다는 연구 결과가 발표되었다.[16·17·18] 이는 내가 진료했던 환자들의 경험으로도 확인할 수 있었다. 뉴질랜드와 런던, 에든버러에서 진료했던 환자들은 전부 '스트레스'라는 경험을 공유하고 있었다.

오하이오 대학교 연구팀은 대부분의 사람들이 시험을 치를 때 스트레스를 받는다는 사실에 착안해 의과대학 학생들을 대상으로 실험을 했다. 스트레스가 많아지는 시험 기간에 신체 면역체계 작동에 핵심적인 역할을 하는 유전자인 인터류킨2수용체의 활동이 어떻게 변하

는지 살펴본 것이다. 연구 결과 스트레스는 인터류킨2수용체의 활동을 감소시켰다.[19]

뒤이어 스트레스가 유전자의 활동에 영향을 끼친다는 수많은 연구 결과가 발표되었다. 예를 들면 시간에 쫓기며 고된 임무를 수행하느라 스트레스를 받은 런던 시 공무원들은 동맥경화의 원인이 되는 면역체계 유전자 활동이 크게 달라졌다. 인터류킨1 베타 유전자는 염증에 핵심적인 역할을 하는 단백질을 발현시킨다. 스트레스가 가장 큰 부서의 공무원들은 이 유전자의 활동이 가장 많이 증가했고 유전자가 활동을 멈춘 후에도 그 효과는 두 시간 이상 지속되었다.[20]

우상이 무너져 내리는 것을 목도한 나는 마음이라는 소프트웨어와 뇌라는 하드웨어의 믿기 힘든 상호작용에 대해 더 연구하겠다는 결심을 굳혔다. 20세기의 마지막 10년을 남겨두고 마음과 뇌가 서로 독립된 소프트웨어와 하드웨어라는 생각을 버렸다. 대신에 마음과 뇌가 상호작용하며 주고받는 영향을 고려하기로 했다.

생각과 감정은 유전자를 활성화 또는 비활성화하고 이를 통해 뇌의 물리적 구조를 재편한다. 그리고 그 물리적 변화는 다시 생각과 감정의 틀이 된다. 따라서 정신질환을 유발하는 심리적 스트레스 요인을 살피지 않고 물리적 원인만 찾아서는 안 된다. 또한 심리치료에서도 뇌라는 하드웨어에 대한 고려가 필요하다. 뉴질랜드와 런던, 에든버러에서 마음과 뇌를 분리해 생각했던 어리석음을 한순간에 깨우치면서 나는 신경과학 연구라는 새로운 분야로 들어섰다.

하지만 아직 한 가지 의문이 여전히 나를 괴롭혔다. 심리적 스트레

스 요인이 유전자의 기능은 물론 뇌의 물리적 구조까지 바꿀 수 있다면 심리요법 또한 당연히 그래야 하지 않을까? 그 질문에 대한 답을 찾기까지는 다시 20년이 걸렸다. 이제는 대화요법과 행동요법이 뇌의 물리적 구조를 바꿀 수 있다는 사실을 알고 있다. 이 분야의 초기 연구자들은 강박장애 치료에 효과가 좋은 인지행동요법CBT, congnitive behavior therapy도 뇌의 기능에 현격한 변화를 이끌어낼 수 있다[21]는 사실을 밝혀냈다. 마음이라는 소프트웨어의 변화가 뇌라는 하드웨어를 변화시킬 수 있다는 사실은 이후 많은 연구를 통해 증명되었다.[22]

선기충격요법과 같은 물리적 치료로만 뇌의 하드웨어 문제를 치료할 수 있다고 확신했던 뉴질랜드 정신과 의사들이 이 사실을 알았다면 심리치료를 하는 상담 의사들을 더 존중했을까? 마찬가지로 소프트웨어에만 집중했던 상담 의사들도 스트레스가 환자의 뇌 구조를 바꾼다는 사실을 알았다면 조금 다른 관점으로 자신의 심리치료를 바라볼 수 있었을까? 분명 그랬을 것이다.

왜 어떤 사람들은
삶이 던지는 문제로
더 강해지는가

혁명적인 과학의 흐름 안에서 나는 자유를 느꼈다. 1989년이었다. 내친 김에 로마로 날아가 1년 동안 뇌가소성에 대해 연구했다. 그즈음 니체의 사상이 이론적으로 옳을 수 있다는 확신이 들었다. 즉 마음의 작용은 뇌에 영향을 미치고 뇌의 작용은 마음에 영향을 미친다. 스트레스는 우리의 소프트웨어는 물론 하드웨어도 강하게 만들 수 있다. 그로부터 30여 년 동안 나는 이 이론을 실제로 구현할 방법을 찾기 위해 노력했다.

1991년 케임브리지 대학교 응용심리학과에서 강의할 기회가 생겼고, 나는 인간의 마음과 뇌의 상호작용에 관한 지식을 활용해 사람들이 역경을 헤치고 능력을 발휘할 수 있도록 돕는 여러 가지 아이디어들을 개진하고 실천했다. 1999년에는 이런 과학적 발견에 대한 내용을 담은 《마음을 조각하다Mind Sculpture》를 집필했다.[23] 그 후 더블린의 트리티니 칼리지로 자리를 옮기면서 니체야말로 뭔가를 알고 있었다고 그 어느 때보다 강하게 확신했고, 그 개념을 더 과학적인 관점으로 이해하고 싶었다.

인간의 뇌는 이 우주에서 가장 복잡하다고 알려진 독립체이며 니체는 철학적 의미에서 그 복잡성을 이용해 우리 운명을 개척할 수 있는 인간의 능력에 대해 인지하고 있었다. 인류는 우상을 포기해야만 스스로 운명을 개척해 새로운 가능성에 도달할 수 있다고 니체는 주장했다.

임상심리학자로 일하면서 환자들 개개인의 증상을 개선시키기 위해 최선을 다했지만, 지금 생각해보면 뇌는 변하지 않는다는 믿음이 내 사고에 배어 있었고, 그 결과 초기 환자들을 치료하는 데 자신감이 부족했다. 어쩌면 은연중에 환자들에게 '뇌는 바꿀 수 없다'는 잘못된

개념을 심어주고 그 결과 뇌의 신경회로를 스스로 만들어갈 수 있는 인간의 타고난 능력을 무력하게 만들었을지도 모른다.

지금 내가 가장 해결하고 싶은 문제는 마음과 뇌의 상호작용을 밝혀 왜 어떤 사람들은 삶이 던지는 문제에 부딪혀 무너지고, 어떤 사람들은 더 강해지는지 그 이유를 설명하는 것이다. 2000년대에 더블린으로 자리를 옮기면서 한 가지 사실을 확신하게 됐다. 뇌의 하드웨어와 소프트웨어에 대해 우리가 알고 있는 사실과 그 둘의 상호작용에 대한 이해를 통합해야만 니체의 격언 그 이상을 탐험할 수 있다는 사실이다. 어떤 사람들은 언제, 어떻게, 왜 끔찍한 경험을 딛고도 일어서고 어떤 사람들은 그 경험의 무게를 감당하지 못하고 무너지는가?

스트레스와
뇌의
티핑 포인트

이 책은 내 생각과 다른 사람들의 연구 결과는 물론 임상심리학자로 일하면서 직접 목격한 사례들도 담고 있다. 지난 10여 년 동안 나는 마음과 뇌, 감정에 대한 인간의 이해를 혁명적으로 변화시킨 수백 가지 연구 결과를 토대로 예전 사례들을 새롭게 바라보기 위해 노력했다. 과거를 돌이켜보며 말 못 할 후회에 휩싸인 적도 많았다. 지금 알고 있는 것을 그때도 알았더라면 환자들에게 훨씬 더 큰 도움을 줄 수 있었을 것이다.

그나마 위안이 되는 것은 그렇게 깨달은 점과 실질적인 조언을 이 책을 통해 더 많은 사람들과 공유할 수 있다는 사실이다. 모든 사람은 자신의 마음과 감정을 더 잘 통제하는 법을 배울 수 있으며 그럼으로써 어느 정도까지는 스트레스를 긍정적으로 활용할 수 있다. 어떻게, 왜 그것이 가능한지 마음과 뇌의 상호작용을 설명하고 이해하도록 돕는 것이 이 책의 목표다.

우선 스트레스에 대처하는 방법이 사람들마다 어떻게 다른지 아주 잘 보여주는 두 가지 사례를 살펴보자. 에든버러에서 근무할 때 진료했던 두 환자에 관한 내용인데, 환자 이름과 직업 등 중요한 정보는 전부 바꿨다.

루시는 스무 살이었다. 키가 크고 금발에 예쁘장했지만 두 눈 밑이 거무죽죽한 게 피곤해 보였으며 우울하고 신경질적이었다. 부족한 것 없이 자란 그녀는 단정한 옷차림에 말솜씨도 좋았지만 의자에 엉덩이만 걸치고 앉아 금방이라도 눈물을 터뜨릴 것처럼 휴지를 불안하게 만지작거리며 이야기를 털어놓았다. 몇 달 동안 제대로 자지 못했고 입맛이 사라져 살도 빠지고 있다고 했다. 대학 생활이라고 해봐야 친한 친구와 가끔 술을 마시는 것이 전부였고 수면 부족으로 아침에 강의를 들으러 가지도 못하는 상태였다.

두 시간 정도 이야기를 나눠보니 특별한 이유 없이 6개월 전부터 그런 증상이 있었음을 알게 되었다. 그전에는 건강하고 행복하게 부족할 것 없이 지내고 있었는데 대체 6개월 전에 무슨 일이 일어난 것

일까?

아무리 찾아봐도 특별한 사건은 없었다. 루시가 불안해한 원인은 단지 처음으로 시험을 통과하지 못했기 때문이었다. 별로 중요하지 않은 학기 중간시험이었고 다시 시험 볼 기회를 얻어 무사히 통과했다. 하지만 루시는 '실패'했다는 생각에 완전히 사로잡혀 있었다. 그처럼 사소한 좌절에 대한 그녀의 반응은 "나를 죽이지 못하는 것은 나를 더 강하게 만든다"는 니체의 말과 거리가 멀어도 한참 멀었다. 차라리 "나를 조금이라도 해치는 것은 나를 완전히 무너뜨린다"라고 해야 할 정도였다.

두 번째 환자는 니체의 주장을 뒷받침하는 사례였다. 교수의 손에 이끌려 억지로 나를 방문한 피터 역시 대학생이었다. 그도 루시처럼 강의를 제대로 듣지 못하고 있었다. 하지만 이유는 많이 달랐다. 약 6개월 전, 피터의 엄마는 암으로 세상을 떠났다. 그의 아빠는 엄마를 돌보며 회사를 오랫동안 나가지 못해 결국 실직했고, 아내의 죽음에 의연히 대처하지 못한 채 술만 마시고 있다고 했다. 경제적으로 힘들어졌고 피터는 온 가족을 강타한 불행에서 열네 살 여동생을 부양하기 위해 무엇이든 해야만 했다.

교수는 피터가 정신적으로 너무 힘들어 수업을 들으러 오지 못하는 것은 아닌지 걱정하고 있었다. 하지만 이유는 훨씬 단순했다. 그는 생계를 꾸리기 위해 아르바이트를 하고 있었다. 심리적 문제도 전혀 없었다. 피터는 불행이 자신을 "변화시켰다"고 말했다. 엄마가 아프기 전에는 술을 즐겼고 수업을 듣긴 했지만 시험이나 과제를 겨우 통과하는, 놀기 좋아하는 신입생이었다. 공부에 관심도 없었고 미래에 대한 진지한 생각도 별로 없었다. 그런데 그 모든 것이 변했다. 매일 집중해서 공부했고 밤마다 일을 마친 후 듣지 못한 강의를 보충했다. 의학을 공부하기로 마음먹고 전과를 위한 시험 준비를 하고 있었다.

피터는 가끔 스트레스를 받는다고 말하긴 했지만 지금 자기 앞에 놓인 커다란 도전 과제에 어떻게 부응하고 있는지 말하면서 두 눈을 반짝였다. '그를 죽이지 못한 것은 분명 그를 더 강하게 만들고' 있었다. 그렇다면 피터는 어떻게 스트레스 상황에서 그처럼 반응할 수 있었을까? 그리고 루시는 어째서 그렇게 스트레스에 무너질 수밖에 없었을까?

30여 년 동안의 연구 후 이제 나는 니체의 격언이 왜 피터에게는 적용되고 루시에게는 적용되지 않는지 이해하게 되었다. 앞서 이야기했던, 느려진 컴퓨터처럼 둘 다 스트레스라는 문제에 직면했다. 하지만 피터는 자신의 소프트웨어를 스스로 재설정했다. 목적 없이 떠돌던 삶의 자세를 버리고 가족을 돌보고 의학을 공부하겠다는 마음에 집중했다. 나중에 알게 됐지만 그와 같은 소프트웨어(마음) 상태는 그 결과 향상된 하드웨어(뇌) 성능의 도움을 받았다.

반면 루시는 시험 실패에 민감하게 반응하는 소프트웨어의 결함을 해결하기 위해 다른 사람의 도움이 필요했다. 그녀가 스스로 문제를 해결하지 못한 이유는 그녀의 심리적 반응 역시 하드웨어에 영향을 끼쳤기 때문이다. 피터와는 반대로 심리적 스트레스가 하드웨어(뇌)의 성능을 저하시켰고 그 결과 소프트웨어 재설정이 훨씬 어려워진

것이다.

　스트레스에 대한 피터와 루시의 상이한 반응은 마음이라는 소프트
웨어와 뇌라는 하드웨어의 상호작용에 대한 연구로 설명할 수 있다.
하지만 설명 이전에 필요한 것이 있다. 바로 뇌의 티핑 포인트에 대한
이해다.

Chapter

1

ENERGY.

삶에
곡선 도로가
필요한 이유

도전이 뇌에 미치는 영향력

일상생활에서
자동조종장치를
끌 수 있는가

토목 기술자들은 아무 장애물이 없는 넓고 평평한 땅에 엄청난 돈을 들여 꼭 필요하지도 않은 곡선 도로를 만든다. 물론 괜히 그런 수고를 하지 않고 직선으로 쭉 뻗은 길을 만들기도 한다. 그런 길을 보고 싶다면 오스트레일리아의 에어 하이웨이Eyre Highway에 가보라. 146킬로미터의 도로가 화살처럼 곧게 뻗어 있다. 미국 노스다코타주의 46번 고속도로도 마찬가지다. 무려 198킬로미터에 이르는 길이 자를 댄 듯 쭉 뻗어 있다. 하지만 그렇게 쭉 뻗은 직선 도로를 달리다 보면 방향감각이 뒤엉켜 운전이 쉽지 않고(다음 유튜브 비디오로 에어 하이웨이의 아주 짧은 구간을 확인해볼 수 있다. http://www.youtube.com/watch?v=7wvCUjnwyrQ) 차량 사고도 빈번하게 일

어난다. 왜 그런 것일까? 괜히 속도를 조절하며 회전할 필요 없이 쭉 달리는 것보다 쉬운 일도 없을 텐데 말이다.

별 생각 없던 곡선 도로에 대해 진지하게 생각하게 된 계기가 있었다. 지인 두 사람이 기차 사고로 세상을 떠난 뒤부터였다. 1996년 8월 8일 루스 홀랜드는 런던의 〈브리티시 메디컬 저널〉 사무실을 나와 근처 유스턴역에서 밀턴케인스로 가는 5시 4분 기차를 탔다. 20분 후, 기관사가 빨간불을 무시하고 달려 왓퍼드 사우스 교차로에서 다른 기차와 부딪쳤다. 루스는 죽었고 69명이 부상을 당했다.

기관사가 빨간 신호등을 지나기 전에 노란 경고 신호등을 두 번이나 무시해 사고가 일어난 것이다. 소중한 동료를 잃어 상심했던 나는 기관사가 도대체 왜 노란 신호등에 속도를 낮추는 단순한 일조차 제대로 해내지 못한 것인지 밝혀내기로 다짐했다.

이 개인적인 관심은 당시 케임브리지 대학교 응용심리학과에서 씨름하고 있었던 과학적·의학적 문제들에 반영됐다. 당시 우리 팀은 뇌 손상을 입은 환자들이 인지 기능을 회복할 수 있도록 돕는 방법을 찾고 있었다. 그중 존이라는 환자는 영화 촬영기사로 세트장의 무빙 트럭에서 떨어져 뇌를 다쳤다. 그는 매우 영리했고 내가 내준 거의 모든 테스트에서 최고 점수를 받았다. 집중력과 기억력, 문제 해결 능력이 뛰어났다. 이상 징후는 조금도 찾아볼 수 없었다. 그렇다면 무엇이 문제일까? 존과 그의 아내가 나를 찾아와 상담을 요청했다. 당시 세 살이었던 첫아들 앤드루는 밖에서 학생 한 명이 돌보고 있었고 존의 아내는 둘째 아기를 안고 있었다.

"존, 사고가 난 후 특별한 문제가 있었습니까?"

"직장을 잃었죠. 이제 어찌해야 하나 하는 생각이 자주 들어요."

"기억력이나 집중력에 문제가 생긴 것 같지는 않나요?"

"글쎄요. 그런 것 같지는 않아요. 제인은 내가 산만하다고 계속 얘기하긴 하는데."

존은 구석에 긴장한 채 앉아 있는 아내를 슬쩍 보며 대답했다.

"아내분은 달라진 게 보이나요?"

내가 불쑥 존의 아내에게 물었다. 그러자 그녀가 날카로운 음성으로 말했다.

"존, 아무 문제가 없다는 말이 나와, 지금? 어제 한 시간도 앤드루를 제대로 못 봤잖아!"

"타이어를 확인하려고 잠깐 자전거를 타고 온 것뿐이야. 금방 올 거였다고."

존이 툴툴거리며 대꾸했다.

"거짓말 하지 마! 당신 돌아왔을 때 표정은 그게 아니었어. 앤드루는 안중에도 없었다고! 내가 아기를 맡겨놓고 갔다고 생각해봐!"

그녀는 결국 울음을 터뜨렸다.

존은 힘든 상황에 처해 있었다. 아내는 떠나겠다고 협박하고 있었다. 그는 사고 이후 엄청나게 산만해져 촬영 일은 물론 일상생활에서 인지 능력을 제대로 발휘하지 못하고 있었다. 부주의하고 둔했으며 아들을 돌봐야 한다는 사실마저 종종 잊었다.

내 앞에 앉아 있는 산만한 존과 테스트 결과로 드러난 똑똑한 존 사

STRESS TEST

이의 간극이 날 괴롭혔다. 그런데 루스 홀랜드의 기차 사고로 한 가지 아이디어가 갑자기 떠올랐다. 기관사의 치명적인 실수와 일상생활도 제대로 꾸려가지 못하는 존의 혼란스러운 상태는 어떤 관계가 있지 않을까? 어쩌면 판에 박힌 일이라는 게 해결의 실마리가 될지도 모른 다는 생각이 들었다. 늘 반복하는 지겨운 일이 기관사와 존의 영민함 을 없애버렸는지도 모른다고 말이다.

그래서 존에게 기관실과 같은 따분한 상황으로 아주 간단한 테스트 를 했다. 컴퓨터 화면에 1부터 9까지의 숫자가 무작위로 뜬다. 화면을 보면서 숫자 3이 나오면 스페이스바를 누른다. 기차를 운행하는 일처 럼 지루한 일이었다. 실망스럽게도 존은 그럭저럭 잘 해냈다. 1,000번 넘게 나타났다 사라지는 숫자들을 30분 동안 바라보며 머리가 멍해 졌을 법도 했지만 존은 아홉 번에 한 번씩 나타나는 숫자 3을 거의 한 번도 놓치지 않았다. 존은 다른 테스트도 무리 없이 해냈다. 하지만 일상생활에서는 분명히 달랐다.

일상생활의 판에 박힌 일과 비슷한 다른 형태의 테스트도 존은 전 부 무리 없이 잘 해냈다. 이것이 신경심리학의 한계일까? 복잡하고 권위 있는 테스트로 인간의 지적 능력을 측정할 수 있다고 자만했던 나는, 존의 아내는 물론 어린 아들까지도 느끼고 있던 존의 문제 앞에 서 쩔쩔매고 있었다. 테스트는 효과가 없었고 나는 막다른 골목에 서 있었다.

당시 케임브리지에는 티타임이 있었다. 1991년부터 일했던 의학연 구소의 응용심리학 연구팀(지금은 인지뇌과학 연구팀이다)에는 누구나 지켜야 할 규칙이 있었다. 오전 열 시 반과 오후 네 시에 사무실이나 실험실에서 나와 크로켓 잔디를 바라보며 차를 마셔야 한다. 그리고 과학에 대해 이야기해야 한다! 몇 달째 존의 문제로 쩔쩔매던 나는 어느 날 아침 이 티타임에 우연히 동료 재키 안드레이드 옆에 앉아 신세를 한탄했다. 존에게 틀림없이 문제가 있는데 어떤 테스트로 실험을 해봐도 이를 증명할 수 없었다고 말했다. 숫자 3이든 다른 어떤 숫자든 나타날 때마다 버튼을 잘 누르는 걸 보니 아무리 지루한 상황에서도 집중력에는 문제가 없어 보인다고 말이다. 차를 다 마시고 사무실로 돌아와 30분쯤 지났을까, 재키가 자기 실험실로 나를 불렀다.

"이걸 써봐."

재키가 말했다. 1에서 9까지 숫자들이 무작위로 나타나는 단순한 테스트로 내가 이미 써본 것이다.

"이미 써봤어."

"아냐, 3만 빼고 다른 숫자에 전부 누르는 거야."

재키가 웃으며 말했다. 회의적이었지만 나는 3을 제외한 다른 모든 숫자에 스페이스바를 눌러보기 시작했다.

"제길!"

나는 네 번째 숫자로 3이 나왔을 때 실수로 스페이스바를 눌렀다.

"에잇! 집중을 못 했어."

또 3을 눌렀다.

"재키, 이거 왜 이런 거야? 왜 내가 계속 3이 나올 때 버튼을 누르지?"

재키가 웃었다. 재키 역시 그 실험을 직접 해봤고 나보다는 실수를

덜 했지만 어쨌든 3이 나올 때 버튼을 누르지 않는 게 쉽지 않았다고 했다. 그렇다면 내가 잘못된 방식으로 실험을 하고 있었던 것일까?

재키의 테스트를 바로 존에게 적용했다. 당연히 존은 나보다 훨씬 심했다! 존은 자기도 모르게 계속 3이 나올 때 스페이스바를 눌렀다. 처음에는 점잖았지만 테스트를 하는 도중 계속 감탄사를 연발했다. 결국 그 감탄사 '웁스Whoops!'가 존과 함께했던 작업을 다룬 논문 제목이 됐다. 그 논문은 루스 홀랜드가 사망한 다음 해인 1997년에 출간됐다.[1] 존의 문제를 밝힌 지속적 주의력 반응 테스트SART, Sustained Attention to Response Test는 현재 만성불면증부터 우울증, 알츠하이머에 이르는 다양한 정신질환을 판별하는 데 사용되고 있다.

차츰 머릿속이 정리되기 시작했다. 3이 나타날 때마다 스페이스바를 누르는 것은 뇌에게 비교적 쉬운 일이다. 재빨리 '자동조종장치' 상태로 돌입할 수 있기 때문이다. 뇌는 새로운 일에 점차 적응하면서 대뇌 고위피질에서 기저핵이라는 하부피질 영역과 소뇌로 그 일에 대한 통제권을 이동시킨다. 그렇게 되면 뇌는 새로 습득한 반복적인 일을 대뇌 피질에 의지할 필요 없이 알아서 조절할 수 있게 된다. 자전거 타는 법을 한번 배우면 다시 잊어버리지 않는 것도 바로 그 때문이다.

존이 어렵게 느꼈던 '3 누르지 않기' SART의 핵심은 바로 3이 나타날 때 그 자동조종장치를 끄는 것이다. 그 '억제Suppression'는 자동으로 하기 어렵고 항상 정신을 바짝 차리고 집중해야 가능하다. 지루하고 따분한 일에 집중하는 것은 누구에게나 어려운 일이지만 존에게는 특히 더 어려운 일이었다. SART는 뇌의 의식적인 통제와 자동조종장치가 서로 충돌하게 만든다. 의식적으로 통제하는 부위는 자동조종장치가 무엇을 조종하고 있는지 확인하며 종종 그 스위치를 끈다. 즉, 억제한다. 그로부터 몇 년 후 나는 막 개발된 뇌 영상 기술의 도움으로 뇌의 전두엽이 그 억제를 담당한다는 사실을 발견했다.[2]

누르기에서 누르지 않기로 약간만 변형시킨 SART는 우리의 삶을 더 잘 들여다볼 수 있게 해준다. 우리가 매일 하는 거의 모든 일, 일어나 씻고 아침을 먹는 등의 일은 자동적이고 틀에 박힌 일이다. 사실 그래서 다행이기도 하다. 그런 일을 할 때마다 매번 계획을 세우고 생각을 해야 한다면 얼마나 피곤하겠는가.

하지만 가끔 그 자동조종장치가 우리를 문제에 빠뜨린다. 최근 나는 스마트폰 메모리가 가득 차 사진을 조금 삭제하기로 했다. 화면을 넘기고 삭제 버튼을 누르고 넘기고 누르고 넘기고 눌렀다. 20초 만에 내 뇌는 그 일련의 행동을 자동조종장치에 맡겼다. 그리고 간직하려고 했던 사진까지 지워버렸다! 사진을 지우기 시작하면서 그 사진은 지우면 안 된다고 순간 생각했지만 내 소뇌가 손가락을 통제해 삭제 버튼을 눌러버린 것이다. 전두엽이 그보다 더 흥미로운 일에 정신이 팔려 있는 사이에 말이다.

따라서 큰 문제 없이 하루를 보내는 비결 중 하나는 자동조종장치에 모든 걸 내맡기지 않고 평소 생각 없이 하던 일들을 제때 멈추는 것이다. 이를 '억제'라고 하며, 언제 억제할지 알기 위해서는 자신과 자신의 행동을 잘 살펴야 한다. 특히 기차를 운행할 때는 더더욱 그래

야 한다. 인간의 뇌가 가장 어려워하는 것 중 하나는 지겨운 상황에서도 계속 정신을 차리고 집중하는 것이다. 그럴 수 있는 능력을 '지속적 주의력sustained attention'이라고 한다. 동료가 죽을 수밖에 없었던 이유를 찾던 나는 그 지속적 주의력의 분산이야말로 전 세계 기차 사고의 가장 큰 원인이라는 사실을 발견했다.[3]

또 다른 것도 발견했다. 전 세계의 몇몇 연구소에서 우울증을 연구하기 위해 SART를 사용하고 있다는 사실이었다. 나는 뇌 손상 환자들에 대한 연구에 집중하고 있었기 때문에 그 사실을 몰랐지만, 스트레스에 대처하는 능력은 SART가 측정하는 지속적 주의력과 밀접한 관계가 있었다. 이에 관해서는 다음 장에서 더 자세히 설명하겠다.

뇌의 스위치를
켜게 만드는
자극

SART로 나는 존의 가족들이 어떤 문제를 겪고 있는지 이해할 수 있었고, 그가 다시 일을 하고 결혼 생활도 유지할 수 있도록 돕는 방법을 찾기 시작했다. 하지만 뭔가 여전히 삐걱거렸다. 존이 집중력을 유지하기 힘들어한다는 사실은 발견했지만, 그렇다면 존에게 실시했던 다른 테스트에서도 이것이 진작 드러났어야 했다. 하지만 다른 테스트에서 존은 아무 문제도 보이지 않았다.

응용심리학 연구팀과 여러 차례 논의해봐도 두 번째 문제는 도움을 얻을 수 없었다. 그러던 중 2002년 심리학자 대니얼 카너먼Daniel Kahneman의 노벨경제학상 수상 소식을 들었다. 카너먼은 인간의 행복에 대한 연구로 인간의 경제적 선택이 합리성에 기반을 둔 것이라는 경제학자들의 가정을 뒤집었다.

카너먼의 연구에 대해 다시 생각해보게 됐다. 사실 카너먼은 옥스퍼드에서 행복이 아닌 집중력에 대해 연구했었다. 그의 책《주의와 노력Attention and Effort》이 떠올랐다. 문득 존의 수수께끼를 풀 수 있을지도 모른다는 생각에 도서관으로 달려가 먼지 쌓인 얇은 책을 집어 들었다(이 책은 내 연구에 두 번이나 중요하게 활용됐다. 한 번은 존의 사례에 활용했으며, 또 한 번은 그로부터 10여 년 후에 알츠하이머를 둘러싼 가장 큰 이슈 중 하나를 이해하는 데에도 큰 도움을 받았다. 이에 관해서는 5장에서 자세히 논하겠다).

신기하게도 카너먼은 눈의 동공에 연구의 초점을 맞추고 있었다. 좋아하는 사람을 바라보면 동공이 확장된다. 공포를 느낄 때도 마찬가지다. 하지만 그는 그보다 덜 감정적인 것들 또한 동공을 확장시킨다는 사실을 발견했다.

동공은 계산 문제를 풀 때도 확장됐다. 머리를 써야 하는 일은 모두 동공이 확장됐다. 온갖 소리로 시끄러운 가운데 음정이 아주 약간만 다른 소리를 찾아내는 활동도 동공을 확장시켰다. 카너먼의 발견에 따르면 도전이 어려울수록 동공이 더 확장되며 도전에 대한 동공 확장은 자동적인 반응이었다. 머리를 쓰는 활동이 뇌의 어떤 지점을 자극하는 것처럼 동공 확장은 뇌 변화를 보여주는 신호였다. 그 변화가

무엇인지 밝혀내는 데까진 그로부터 10년이 걸렸다.

이 책을 읽고 있는 독자들의 동공도 아마 확장되어 있을 것이다. 나는 존이 테스트 결과는 좋았지만 집에서는 정반대였던 이유를 알았다. 바로 '도전'이었다. 책상에 앉아 어려운 문제를 풀 때 존의 뇌는 그에 맞게 반응했다.

아이들을 돌보거나 집안일을 하는 등 일상생활의 반복적인 일들도 따지고 보면 엄청난 도전이지만 존의 뇌는 그런 일이 따분하고 지루했다. 그래서 중요하고 특별한 작용을 위한 뇌의 스위치가 '켜지지' 않았던 것이다. 존이 테스트에서 좋은 결과를 보여줄 수 있었던 그 불가사의한 작용 말이다. '어렵다'는 인식이 존을 자극해 역량을 발휘할 수 있게 했던 것이다. 물론 SART는 예외였다. 오히려 너무 쉬울 것이라고 예상했던 재키의 SART가 내가 찾아내지 못했던 존의 문제를 드러냈다. 나는 마침내 존을 더 이해할 수 있게 됐다고 생각했다.

내 의식을
통제하려 다투는
라이벌

그즈음 두 번째 기차 사고가 일어났다. 2001년 2월 28일, 오랜 동료인 심리학자 스티브 볼드윈이 런던에서 열리는 회의에 참석하기 위해 아침 일찍 요크역에서 출발하는 기차를 탔다. 6시 13분, 랜드로버 한 대가 선로로 뛰어들어 기차 앞에 멈췄다. 기차는 랜드로버와 부딪혔고 랜드로버는 다른 방향에서 달려오던 석탄 열차의 앞길을 막았다. 스티브를 포함해 10명이 목숨을 잃었다. 전날 밤 인터넷 채팅방에서 밤을 지새웠던 랜드로버 운전자는 졸음운전으로 5년형을 선고받았다.

스티브의 죽음에 충격을 받은 나는 루스의 사고와 존의 문제에 더 깊이 파고들었다. 정말로 지루함과 따분함, 졸음 때문일까? 응용심리학 연구팀 동료들과 나는 늘 졸음과 싸워야 하는 의과대학 인턴들을 대상으로 실험에 착수했다.

케임브리지의 피터하우스 칼리지 학생 10명이 실험에 참여했다. 학생들은 4일 동안 하루에 네 번(오전 7시, 오후 1시, 저녁 7시, 새벽 1시) SART를 실시했다. 결과는 예상대로였다. 가장 졸릴 때, 즉 오전 7시와 새벽 1시에는 낮 시간에 비해 실수가 훨씬 많았다. 그 실험을 다룬 논문의 제목은 '커피 인 더 콘플레이크coffee in the cornflakes'였다.[4] 그 논문은 한밤중에 졸음을 이기지 못하는 의사들이 약을 잘못 처방하거나 주사양 조절을 잘못하는 등 얼마나 치명적인 실수를 하기 쉬운지 학생들이 이해하는 데 큰 도움이 됐다.

위 실수는 존의 경우처럼 집중하지 못한 상태에서 저지르는 것이다. 그렇다면 존의 문제도 케임브리지 학생들이 늦은 밤 실시한 SART에서 실수를 하게 된 이유인 '졸음'과 관련이 있을까? 그렇다면 존은 단지 수면 부족인 것일까? 내 동료는 졸음을 이기지 못한 운전사 때문에 목숨을 잃은 걸까? 지속적 주의력은 확실히 깨어 있기만

하면 문제가 되지 않는 걸까? 공교롭게도 존은 다른 뇌 손상 환자들처럼 실제로 수면이 부족한 상태였다. 스티브도 운전석에서 잠이 든 운전사 때문에 목숨을 잃었다. 하지만 루스가 탔던 기차의 기관사는 그렇다고 단언할 수 없었다.

다시 곰곰이 생각했다. 졸린 상태와 주의력은 어떤 관계에 있을까? 수면과 뇌에 대해 공부했던 희미한 기억을 되살려봤다. 케임브리지 학생들은 새벽 1시, 오전 7시에 졸려했다. 내 기억으로는 뇌 깊은 곳의 시교차 상핵SCN, suprachiasmatic nucleus(뇌 중심부에 위치하며 망막의 신경 신호를 전달받아 수면 주기 등 생체 주기를 조절하는 신경핵.-옮긴이)이라는 부위에서 밤-낮 또는 수면-각성 시계가 작동하고 있기 때문이다. 이 생물학적 시계는 뇌에서 억제 기능을 하는 신경전달물질의 도움을 받아 대뇌피질의 활발한 활동을 억제해 밤에 잠이 들게 하는 일종의 스위치로 작용한다. 반대로 아침이 되면 억제 기능을 해제해 뇌가 활동을 시작하게 한다. 건강과 기억에 중요한 작용이다. 새로운 기억을 저장하기 위해서는 양질의 수면이 아주 중요하기 때문이다. 하지만 이 이론이 학생들이 SART에서 실수한 것을 어떻게 설명할 수 있을까? 졸음과 주의력의 관계에 대한 실마리는 과연 무엇일까?

마침 그때 프린스턴 대학교의 개리 애스턴-존스Gary Aston-Jones 연구팀의 논문이 발표됐다. 이 논문에 따르면 수면 시계는 뇌에서 주의력을 관장하는 핵심 부위 중 하나인 '청반locus coeruleus(중뇌의 천장 밑에 있는 한 쌍의 소체로서 그 기능은 알려지지 않았지만 행동의 조절에 중요한 영향을 미치는 것으로 보고 있다.-옮긴이)'과 연결돼 있다.[5] 뇌 깊은 곳에 존재하는 이 작은 세포 덩어리는 노르아드레날린 또는 노르에피네프린이라고 하는 집중에 관여하는 뇌의 핵심 신경전달물질을 만들어내는 유일한 세포다. 애스턴-존스는 우리가 새롭거나 놀랍거나 중요하거나 무서운 대상을 인식할 때 청반이 몇십만 분의 1초 사이에 노르아드레날린을 분사한다는 사실을 발견했다. 도파민 같은 신경전달물질보다 훨씬 더 광범위하게 뇌의 거의 모든 부위에 말이다.[6]

수면 각성 시계, 즉 시교차 상핵이 낮 시간의 기능을 잠재우고 수면을 준비한다는 것은 새로운 생각이나 놀라운 아이디어, 벽의 흥미로운 무늬 등에 쉽게 흥분하는 청반을 잠재운다는 뜻이다. 다시 말해 청반과 뇌의 다른 각성 센터의 활동을 억제해 자극적이거나 새롭거나 두려운 생각에 방해받지 않고 잠에 빠져들게 한다. 그러다 우리가 밤의 망각에서 서서히 깨어날 때면 시교차 상핵이 억제를 풀고 청반도 활동을 시작한다. 뇌의 다른 부위들과 마찬가지로 이번에는 청반이 시교차 상핵을 억제한다. 청반은 가끔 커피 한잔에서도 힘을 얻어 수면리듬을 억제하고 우리를 깨운다.[7]

이렇듯 졸음과 주의력은 서로 의식을 통제하려고 다투는 라이벌과도 같다. 졸음은 서캐디안 리듬circadian rhythm(24시간을 주기로 하는 생체리듬)과 관련이 있다. 24시간을 주기로 하는 이 리듬은 사람마다 다르고 나이가 들어가면서 변하기도 한다. 청소년들은 늦게 자고 늦게 일어나는 반면 나이 많은 사람들은 리듬이 변해서 젊었을 때보다 일찍 자고 일찍 일어나는 경향이 있다. 오래 산 동물들도 마찬가지다.

새벽 4시는 오전 11시보다 집중하기 훨씬 힘들고 콘플레이크에 우

유 대신 커피를 부을 확률도 높다. 시교차 상핵의 수면리듬이 주도권을 쥐고 청반을 억제하고 있기 때문이다. 늦은 밤 어떤 문제를 해결하거나 공부를 하기가 어려운 것은 청반이 집중과 학습에 필요한 노르아드레날린을 제공하지 않기 때문이다. 하지만 이미 한참이나 깨어 있었을 초저녁 시간이라도 늘 집중력이 보장되는 것은 아니다.

청반과 시교차 상핵은 서로 못 잡아먹어 안달이라는 사실을 기억하라. 시교차 상핵은 무슨 이유로든 청반이 잠잠해지면 뇌를 졸음의 장막으로 덮어버리려고 만반의 준비를 하고 있다. 그렇다면 청반은 어떨 때 잠잠해질까? 지루한 강의, 재미없는 영화, 단조로운 이야기 등이다. 물론 끝없는 직선 도로도 마찬가지다.

그렇기 때문에 엄청난 돈을 들여서 보기에는 필요 없을 것 같은 곡선 도로를 만드는 것이다. 툭하면 으스대는 시교차 상핵의 수면리듬으로부터 청반을 구하기 위해서다. 지루한 강의는 초롱초롱하던 학생들도 잠재우지만 재미있는 강의는 잠이 부족한 학생들까지 깨어 있게 하듯, 휘어진 도로는 적절한 도전을 제공해서 청반으로 하여금 졸음을 억제하는 노르아드레날린을 뿌리게 한다.

스티브는 랜드로버 운전자의 청반이 시교차 상핵과의 싸움에서 졌기 때문에 사망했다. 랜드로버 운전자는 그날 아침 깨어 있지 못했다. 전날 밤 잠을 거의 자지 못해 시교차 상핵이 청반을 가뿐히 물리쳤던 것이다. 이는 새벽 1시에 학생들이 SART에서 좋은 결과를 얻지 못했던 이유이자 존이 안고 있는 문제의 원인이었다.

노르아드레날린이 부족하면 잠이 온다는 사실은 나도 알고 있었다.

그래서 궁금해졌다. 존도 이 핵심 신경전달물질이 부족해서 그런 문제를 겪는 것일까? 하지만 문제가 있었다. 뇌의 노르아드레날린 양을 측정할 수 있는 방법이 없었다. 그래서 가설을 확인해볼 수 없었다. 다시 막다른 골목이었다.

스스로 뇌를 깨우는 자기 지각

이후 나는 더블린의 트리니티 칼리지로 자리를 옮겼다. 그곳에서 주의력결핍 과잉행동장애**ADHD, attention deficit hyperaicitivty disorder** 유전자에 대해 연구하던 마이클 길**Michael Gill**을 만났다. ADHD의 원인은 여러 가지일 수 있는데, 마이클을 통해 유전도 영향을 미친다는 사실을 알게 됐다. 엄마나 아빠 또는 양쪽 모두로부터 한두 개 유전자를 물려받은 아이들은 그렇지 않은 아이들보다 ADHD에 걸릴 확률이 다소 높다. 그리고 그 유전자, 즉 도파민 베타 수산화효소**DBH, dopamine beta hydroxylase**는 뇌의 노르아드레날린 양 조절에 영향을 끼친다. 무척 흥미로운 사실이었다.

스티브의 죽음이 제공한 실마리가 사실인지, 존의 주의력 문제도 청반과 노르아드레날린의 관계와 연관이 있는지 확인할 수 있는 기회가 왔다. 만일 그 가설이 사실이라면 DBH 유전자를 한두 개 갖고

있는 아이들, 즉 노르아드레날린이 부족한 ADHD 아이들은 그 유전자가 없는 ADHD 아이들보다 SART 결과가 더 나빠야 했다.

우리는 마크 벨그로브**Mark Bellgrove**에게 이 연구를 맡겼다. 벨그로브는 2년 동안 아일랜드 구석구석을 다니며 ADHD 진단을 받은 아이들을 대상으로 실험을 실시했다. 확신하기 힘든 가설이었다. 모두 ADHD 진단을 받은 아이들이었고 집중력이 부족하고 충동적이라는 증상도 모두 비슷했다. 그러나 우리는 SART가 뇌의 노르아드레날린 양 조절에 영향을 끼치는 유전자가 있는 아이와 없는 아이를 구별해줄 것이라고 생각했다.

연구 결과, SART를 통해 DBH 유전자의 존재 여부가 드러났다. 뿐만 아니라 유전자를 물려받은 아이들은 그렇지 않은 아이들보다 SART 결과가 좋지 않았으며, 유전자가 두 개인 아이들은 한 개인 아이들보다 실수를 훨씬 많이 했다.[8] 마침내 주의력과 도전, 그리고 뇌의 화학작용 사이의 관계 등 집중력을 위해 꼭 필요한 요소들이 드러나기 시작한 것이다.

하지만 또 다른 의심이 들었다. 이 결과는 ADHD 진단을 받은 특정한 집단에서만 확인한 것이었기 때문이다. 주의력과 노르아드레날린이 곡선 도로를 만드는 것이나 졸음으로 사고를 낼 위험이 있는 운전사와 관계가 있다면 이런 연관성은 평범하고 건강한 성인들에게서도 나타나야 했다. 이 가설에 대한 연구는 트리니티 칼리지에서 박사과정을 밟고 있는 시애러 그린**Ciara Greene**에게 맡겼다. 그린은 더블린에 사는 사람들 중에서 노르아드레날린 양을 조절하는 유전자가 없는 집단, 유전자를 한 개 가진 집단, 두 개 가진 집단을 선별해 실험에 착수했다. 연구 결과 평범하고 건강한 성인들 중 유전적인 이유로 뇌에 노르아드레날린이 부족한 사람들은 그렇지 않은 사람들보다 숫자 3을 누르며 '어머나!'라고 외칠 확률이 더 높았다.[9] ADHD 아동들에게만 적용되는 게 아니었다.

다른 궁금증이 생겼다. 나는 숫자 3에 스페이스바를 누르는 것이 정말 노르아드레날린 양과 관계가 있는지 알고 싶었다. 이번에는 동료인 임상심리학자 톰 맨리Tom Manley가 돕겠다고 나섰다. 맨리와 나는 실험에 참여한 평범하고 건강한 성인을 두 집단으로 나눴다. 이들의 차이는 단지 건망증의 정도뿐이었다. 건망증 정도는 심리학자 도널드 브로드벤트Donald Broadbent가 고안한 '인지 실패 질문지Cognitive Failures Questionnaire'를 통해 검사했다. 이 질문에서 '자주 그렇다'라는 답이 많을수록 일상생활에서 건망증이 심하다고 할 수 있다.

이 질문지에서 얻을 수 있는 최대 점수는 125점이다. 하지만 25개의 질문에 전부 '매우 자주 그렇다'라고 대답한 사람은 아직까지 한 명도 없었다. 건망증의 정도는 지속적으로 변하지만 평범한 성인의 평균 점수는 보통 40~60점 사이다.

존처럼 뇌 손상을 입은 사람들은 흔히 점수가 이보다 높다. 하지만 그런 환자들은 자신의 산만한 행동을 대부분 인지하지 못한다. 존도 마찬가지였다. 나중에 우리는 자기인식 능력 부족이 그와 같은 건망증, 부주의함, 집중력 부족과 깊은 관련이 있다는 사실을 발견했다. 이에 대해서는 4장에서 더 자세히 설명할 것이다.

▶ 인지 실패 질문 ◀

※ '절대 그렇지 않다', '별로 그렇지 않다', '가끔 그렇다', '자주 그렇다', '매우 자주 그렇다'로 대답하고 각각 1점부터 5점까지 점수를 매긴다.

번호	질문	절대 그렇지 않다	별로 그렇지 않다	가끔 그렇다	자주 그렇다	매우 자주 그렇다
1	책을 읽다가 내용이 머리에 들어오지 않아 다시 읽은 적이 있다					
2	방에 있다가 왜 거실로 나갔는지 기억나지 않은 적이 있다					
3	운전 도중 찾고 있던 표지판을 놓친 적이 있다					
4	방향을 설명할 때 좌우가 헷갈린다					
5	길을 지나가다 사람들과 잘 부딪친다					
6	불을 껐거나 문을 잠갔는지 기억나지 않아 되돌아가 확인한 적이 있다					
7	처음 만난 사람의 이름을 잘 듣지 않은 적이 있다					
8	말을 하고 곧바로 상대방이 기분 나빴을지 걱정한 적이 있다					
9	무슨 일을 하고 있을 때 누군가 말을 걸어도 잘 듣지 못한다					
10	화를 내고 나중에 후회한다					

11	중요한 메일이나 메시지, 편지에 한동안 답장을 하지 않고 내버려두곤 한다					
12	잘 알지만 잘 가지 않는 길에서 방향감각을 잃는다					
13	슈퍼마켓에서 눈앞에 있는 물건을 못 보고 찾아다닌 적이 있다					
14	갑자기 단어를 제대로 썼는지 궁금해지는 때가 있다					
15	결정을 내리기 어렵다					
16	약속을 잘 잊는다					
17	열쇠나 안경 등을 어디에 두었는지 잘 잊어버린다					
18	보관해야 할 것을 실수로 버리고, 버려야 할 것들을 보관한 적이 있다					
19	집중해서 들어야 할 때 딴생각을 하는 일이 있다					
20	사람의 이름을 잘 잊어버린다					
21	어떤 일을 시작했다가 갑자기 다른 일에 빠져든다					
22	어떤 단어가 생각날 듯 말 듯한 적이 많다					
23	무엇을 사러 갔는지 생각나지 않는 때가 많다					
24	물건을 잘 떨어뜨린다					
25	적절한 말을 찾지 못하는 순간이 많다					

STRESS TEST

존의 가족은 그의 건망증을 매일 감내해야 했고, 그건 다른 뇌 손상 환자들의 가족도 마찬가지였다. SART 결과가 나쁠수록 환자의 건망증은 심했다. SART가 일상생활과 동떨어진 테스트가 아니라는 결과였다. 하지만 SART가 뇌를 다치지 않은 사람들이나 잠깐 집중하지 못해 치명적인 실수를 한 평범한 기관사에게도 의미 있는 테스트일까? 맨리와 나는 일상생활의 인지 실패 정도가 다양한 평범한 사람들을 대상으로 SART를 수행했다. 역시 건망증이 심한 사람일수록 SART에서 실수가 두 배 정도 많았다.[10] 같은 시기에 캐나다 연구자들도 동일한 결과를 입증했다.[11]

하지만 더 확실한 증거를 찾아야 했다. 나는 지능이 비슷한 경우 건망증이 심한 사람들이 그렇지 않은 사람들보다 집중력이 떨어지는지 궁금했다. 어쩌면 노르아드레날린 양에 따라 달라지는 SART 결과는 지속적 주의력과 아무런 관련이 없는 것은 아닐까?

이 문제를 해결하기 위해 SART와 아주 비슷한 테스트를 개발했다. 평균 두 번에 한 번씩 3이 나타나는 테스트였다. 일반적인 SART는 3이 보통 10분의 1 정도 무작위로 나타난다. 하지만 새로운 테스트는 3이 50퍼센트 정도 무작위로 자주 나타난다. 그래서 지루한 상태에서 습관처럼 스페이스바를 누르는 게 거의 불가능하다.[12]

예측한 대로 건망증이 심한 사람들도 새로운 테스트에서는 좋은 결과를 보였다. 존도 마찬가지였다. 이유가 무엇일까? 이번에도 역시 '도전'이었다. 3이 빨리 나타나서 일상생활에서 잘 쓰지 않는 존의 뇌 어딘가에 불이 붙은 것이다. 다소 산만한 보통 사람들도 마찬가지였다. 곡선 도로를 만든 토목 기술자들은 운전자의 뇌 그 어딘가에 불을 붙여야 사고가 줄어든다는 사실을 간파했던 것이다.

숫자 두 개 중 하나가 3인 테스트는 도전이라는 바로 그 점 때문에 어쩔 수 없이 정신을 바짝 차리고 집중해야 하는 곡선 도로와도 같다. 존도, 건망증이 심한 사람들도 그런 상황에서는 아무 문제를 보이지 않는다. 문제는 외부의 도전이 사라지고 그 사라진 '무엇'을 스스로 찾아야 할 때 발생했다.

존의 문제가 노르아드레날린 부족 때문일 수도 있다는 우리의 이론은 ADHD 환자들에 대한 연구로 충분한 근거를 확보했다. 하지만 여전히 해결하지 못한 문제가 있었다. 그 부족한 뭔가를 충분히 제공해 줄 뇌의 통제센터는 정확히 어디일까? 주의력은 뇌의 노르아드레날린과 관련이 있지만 정확히 뇌의 어느 부위가 곡선 도로와 비슷한 정신적 효과를 발휘하는 것일까? 나는 케임브리지에서 동료들과 SART에 관한 뇌 영상 연구를 진행했다.[13] 그리고 토론토 로트먼 인스티튜트 Toronto Rotman Institute의 브라이언 레빈Brian Levine과 또 다른 연구를 진행했다.[14] 두 연구 모두 같은 결론을 도출했다.

뇌의 우측 배외측전전두피질, 즉 오른쪽 관자놀이 안쪽에 위치한 그곳이 뇌에 노르아드레날린을 방출하는, 곡선 도로와 비슷한 효과를 내는 데 핵심적인 역할을 하는 부위였다. 이는 매우 중요한 발견이었다. 그 부위가 지속적 주의력보다 훨씬 흥미로운 뭔가와 관련돼 있다는 사실이 드러났기 때문이다. 바로 '자기 지각(자아 인식) self-awareness' 이다. 몇 년 후 내가 발견한 바에 따르면 자기 지각은 스트레스에 긍

정적으로 대처하는 데 중요한 역할을 하는 요소이기도 했다.

머릿속
곡선 도로를
만드는 도전

그렇다면 존을 어떻게 도울 것인가? 존의 상태는 악화되고 있었고 여전히 일자리도 구하지 못하고 있었다. 존의 집중력을 지속시키기 위해서는 머릿속에 곡선 도로가 필요했다. 하지만 어떻게 해야 할까? 어떻게 이 연구 결과에서 존을 실제로 도울 수 있는 방법을 찾아낼 수 있을까? 답은 크리스틴이라는 다른 환자에게서 구할 수 있었다.

70세인 크리스틴은 뇌졸중 때문에 우뇌가 손상돼 왼쪽 신체 일부가 마비됐을 뿐만 아니라 공간무시空間無視, spatial neglect 증상으로 힘들어하고 있었다. 공간무시는 마치 왼쪽 세계가 존재하지 않는 것처럼 행동하는 상태다. 예를 들면 신문의 오른쪽 페이지만 읽는다거나 접시의 오른쪽에 놓인 음식만 먹고 오른쪽에 앉은 사람하고만 이야기를 나누는 것이다.

나는 손뼉이나 사이렌 같은 무작위적인 소리를 통해 크리스틴이 왼쪽에도 관심을 기울이게 만들 수 있다는 생각이 들었다. 우리 연구팀은 오래전 그런 무작위적인 소리가 공간무시 증상이 있는 다른 환자들에게도 효과가 있다는 사실을 발견하고 이를 과학 잡지 〈네이처Nature〉에 발표한 바 있었다.[15] 예상치 못한 소리는 환자의 각성을 높인다. 각성은 우뇌에서 통제하기 때문에 자동적으로 왼쪽에 대한 환자의 인식 능력도 증가한다. 어쩌면 존에게도 그와 비슷한 방법이 도움이 될지 몰랐다.

한편 나는 맨리와 함께 존의 문제를 밝힐 수 있는 또 다른 테스트를 개발했다. 일종의 직업 훈련이었다. 30분 안에 끝낼 수 없는 다섯 가지 다른 업무를 15분 만에 처리해야 하는 가상의 호텔 직원 역할이었다. 첫 번째 업무는 광고물을 교정하는 일이었다. 두 번째는 자선함에 담긴 동전을 종류별로 구분하는 것이고 세 번째는 컨퍼런스에서 사용할 이름표를 정리하는 것이다. 네 번째는 청구서 정리, 다섯 번째는 마케팅 훈련을 위한 전화번호 찾기였다. 주어진 시간 안에 어떤 일도 완벽하게 끝낼 수 없지만 다섯 가지 업무에 주어진 시간을 고루 분배해야 했다. 이상적인 경우라면 동전 정리에 3분, 이름표 정리 등에 각각 3분씩 할애하면 된다.

실제로 대부분의 일이 이와 비슷하다. 저글링의 연속이다. 한 가지일을 완벽하게 마무리할 시간은 없다. 사실 일뿐만 아니라 삶 전체도 마찬가지다. 여러 가지 일을 동시에 처리하다가 미처 끝내지 못한 일을 다시 살핀다. 존이 특별히 취약한 지점이었다. 그리고 그것이 존의 스트레스 요인이었다. 당연히 존에게는 어려운 테스트였다. 존은 커다란 시계가 앞에 있었는데도 시간이 얼마나 지나고 있는지 전혀 확인하지 않았고 그래서 한 가지 일에만 매달렸다. 아내가 힘들어했던

STRESS TEST

존의 산만함이 그 테스트에서 완전히 드러났다. 존은 8분 동안이나 동전을 정리하다가 갑자기 다른 일도 해야 한다는 생각이 났는지 이름표를 정리하기 시작했다. 5분이 지났다. 남은 2분 동안 허둥지둥 전화번호를 찾았다. 광고물 교정과 청구서 정리는 하지도 못했다. 이러니 존이 직장 생활을 유지하지 못하는 것도 당연했다.

이제 존의 뇌에 곡선 도로를 만들어줄 시간이었다. 곡선 도로는 15분 동안 대략 여섯 번 무작위로 울리는 벨 소리였다. 다행스럽게도 이 별 의미 없는 소리 덕분에 존은 산만한 직원에서 거의 완벽한 호텔 직원이 되었다. 존은 다섯 가지 일에 고루 시간을 분배해 진부 조금씩 처리했다. 우리는 존과 비슷한 문제를 겪고 있는 사람들 10명에게 같은 방법을 시도했다. 전부 효과가 있었다.[16] 이렇게 존이 더 체계적으로 일할 수 있도록 도울 수 있었지만 단 15분뿐이었다. 존이 집에서 아이들을 돌봐야 할 때도 과연 이 테스트가 효과가 있을까? 바로 그 지점에서 크리스틴이 큰 도움이 됐다. 벨 소리는 크리스틴이 왼쪽에도 신경을 쓸 수 있도록 해주었을 뿐만 아니라 집에서 혼자 할 수 있는 방법까지 찾아주었다. 다음과 같은 단순한 방법으로 말이다.

우리는 우선 크리스틴이 어떻게 주의력을 잃고 멍한 상태가 되는지 이야기를 나눴다. 크리스틴의 딸들은 엄마가 갑자기 멍해져 당황스러운 적이 많았다고 했다. 크리스틴도 그런 일이 일어난다는 사실을 인지하기 시작했고 그런 자기 모습을 발견할 때마다 스트레스를 받았다고 했다.

"따님들이 함께 있을 때 갑자기 멍해지신다고 하던데요?"

"그렇다고 하더라고요. 저는 제가 그런 줄도 몰랐어요. 그런데 가끔 다들 저를 빤히 쳐다보고 있으면 '아차, 내가 또 그랬구나' 싶었죠."

"왜 그런 일이 일어난다고 생각하세요?"

"잘 모르겠어요. 뇌졸중 이후로 늘 졸린 것 같긴 해요."

"제가 뭘 좀 해봐도 될까요? 전 손뼉을 칠 거예요."

크리스틴은 어리둥절한 표정으로 나를 바라보다가 빙그레 웃으며 대답했다.

"좋으실 대로요."

나는 힘껏 손뼉을 쳤다. 크리스틴은 약간 움찔하며 나를 보았다.

"기분이 좀 달라지셨나요?"

"약간 깨어난 것 같아요."

"정신이 더 드는 것 같나요?"

"맞아요. 그런 것 같아요. 꼭 진한 커피를 한잔 마신 것 같아요."

"몇 번 더 해봐도 될까요?"

"물론이죠."

나는 크리스틴이 점점 가라앉으며 멍한 상태가 될 때까지 기다렸다가 손뼉을 쳤다. 크리스틴은 머리를 바짝 들었고 멍한 기운이 사라졌다. 몇 번 더 시도해본 후 내가 말했다.

"혼자서도 하실 수 있겠어요?"

"손뼉을 치라고요?"

"꼭 그런 건 아니고요. 제가 없어도 이런 비슷한 느낌을 혼자서 만들 수 있으세요?"

STRESS TEST

"할 수 있을 것 같긴 한데, 어떻게요?"

"원하신다면 손뼉도 괜찮지만 다른 세 가지 방법이 아마 더 쉬울 거예요. 먼저 허리를 쭉 펴고 바르게 앉으세요. 그리고 숨을 깊이 들이마시고 내쉽니다. 마지막으로 어떤 단어나 문장을 말하는 겁니다. 깨어 있을 때와 비슷한 느낌을 불러올 수 있는 걸로요. 어떤 말이 좋을까요?"

"일어나."

크리스틴이 주저 없이 대답했다.

"좋아요. 이제 그 단어 게임을 해보는 겁니다. 언제든 멍해지려고 하면 아까 말씀드린 세 가지를 해보세요. 집중력이 떨어지고 있는데 모르시는 것 같으면 제가 살짝 알려드리겠습니다."

몇 분 후 크리스틴은 다시 멍해지기 시작했지만 알아채지 못하고 있었다. 나는 크리스틴의 어깨를 살짝 두드려 신호를 주었다. 크리스틴은 움찔하더니 허리를 곧게 펴고 숨을 깊이 들이마셨다. 그리고 큰 소리로 말했다.

"일어나!"

"효과가 있나요?"

"효과가 있어요. 정신이 바짝 들어요."

그녀가 웃으며 대답했다.

그 후 약 30분 동안 크리스틴은 내가 주는 신호 없이도 스스로 정신을 차리는 방법을 연습했다. 상담을 몇 번 더 하면서 굳이 생각하지 않아도 습관처럼 할 수 있을 때까지 연습했다. 크리스틴의 집중력은 훨씬 좋아졌고 왼쪽에 대한 주의력도 점차 나아졌다. 다시 말해 눈앞의 상황을 제대로 인식하지 못해 위험에 처할 확률이 훨씬 줄었다는 뜻이다. 크리스틴의 딸들도 엄마의 주의력 향상에 큰 감명을 받았다. 크리스틴이 대화 도중 갑자기 큰 소리로 "일어나!"라고 외칠 때는 깜짝 놀랐지만 점차 혼잣말로도 가능해지는 모습에 마음을 놓았다.

이 단순한 방법이 효과가 있는 이유는 올바른 자세가 뇌를 각성시키기 때문이다. 깊은 호흡도 마찬가지다. 단어를 말하는 것은 뇌가 '주의 상태'로 돌입하는 데 도움이 된다. 다시 말하면 계획이나 의도를 개입시키는 것이고 이 경우에는 주의력을 유지하는 것이다. 이 방법은 공간무시가 있는 다른 환자들에게도 효과가 있었다. 나는 이 방법을 토대로 재활치료사들이 환자들에게 가르칠 수 있는 심리치료를 개발했다.[17]

우리는 그 방법을 존에게도 적용했다. 존이 고른 단어는 '집중'이었다. 존은 몇 분에 한 번씩 하던 일을 멈추고 똑바로 앉아 "집중!"이라고 말하면서 지금 무슨 일을 해야 하는지 생각하는 법을 배웠다. 처음에는 세 살짜리 장난꾸러기 아들이 옆방에서 뭘 하고 있는지 확인해야 한다는 사실을 깨달을 때마다 당황했지만 그 방법을 사용하면서 점점 덜 산만한 아빠가 돼갔다. 그는 다시 카메라를 잡지는 못했지만 동네 바에서 파트타임 일자리를 구했다. 무슨 일을 하든 그 방법을 사용해야 했지만 이제는 습관이 돼 일상생활에 방해가 되지 않았다. 집에서 받는 스트레스가 훨씬 줄었고 아이들은 더 안전해졌으며 결혼생활도 유지할 수 있었다.

■■■■

　대니얼 카너먼에 따르면 머릿속의 어떤 곡선 도로도, 즉 어떤 종류의 도전이든 동공을 확장시킨다. 프린스턴 대학교의 개리 애스턴-존스와 동료들은 동물들도 특별한 사건이나 생각, 감정을 인식할 때 뇌의 청반이 노르아드레날린을 분사한다는 사실을 발견했다. 그렇다면 청반과 노르아드레날린, 그리고 카너먼의 동공 확장은 무슨 관계가 있을까?

　2013년 트리니티 칼리지의 피터 머피Peter Murphy, 조시 볼스터즈Josh Balsters, 레드먼드 오코넬Redmond O'Connell과 나는 단순한 주의력 테스트를 통해 그 관계의 해답을 찾아내고자 했다. 실험 참가자들은 약 45분 동안 MRI 스캐너에 누워 전구가 나타났다 사라지는 화면을 바라보며 가끔 더 큰 전구가 나타날 때마다 버튼을 눌렀다. 우리는 45분 동안 MRI 스캐너로 동공의 지름 변화를 관찰했다. 큰 도전이라고는 할 수 없는 비교적 지루한 테스트였지만 동공의 지름은 45분 내내 커졌다가 작아지기를 반복했다.

　참가자들에게는 쉬웠지만 우리에게는 쉽지 않은 도전이었다. 노르아드레날린을 생성하는 청반의 활동, 그리고 동공의 지름 변화 사이의 관계를 과연 찾아낼 수 있을까?

　찾아냈다! 청반의 노르아드레날린 분사량은 동공의 확장과 수축에 따라 달라졌다. 게다가 화면에 큰 전구가 나타날 때 버튼을 누르는 사소한 도전에도 동공의 크기가 커지고 노르아드레날린 분사량이 증가

했다. 뇌의 노르아드레날린과 동공 확장의 관계가 처음으로 밝혀진 것이다.[18]

존은 이 관계가 밝혀지기 전에 진료했던 환자였기 때문에 그의 뇌에서도 같은 일이 벌어졌는지 확인할 길은 없었다. 하지만 노르아드레날린의 활동을 보여주는 피부의 땀샘을 통해 존의 뇌를 더 자세히 들여다보기 위해 노력했다. 인간의 신체가 위험이나 도전에 맞설 수 있도록 준비하는 교감신경 시스템의 반응을 살피는, 말하자면 아주 간단한 '투쟁-도피 반응fight or flight response' 실험이었다.

노르아드레날린이 바로 그 투쟁-도피 반응에서 가장 중요한 호르몬이다. 싸우거나 도망가야 할 때 우리의 몸은 차가워지고 땀샘에서 땀이 난다. 땀샘의 미미한 변화는 뇌의 노르아드레날린 분사량에 따라 달라져서 땀샘의 활동 또한 노르아드레날린 활동의 지표로 쓰일 수 있었다. 동공도 그와 같은 역할을 했다. 흥미롭거나 어렵거나 매력적이거나 위협적인 대상을 발견하면 노르아드레날린이 활동을 시작하면서 동공이 확장된다.[19·20·21]

성인 ADHD 진단을 받았던 샐리를 만난 것도 그 실험을 통해서였다. 샐리는 학교에 가는 것 자체가 고역이었다. 그녀는 산만함과 충동 때문에 곤란에 처한 적이 많았다며 차라리 어렸을 때 진단을 받았더라면 더 좋았을 거라고 내게 말했다. 샐리는 내가 존을 치료하며 계획했던 일종의 각성 트레이닝 테스트에 참가했던 지원자였다.

나는 오코넬과 함께 피부의 땀을 각성 신호로 활용하는 테스트를 개발해 샐리 같은 ADHD 환자들을 돕고자 했다. 새롭거나 놀랍거나

흥미롭거나 감정적인 일이 일어나면 동공이 확장되고 피부에 땀이 난다. 카너먼이 보여주었듯이 암산 문제를 푸는 활동도 같은 효과를 발휘한다. ADHD 진단을 받은 사람들에게 매 순간 자기 피부에서 땀이 얼마나 나는지 화면에서 움직이는 그래프로 보여준다고 해보자. 이 그래프가 바로 바이오피드백, 즉 '생체자기제어' 그래프다. 생체자기제어는 보통 의식하지 못하는 신체나 뇌의 활동에 관한 정보, 예를 들면 심장 박동이나 혈압이나 특정한 근육의 긴장 상태 등을 보여주면서 이런 반응을 인지하게 한다. 이 인식만으로도 자기만의 시행착오를 통해 반응을 조절하는 법을 배울 수 있다.

예를 들면 매 순간 심장 박동에 관한 피드백을 전달받으면 사람들은 전문가들도 모르는 다양한 방법으로 박동을 낮추거나 높일 수 있다. 실제로 많은 사람들이 자기만의 방법을 찾아냈다. 화면에서 자신의 피부 전도성 그래프가 천천히 오르락내리락하는 하는 모습만으로도 사람들은 재빨리 요령을 찾아냈다. 다음은 ADHD 진단을 받았던 실험 참가자 진과의 대화다.

"진, 움직이는 선이 보이나요?"

진이 고개를 끄덕였다.

"전극이 두 개 붙은 손가락의 피부에 땀이 얼마나 나는지 나타내는 선이에요. 지루하거나 졸릴 때 선은 내려가고 흥분하거나 두려움을 느낄 때 선이 올라가요. 정상 범위로 깨어 있을 때는 중간쯤에 위치합니다. 이해하시겠어요?"

"네."

진이 화면에 나타나는 선에서 눈을 떼지 않으며 대답했다.

"이제 몇 분 동안 등 뒤에서 손뼉을 칠 겁니다. 괜찮으시겠어요?"

몇 분이 지나자 선이 천천히 아래로 내려갔다. 의자에 앉은 진은 지루하고 따분해 몸을 배배 꼬고 있었다. 그때 진의 뒤에서 손뼉을 쳤다.

"와!"

진이 나를 돌아보며 말했다.

"화면을 보세요."

선이 에베레스트처럼 가파르게 솟아 있었다. 우리는 선이 다시 베이스캠프로 내려오는 모습을 조용히 바라보았다. 그 과정을 몇 차례 되풀이했다. 매번 선이 가파르게 올라갔다.

"이제 직접 해보시겠어요?"

"어떻게요?"

"피부에 땀이 많이 나게 해서 뇌를 통제해보는 거예요."

"예를 들면요?"

"제가 손뼉을 쳤을 때의 느낌 기억하시죠? 머릿속에서 그 느낌을 다시 떠올리려고 해보세요."

나는 진이 뇌의 각성 시스템을 통제하려고 애쓰는 모습을 보았다. 한동안 아무 일도 없다가, 진은 의자에서 계속 이리저리 몸을 움직이기 시작했다.

"됐어요!"

선이 불쑥 솟아오른 화면을 가리키며 진이 외쳤다.

"잘하셨어요! 이제 다시 한번 해보세요. 선을 더 높이 올려보는 겁

STRESS TEST

니다."

진은 약 20분 만에 높은 산을 계속 만들어냈다.

"대단해요! 제가 정말 뇌를 통제하고 있는 건가요?"

"네. 몸속에서 생성되는 천연 각성제 노르아드레날린을 분출하고 있는 겁니다."

"정말요? 그러니까 저만의 약을 만들고 있다는 거네요?"

"맞아요. 이제 중요한 일을 하기 전에 직접 약을 만들어 먹는 법만 배우면 됩니다."

"예를 들면 월말 보고서를 검토해야 할 때 말이죠?"

"맞아요. 검토하는 중에도 몇 번 더 필요할 수도 있고요."

"남자 친구 어머님 댁에 저녁을 먹으러 갈 때도 해봐야겠어요. 저도 모르게 어머님을 언짢게 만드는 멍청한 말을 자주 하거든요. 그러고 나면 남자 친구와 꼭 싸우게 되고요."

"그렇다면 더더욱 약을 잘 드셔야겠네요."

내가 웃으며 말했다.

약 30분 정도 이런 과정을 진행하면 실험에 지원한 ADHD 환자들은 거의 대부분 스스로 각성 상태에 도달할 수 있었다. 지원자들은 결국 스스로 노르아드레날린을 분사하는 방법을 알아낸 것이다. 우리는 그 방법을 반복해 사용할 때 주의력이 좋아지고 숫자 3에 스페이스바를 누르는 것 같은 충동적인 실수도 줄어든다는 사실을 발견했다.[22]

하지만 노르아드레날린의 효과는 한 번에 몇 초밖에 지속되지 않는다. 샐리도 그 수치를 높인 상태에서 모든 일상생활을 할 수 있는 것은 아니었다. 그래서 우리는 샐리 같은 ADHD 환자들이 자가 치료하는 법, 즉 집중력이 저하되거나 충동성이 문제를 일으킬지도 모르는 중요한 순간에 스스로 노르아드레날린을 생성하는 방법을 가르쳐주는 것을 목표로 했다.

샐리는 집중력을 잃고 멍해져 위험해지는 순간을 점차 인식할 수 있게 됐다. 그녀에게 그런 순간은 특별한 도전 없는 단조로운 일을 반복할 때였다. 하지만 단조롭든 아니든 그녀는 책임을 다해야 할 일이 있었고 보고서나 회의록 작성에 집중할 필요가 있었다. 보통은 쉽게 해낼 수 있는 일들이었지만 주의력이 산만해져 실수를 하거나 회사에 큰 손해를 끼칠 위험한 상황도 바로 그런 쉬운 일들 때문에 일어났다.

그래서 샐리는 직장에서 단조롭지만 중요한 일을 할 때 위험을 예방하는 방법을 연습했다. 일을 시작하기 전에 스스로 각성 상태를 만들었고 일을 하는 도중에도 그 과정을 반복했다. 체내 노르아드레날린을 생성해서 집중력을 유지하고 실수를 방지한 것이다. 이는 안전하면서도 자연적인 방법이었다. 집중력을 잃어 토론의 흐름을 자꾸 놓치게 되는 회의 시간에도 이를 적용했다. 결국 직장에서 능력을 더 발휘하게 됐고 일도 더 즐기게 됐다. 나중에 설명하겠지만 지루함은 기분까지 나쁘게 만드는 경향이 있다.

레드먼드와 나는 박사과정에 있는 시모나 살로모네Simona Salomone의 도움을 받아 그 방법이 샐리뿐만 아니라 비슷한 증상을 지닌 다른 사람들에게도 효과가 있다는 사실을 밝혔다. 3개월 정도 자가 각성 훈련을 한 집단은 가짜로 훈련을 받은 집단에 비해 산만함과 충동성이

현저히 줄어들었다. 우울증의 기미도 덜 보였고 주의력 테스트에서도 더 나은 결과를 보였다.[23]

SART 결과에 따르면 존의 가장 큰 문제는 도전의 결핍이었다. 수년간의 연구를 통해 나는 도전이 뇌에 끼치는 영향에 대해 훨씬 명료하게 이해할 수 있었다. 그런데 또 다른 의문이 들었다. 도전은 어떤 상황에서 긍정적인 효과를 발휘하고 역경을 이겨낼 수 있게 할까? 또 어떤 상황에서 우리를 파괴할까? 존과 샐리, 크리스틴, 그리고 그들이 참여했던 연구는 그 답을 찾는 토대가 돼주었다.

빛은 어둠을 뚫고 나온다. 루스 홀랜드가 1996년 기차 사고로 세상을 떠나지 않았다면 나는 샐리, 크리스틴, 존이 스스로 뇌의 도전 정신을 일깨우는 방법을 찾아낼 수 없었을 것이다. 그 사고로 인해 시작할 수 있었던 기나긴 여정이었다. 임상심리학자로서 그간의 지난했던 연구가 쓸모 있었던 것 같아 기쁘기도 했다. 하지만 과학자로서는 여전히 만족스럽지 않았다. 도전이 언제, 왜, 어떻게 우리를 강하게 만들거나 무너뜨리는지 제대로 이해하지 못했기 때문이다.

그 답은 뉴질랜드의 지진에서 찾을 수 있었다.

Chapter

2

ENERGY.

나를 죽이지 못하는 것은 나를 더 강하게 만든다

불안이라는 이름의 각성

스트레스와
수행 능력의
미묘한 관계

2010년 9월 4일 새벽 4시 35분, 뉴질랜드의 크라이스트처치 거리에 잠에서 깬 사람들이 뛰쳐나왔다. 진도 7.1의 지진이 지면 10킬로미터 아래서 거칠게 땅을 들어 올렸다. 건물들은 기울어지다 무너졌고 전기와 수도가 끊겼다. 다행히 사망자는 없었지만 사람들은 그 후 몇 주 동안까지도 고통을 받았다. 여진이 수백 차례 계속되면서 두려움에 맥박이 빨라지고 동공이 확장됐다. 툭하면 자다가도 밖으로 뛰쳐나와야 했다.

지진이 일어난 후 많은 사람들이 일상적인 활동이나 업무에 집중하기 어려워했다. 약속을 자주 잊었고 방금 소개받은 사람의 이름을 기억하지 못했으며 어떤 커피를 마실지 결정하는 것마저 힘들어했다.

STRESS TEST

두뇌 회전이 느려지고 멍해졌다. 과도한 스트레스를 받는 사람이 보일 만한 증상이 지진을 겪은 크라이스트처치 주민들에게 나타났다.

크라이스트처치 대학교의 딕 헬튼Deak Helton과 동료들은[1] 지진 후 사람들의 그와 같은 반응을 감지하고 신속히 학생들의 심리 상태 진단에 착수했다. 특별한 증상을 보이지 않는 학생들도 있었지만 지진에 대한 기억과 위험에 처해 있다는 생각을 떨쳐버리지 못하는 학생들도 있었다. 헬튼은 학생들에게 SART를 실시했다. 그리고 한 가지 이상한 점을 발견했다. 지진 때문에 가장 괴로워하고 힘들어하던 학생들이 SART에서 가장 많은 실수를 한 것이다.

흥미로운 결과였다. SART가 어떻게 지진을 겪은 후의 상태를 말해 줄 수 있는 것일까? 가장 먼저 든 생각은 걱정 때문에 마음이 산만해져서 집중력이 떨어졌을지도 모른다는 것이었다. 하지만 내가 몇 년 전 겪은 부끄러운 일을 생각해보면 이 생각에는 한 가지 문제가 있다. 런던에서 대학원에 다닐 때였다. 나는 운전 중 알코올의 효과에 관한 TV 프로그램을 만드는 데 참여했다. 알코올이 뇌의 기능을 어떻게 떨어뜨리는지 방청객 앞에서 실험을 하는 프로그램이었다. 실험 참가자들은 두 그룹으로 나뉘어 술을 마시기 전과 후 간단한 인지 테스트를 받았다. A그룹은 진짜 술을 마셨고 B그룹은 술맛이 나는 가짜 알코올음료를 마셨다. 제작진은 당연히 A그룹이 B그룹보다 실수를 많이 하고 반응도 느려질 것이라고 예측했다.

실험은 방송을 위해 녹화되었다. 음료를 마시기 전 두 그룹의 테스트 결과는 모두 좋았다. 음료를 마신 후 두 번째 테스트 결과는 당연히 차이가 있었다. 다만 예상했던 A그룹이 아닌 다른 B그룹이 더 실수가 많았다.

당황스럽게도, 술을 마시지 않은 B그룹의 테스트 결과가 훨씬 나빴다. 반면 A그룹은 첫 번째와 비슷한 결과를 보였다. 우리는 험악하게 노려보는 감독의 눈빛을 느끼며 테스트 결과를 다시 검토했다. 하지만 결과는 생각했던 것과 정반대였다. 나는 프로그램 제작진이 이 엉뚱한 결과에 대해 해명하거나 방송을 취소할 것이라고 생각했지만 나중에 알고 보니 테스트 결과가 알코올이 끼치는 나쁜 영향을 제대로 보여준 것처럼 방송을 내보냈다. 물론 아무도 눈치채지 못했다.

나는 동료들과 펍으로 달아나 상황을 파악해봤다. 왜 진짜 술을 마신 A그룹의 테스트 결과에 큰 차이가 없었을까? 모두가 알다시피 알코올은 실제로 반응을 늦춰 사고를 유발한다. 처참하게 짓밟힌 과학적 자아의 상처를 핥으며 맥주를 홀짝이다 갑자기 깨달았다. 심리학의 가장 유명한 실험을 새까맣게 잊고 있었다는 것을 말이다.

■ ■ ■ ■

1908년 하버드 대학교의 심리학자 로버트 여키스**Robert Yerkes**와 존 도슨**John Dodson**은 재미있는 사실을 발견했다. 이것은 나중에 여키스-도슨의 법칙**Yerkes-Dodson law** [2]이 됐는데, 적정한 수준의 각성 상태가 최대의 수행 능력을 가져온다는 것이었다. '각성'이라는 용어는 신체생리 시스템의 일반적인 활동 정도를 묘사하는 용어다. 하지만 심리학에

서는 더 광범위한 뜻으로 사용되며 1장에서 언급했던 '깨어 있다'는 뜻과 대략 비슷하다. 그래서 신경전달물질인 노르아드레날린과 이것의 분비로 인한 동공 확장, 땀 배출 증가, 심장 박동 증가와도 밀접한 관련이 있다.

사람들의 각성 정도는 하루 종일 변한다. 주로 동트기 전에 낮고 늦은 아침에 비교적 높다. 여키스와 도슨은 각성 상태를 어느 정도까지 높이면 수행 능력이 좋아진다는 사실을 발견했다. 하지만 각성 상태가 과도하게 높아지면 수행 능력이 급격히 떨어지는 티핑 포인트가 존재한다. 이것이 바로 여키스-도슨의 법칙 역U 각성 그래프다.

방송국 실험에서도 바로 이 법칙이 적용된 것이다. 환한 조명과 카메라, 방청객이 지켜보는 낯선 스튜디오 환경에서 테스트를 받는다면 누구나 스트레스를 받을 수밖에 없다. 그 스트레스가 참가자들의 각성 상태를 높였고 가짜 알코올음료를 마신 B그룹은 여키스-도슨 그래프의 티핑 포인트를 넘어서 더 나쁜 결과가 나온 것이다. 반면 진짜 알코올은 상태를 진정시켜 각성 정도를 낮춘다. 그래서 A그룹은 역U 그래프의 꼭대기인 티핑 포인트에 머물 수 있었다.

즉, B그룹은 과도한 스트레스 때문에 여키스-도슨 그래프의 꼭대기를 훨씬 넘어서 수행 능력이 오히려 떨어졌고, A그룹은 알코올 덕분에 스트레스가 다소 완화돼 티핑 포인트를 넘어서지 않은 것이다.

이는 뉴질랜드에서 일어난 흥미로운 현상의 첫 번째 힌트이기도 했다. 여키스-도슨의 역U 그래프와 스트레스의 관계가 뉴질랜드에서도 비슷한 결과를 초래했다면 지진으로 스트레스 곡선의 꼭대기에 이른 사람들은 SART에서 더 나은 결과를 보여야 했다. 하지만 그렇지 않았다. 나는 그 생각을 뒷받침해줄 또 다른 연구를 찾아냈다.

2008년 시카고 대학교의 심리학 교수 시안 베일록Sian Beilock은 연산 문제를 잘 푸는 학생들을 선별했다. 그리고 자신의 연산 능력에 대한 신뢰도를 측정했는데 객관적으로 실력이 좋았음에도 불구하고 자신의 능력에 대해 불안해하는 학생들이 있었다. 사람들 앞에서 암산 문제를 풀어야 한다고 생각하면 대부분은 그런 상황에서 스트레스를 받는다. 베일록은 강당에 모인 사람들 앞에서 학생들에게 계산 문제를 풀게 했고 문제를 풀기 전과 후 스트레스 호르몬인 코르티솔cortisol의 수치를 측정했다.[3]

그러자 모든 학생의 코르티솔 수치가 높아졌다. 사람들 앞에 서는 일은 스트레스를 유발하기 때문이다. 하지만 공통점은 그뿐이었다. 자기 능력에 불안해하는 그룹 내에서 스트레스를 더 많이 받은 학생이 문제를 더 많이 틀렸다. 아무리 영리해도 스트레스 때문에 실력을 발휘하지 못하는 경우는 별로 놀랍지 않은 일이다. 스트레스는 지적 능력을 떨어뜨린다. 하지만 꼭 그런 것은 아니었다. 기본적으로 문제 풀이 능력이 비슷한 학생들 중에서 자기 능력을 믿는, 즉 불안해하지 않는 학생들은 특별한 결과를 보였다. 이들은 코르티솔 수치가 높을수록 결과가 더 좋았다. 이 결과에 따르면 나를 죽이지 못하는 것은 나를 더 강하게, 심지어 더 똑똑하게 만들 수 있다. 물론 모두에게 적용되는 것은 아니었다. 자신의 능력을 믿지 못하고 걱정하면 수행 능력이 떨어졌고, 자신을 믿으면 스트레스는 수행 능력을 증가시켰다.

게다가 자신을 믿는 사람들은 스트레스를 많이 받을수록 능력이 더 향상되었다. 한마디로 스트레스는 능력을 가장 잘 발휘할 수 있는 최적의 상태를 만들어주었다.

여키스-도슨 법칙이 100년 후 21세기의 교실에서도 증명된 것이다. 대표적인 스트레스 호르몬인 코르티솔은 문제 풀이를 불안해하는 학생들과 그렇지 않은 학생들에게 정반대의 결과를 가져온다.

스트레스는 마음 편한 사람들을 최적의 상태로 이끌고 걱정 많은 사람들은 최적의 상태에서 멀어지게 한다. 스트레스는 양날의 검이다. 우리를 위축시켜 능력 발휘를 못 하게 할 수도, 최적의 상태로 이끌어 능력을 향상시킬 수도 있다. 마치 직선 도로의 굽은 길처럼 말이다. 직업적으로 무대에 서는 사람들이나 운동선수들은 이미 이 사실을 알고 있다. 그들은 시합에 나가기 전이나 무대에 서기 전에 긴장을 느끼지 못하면 최상의 결과를 내지 못한다. 골프 선수 타이거 우즈는 이렇게 말했다.

"더 이상 떨리지 않는 날이 은퇴하는 날이다. 불안이라는 쾌감은 그야말로 굉장하다."

지진으로 스트레스를 받은 뉴질랜드 학생들이 SART에서 더 많은 실수를 한 것은 불안했기 때문인지도 모른다. 그렇다면 여키스-도슨 법칙에 따라 스트레스 상황에서 더 능력을 발휘하는 학생도 있어야 했다. 하지만 결과는 그렇지 않았다. 그렇다면 스트레스와 주의력의 관계를 설명해줄 또 다른 요소는 무엇일까? 그 답은 수천 개의 문자 메시지에서 찾을 수 있었다.

산만할수록
더 불행하다고
느낀다

문자 메시지로 이런 질문이 온다.

'지금 기분은 어떤가요?'

이에 대해 0(아주 나쁨)부터 100(아주 좋음)까지의 숫자 중 하나로 답한다.

두 번째 질문이 문자로 온다.

'지금 무엇을 하고 있나요?'

그러면 몇 가지 선택지 중 하나를 고른다.

세 번째 질문.

'지금 하고 있는 일이 아닌 다른 생각을 하고 있나요?'

그러면 다음 네 가지 선택지 중 하나를 고른다.

1. 아니요.

2. 네, 더 즐거운 생각을 하고 있어요.

3. 네, 별 감정 없는 생각을 하고 있어요.

4. 네, 기분 나쁜 생각을 하고 있어요.

하버드 대학교의 매튜 킬링스워스Matthew Killingsworth와 댄 길버트Dan Gilbert는 실험에 참가하기로 한 2,000명의 사람들에게 위와 같은 문자 메시지를 보냈다. 참가자들은 몇 주 동안 하루에 세 번 정도 이 문자 메시지에 답했다.[4]

STRESS TEST

마음은 엄청나게 방황한다. 되돌아온 문자 메시지를 분석한 결과 참가자들의 마음은 대략 절반 정도 방황하고 있었다. 흥미로운 점은 힘들게 욕실을 청소하고 있든, 요트에서 일광욕을 하며 칵테일을 마시고 있든 상관없이 사람들의 마음은 좋은 생각, 나쁜 생각, 별 감정 없는 다양한 생각들로 방황하고 있었다는 것이다.

그뿐만이 아니었다. 딴 생각을 하고 있는 사람들은 지금 하고 있는 일에 집중하고 있는 사람들보다 훨씬 덜 행복하다고 대답했다. 아무리 힘들고 고된 일에 집중하고 있을 때도 마찬가지였다. 하얗게 빛나는 요트 뱃머리에 앉아 칵테일을 마시며 돌고래를 보는 상상을 하는데도 행복하지 않다는 게 이상할지도 모른다. 하지만 그랬다. 사람들은 아무리 멋진 상상을 해도 변기를 닦는 데 집중하고 있을 때보다 덜 행복해했다.

그 이유는 무엇일까? 마음이 방황해서 덜 행복한 것일까? 아니면 기분이 가라앉다 보니 마음이 방황하는 것일까? 방황하는 마음이라는 닭과 기분이라는 달걀 중 무엇이 먼저일까?

답은 '닭'이다. 한 연구팀이 몇 주에 걸쳐 매일 매시간 사람들의 기분을 조사해서 마음이 먼저 방황하기 시작하는 것인지, 기분이 먼저 나빠지기 시작하는 것인지 확인했다. 그 결과 마음이 먼저 방황하기 시작하는 것으로 드러났다. 그러니 마음이 방황하도록 내버려두는 것은 스스로 덜 행복해지는 것이다. 요트 여행처럼 아무리 멋진 상상이라도 말이다.

그렇다면 SART 점수가 낮았던 크라이스트처치의 학생들은 지진에 대한 걱정으로 마음이 더 방황했기 때문에 스트레스가 컸던 것일까? 그때 노스캐롤라이나에서 수행된 한 연구가 내 관심을 끌었다.[5] 성인 72명에게 SART를 실시하고 테스트 이후 일주일 동안 하루에 여덟 번, 하버드 대학교 연구자들과 비슷한 방법으로 기분과 생각, 마음의 방황 정도를 기록하라고 했다. 그 결과 크라이스트처치 학생들에 대해 예측했던 대로, SART 점수가 낮은 사람들의 마음이 방황할 확률이 더 높았다. 심지어 그처럼 쉽게 산만해지는 사람들은 기분 좋은 생각보다 걱정을 하는 경우가 더 많았고, 그 걱정이 그 순간에 해야 할 일을 방해하는 경우가 많았다.

그렇다면 뉴질랜드 지진 후 일부 학생들의 SART 점수가 낮게 나온 이유는 스트레스가 아닐 수도 있다. SART 점수 낮은 학생들은 스트레스 여부와 상관없이 쉽게 산만해지는 학생들이었다. 집중력이 부족한 학생들이 SART 점수도 낮았고 지진 후 스트레스에도 취약했다. 이런 결과를 보면 산만함은 우리를 불행하게 만든다고 할 수 있다. 일상적인 일에 집중하다가 잠시 원할 때만 공상에 빠질 수 있다면 지진과 같은 스트레스 상황에 훨씬 잘 대처할 것이다.

그렇기에 스트레스를 딛고 일어서려면, 즉 회복탄력성을 발휘하려면 집중력이 필요하다. 매 순간 하고 있는 일에 집중할 수 있다면 에너지를 빼앗고 우리를 약하게 만드는 과도한 스트레스에서 자유로울 수 있다.

하지만 해결해야 할 문제는 또 있었다. 왜 우리의 마음은 부정적인 생각에 빠지기 쉬운 것일까?

마음이
부정적인 생각에
잘 빠지는 이유

왜 마음은 긍정적이고 행복한 생각으로 흘러가지 않는 것일까? 1970년대 후반 런던에서 진료했던 사이먼이 떠오른다. 사이먼은 40대 후반으로 전국전문직협회 임원이었다. 가끔 TV에도 출연하고 정부 자문을 맡기도 했으며 동료 전문가들에게도 인정받으며 한창 능력을 발휘하고 있었다. 행복한 결혼 생활에 세 아이를 두고 있었고 삶의 큰 문제라고는 전혀 없었다. 단 한 가지만 제외하고 말이다.

사이먼의 주치의는 그가 지난 6개월 동안 쭉 기분이 좋지 않았고 심각한 불안 증세가 지속되고 있다며 내게 보냈다. 숙면을 취하지 못한다는 주치의의 말대로 사이먼은 두 눈 아래가 거무죽죽했다. 당시에는 항우울제 처방이 흔하지 않았기에 그 역시 항우울제를 처방받지는 않았다.

사이먼의 삶은 대체로 만족스러웠다. 6개월 전 한 가지 문제가 발생하기 전까지는 말이다. 당시 열린 대규모 전국 컨퍼런스에서 그는 연단에 올라 연설을 하던 중 할 말을 잊어버려 빨갛게 달아오른 얼굴로 서둘러 연단을 내려와야 했다. 그는 동료들 앞에서 굴욕감을 느꼈다고 말했다. 그리고 6개월 후 다시 열리는 컨퍼런스에서 또 한 번 연설을 해야 한다고 했다. 그 생각이 그를 감정적으로 옭아매고 있었다.

불안이 과도하면 자기중심적인 인간이 된다. 특히 사람들이 자신을 안 좋게 생각한다거나 비웃을지 모른다는 두려움에 빠지기 쉽다. 모든 사람이 자신을 보고 있고 얼굴이 조금만 빨개지거나 목소리가 조금만 떨려도, 몸짓이 약간만 어색해져도 전부 알아챌 거라고 생각한다. 이 두려움은 다른 사람들이 내 귀에 천둥소리처럼 들리는 심장 박동 소리까지 들을 수 있다는 생각으로까지 확대된다. 그런 경계 태세에서는 타인의 표정과 행동을 비난, 경멸, 실망의 신호로 오해하기 쉽다. 누구의 얼굴이라도 오랫동안 바라보면 그런 신호로 오해할 수 있는 표정을 보게 될 수밖에 없다. 사실 배가 아파 지은 표정이었을지도 모르는데 말이다. 그런 상황에서 주의력은 부정적인 생각과 관점에 묶이고 불안은 증폭된다. 그러다 결국 불안이 현실이 돼 실제로 몸짓이 어색해지고 얼굴이 빨개지며 연설을 망치게 된다. 이는 전부 집중의 '대상'에 달려 있는 문제다.

그 당시 나는 인지행동치료를 막 배우고 있었다. 인지행동치료는 사람들의 생각과 행동이 감정을 유발한다고 가정한다. 사이먼이 그랬던 것처럼 다른 사람들이 나를 비웃고 있다고, 내가 무능하다고 생각한다고 믿으면 엄청난 스트레스와 불안을 느낀다. 그래서 인지행동치료는 환자들에게 자기 믿음의 증거를 찾아보라고 한다. 나는 사이먼과 다음과 같은 대화를 나눴다.

"컨퍼런스에서 무슨 일이 일어났다고 생각하세요?"

"완전히 망했습니다. 얼마나 창피했는지 몰라요. 전국의 임원들과 새까만 후배들 앞에서. 굴욕도 그런 굴욕이 없었어요."

"그러니까, 정확히 무슨 일이 있었던 거죠?"

STRESS TEST

"말씀드렸잖아요. 망했다고요. 말을 더듬고 갑자기 심장이 막 뛰면서 땀이 줄줄 흘렀어요. 쓰러지지 않으려고 연단을 붙잡고 겨우 서 있었다니까요. 다리가 금방이라도 꺾일 것 같았어요."

"막 연설을 시작했을 때 그랬나요?"

"아니에요. 중간까지는 잘했어요. 갑자기 왜 그렇게 됐는지 정말 모르겠어요."

"그래서 연설을 절반밖에 못 하셨나요?"

"그런 셈이죠. 갑자기 김빠진 풍선처럼 흐지부지 끝냈어요. 정말 꼴불견이었을 겁니다!"

"청중들은 무엇을 봤을까요?"

"무슨 말씀이세요?"

"청중석에 앉아 바라보고 있었다고 생각해보세요. 특별한 점이 있었을까요?"

"당황해서 쓰러지려고 하는 말더듬이 멍청이를 봤겠죠."

사이먼이 비통하게 내뱉었다.

"조금 더 구체적으로 어떤 모습을 봤을까요?"

"모르겠어요. 갑자기 말문이 막힌 모습을 봤겠죠."

"완전히요?"

"아니요. 완전히는 아니었어요. 대충 흐지부지 마무리하긴 했어요."

"또 무엇을 봤을까요?"

"제 상태가…."

"상태가요?"

"기절하기 직전처럼 보였겠죠. 심장마비가 오는 줄 알았으니까요!"

"그때 사람들이 본 모습은 어떨까요?"

"모르겠어요. 정상은 아닌 모습?"

"사람들은 당신의 심장 박동 소리를 들을 수 없어요. 손에 땀이 난 것도 볼 수 없고요. 당신이 어지러웠다는 것도 몰랐겠죠?"

"그랬겠죠. 하지만 갑자기 연설을 끝냈다고는 생각할 겁니다."

"좋아요. 다음 주까지 해오실 일이 하나 있습니다. 그때 컨퍼런스에 참가했던 사람들 몇 명에게 그날 당신의 상태를 어떻게 봤는지 물어보고 대답을 들어오는 거예요. 솔직하게 대답해달라고 부탁할 수 있을 만큼 잘 아는 사이여야 하고, 그 문제에 대해 이미 이야기를 나눠보지 않은 사람이어야 해요."

"아무하고도 얘기하지 않았어요."

"좋아요. 누구에게 물어보시겠습니까?"

사이먼은 약간 머뭇거리며 생각하더니 동료 몇 명의 이름을 말했다.

불안을 증폭시키는 왜곡된 주의력

　　　　　　　다음 주 사이먼은 새로운 소식을 가져왔다. 그날에 대해 물어본 네 명 중에 그의 연설이 평소 같지 않았

STRESS TEST

다는 사실을 눈치챈 사람은 두 명뿐이었다. 그중 한 명은 갑자기 어지러워하는 것 같았다고 했고, 또 한 명은 몸 상태가 좋지 않아 연설을 급하게 마무리한 것 같았다고 했다. 네 명 중에 사이먼이 불안 발작을 일으켰다는 사실을 알아챈 사람은 아무도 없었다.

이는 두려움에 사로잡혀 자기밖에 보지 못했던 사이먼이 다른 관점에서 연설을 바라볼 수 있게 해주었다. 불안이라는 자기 세계에서 벗어나 그야말로 무관심한 실제 세상을 바라볼 수 있도록 도와준 것이다.

"사이먼, 사람들은 대부분 자기 생각만 해요. 다른 사람 얼굴을 보면서 그 사람 머릿속에 무슨 생각이 들어 있는지 자세히 살필 정신적 여유가 없어요."

내가 말했다. 하지만 사이먼은 완벽주의자였고 평생 성공만 해왔던 사람이었다. 불안은 다소 누그러졌지만 여전히 몇 가지 문제가 남아 있었다. 사이먼에게 그 연설은 사람들 앞에서 처음으로 겪은 굴욕이었다. 불안은 일은 물론 가정생활까지 힘들게 만들었다. 이런 실패의 느낌은 다시 더 깊은 불안으로 그를 이끌고 있었다.

이는 불안이라는 감정에 결국 잡아먹히는 악순환의 고리다. 앞에서 언급했던 루시에게도 비슷한 일이 있었다. 시험에 통과하지 못했다는 비교적 사소한 실패가 불안을 야기했고 사이먼과 마찬가지로 불안이 점점 증폭됐다. 이 악순환의 뿌리는 바로 주의력 결핍이다. 불안할 때 우리의 마음은 다가오는 위협을 감지하는 방어체계로 돌입한다. 그런데 우리 주변에는 늘 수만 가지 일이 일어나고 있기 때문에 주변을 민감하게 살피는 방어체계는 언제나 잠재적인 위협을 찾아낸다. 아무리 사소한 일일지라도 말이다.

심지어 이 방어체계는 기억까지 왜곡한다. 불안한 상태에서는 행복하고 자신감이 넘쳤던 기억보다 불안하고 걱정스러웠던 기억이 더 쉽게 뛰쳐나온다. 그래서 긍정적인 생각이나 신호, 기억에 관심을 기울이기가 점점 더 어려워진다. 불안하고 자기중심적인 세상에는 더 불안하게 만드는 신호('왜 웃지? 나를 비웃나?')와 생각('이러다 기절하겠어'), 기억(연설을 망쳤을 때의 끔찍했던 기분)만 존재하기 때문이다.

사이먼은 대중 연설 공포증이 있을 뿐만 아니라 실패에도 공포를 느끼고 있었다. 그는 다가오는 컨퍼런스를 떠올리게 만드는, 다시 연설을 해야 한다는 사실을 상기시키는 온갖 사소한 신호들에 정신을 쏟고 있었다. 누구나 일상적으로 하는 사소한 실수마저 그의 방어체계에서는 전부 위협이었다. 그때 주의력에 관한 아주 중요한 사실 하나가 떠올랐다. 우리가 주의를 기울이는 대상이 실제보다 더 커 보인다는 사실이었다.

주의력은 마음의 돋보기와 같다. 우울증은 불행한 사건만 떠올리게 하고 주의력은 이를 확대한다. 사이먼은 굴욕적인 연설을 하고 난 후에 있었던 사소한 실패들을 눈덩이처럼 키웠다. 이런 왜곡된 주의력은 가족이나 동료들과의 관계에도 스며들었다. 불안한 상태였기 때문에 평범한 상태였다면 전혀 인지하지 못했을 얼굴 표정이나 사소한 말 한마디에도 신경을 썼고 동료들이나 아내까지도 자신을 실패자로 생각한다고 해석했다. 결국 사이먼은 모든 관계를 차단하기 시작했고

그 결과 불안은 더 커졌다. 자신이 실패자라는 생각만 점점 확고해져서 다른 생각은 아예 할 수 없게 됐다.

하지만 다행히 사이먼은 정신을 차리고 지금 하는 일에 집중할 수 있는 능력이 있었다. 평소에 쉽게 한눈을 파는 사람이 아니어서 불안에 너무 많이 휩쓸리지 않고 내가 세워준 목표에 집중할 수 있었다. 사이먼은 행동치료의 일환으로 간단한 연설을 준비해 내 앞에서 직접 해보였다. 우리는 점점 더 격식을 갖춘 상황으로 발전시켜가며 연설을 연습했다. 나는 사이먼에게 중요한 연설을 하기까지의 과정을 머릿속으로 떠올려보며 집에서도 몇 차례 연습해보라고 했다. 마지막으로 사이먼은 강당에서 내가 부른 학생들 몇 명을 앉혀놓고 연설을 했다. 컨퍼런스 당일, 그의 공포는 많이 사라졌다. 연설 도중 몇 번의 쭈뼛한 순간이 있었지만 결국 해냈다고 했다.

하지만 그게 끝이 아니었다. 실패 공포증이 남아 있었다. 나는 먼저 '실패'에 대한 기억으로 주의력이 쏠릴 때를 알아채고 그때 성공에 대한 확실한 증거로 주의력을 옮기는 방법을 알려주었다. 사이먼은 굴욕적인 기억을 무시하는 방법을 금방 배웠다. 처음에는 다소 어려워했지만 살면서 경험했던 수많은 성공의 기억을 떠올리는 법을 터득했다. 또한 자신에 대한 사람들의 사소하고 보통은 애매한 신호, 그래서 예전에는 못마땅하다는 뜻으로 해석했던 신호 대신 긍정적인 신호에 더 집중하는 법도 배웠다.

실패와 관련된 신호나 기억에서 주의를 돌리는 법을 배우자 기분이 나아졌고 불안도 줄었다. 그 결과 긍정적인 기억을 더 자주 떠올리게 됐고 예전만큼 침울한 걱정과 싸울 필요가 없어졌다. 게다가 감정을 더 잘 통제할 수 있게 되자 뛰어난 집중력 덕분에 실패와 불안에 대한 생각이 비집고 들어올 틈이 점점 사라졌다. 물론 가끔 떠오르기도 했지만 사이먼은 긍정적인 신호에 집중하는 방법을 실천했고, 덕분에 예전처럼 부정적인 생각에 쉽게 휩쓸리지 않을 수 있었다.

만일 사이먼이 자주 딴생각을 하는 사람이었다면 방황하는 마음을 통제하기가 훨씬 어려웠을 것이다. 이미 언급했듯이 마음은 한번 떠돌기 시작하면 결국에는 대체로 걱정이나 부정적인 생각에 도달한다. 크라이스트처치 지진이 일어난 후 집중력이 부족했던 뉴질랜드 사람들의 마음은 다른 사람들의 마음보다 훨씬 많이 방황했다. 방황하는 마음은 결국 지진에 대한 걱정으로 다시 이어졌다.

그런데 그때 한 가지 경험이 떠오르면서 지진에 대해 자꾸 생각하게 만드는 다른 요소가 적어도 한 가지는 더 있을 것 같다는 생각이 들었다. 그 경험은 바로 파이핑 파티 고문이었다.

■ ■ ■ ■

파이핑 파티는 배의 깃발을 올리고 내리거나 배에 승선하는 귀빈을 맞이하기 위해 선원들이 모여 보슨 파이프(해군 갑판장이 의전용이나 신호 전달용으로 사용하는 호루라기의 일종−옮긴이)를 부는 행사다. 10센티미터 정도의 호루라기는 끝에 있는 작고 둥근 구멍에 네 손가락을 제대로 올려놓고 불면 높고 날카로운 소리가 난다. 손가락을 엉뚱한 곳에 올려

놓고 불면 날카로운 한 음이 아니라 서로 어울리지 않는 음들이 뒤섞여 들기 힘든 소리가 난다. 또한 높고 날카로운 소리 말고 다른 소리도 내는데 구멍의 손가락 위치를 약간 바꾸면 훨씬 낮은 소리가 난다. 날카로운 소리를 잘못 내면 눈에서 눈물이 날 정도로 듣기 괴로운 소리가 나지만, 낮은 소리를 잘못 내면 배에 가득 찼던 가스가 터져 나오는 소리가 난다. 그러면 주변 사람들이 참지 못하고 웃음을 터뜨리게 된다.

당시 나는 바닷바람에 잔뼈가 굵은 선원이 아니라 열세 살 29기 글래스고 해양 스카우트 파이핑 파티 단원이었다. 그리고 파티의 리더로 임명돼 조금은 자랑스럽기도 했다. 우리는 매주 금요일 저녁마다 호루라기를 불며 깃발을 올렸고 시간이 되면 호루라기를 불어 깃발을 내렸다. 크게 어려운 일은 아니었다.

물론 그중에는 언제나 황당하기 짝이 없는 엉뚱한 소리를 내는 단원이 있었지만 호루라기 소리가 한데 뒤섞이기 때문에 결코 큰 문제는 아니었다. 그런데 그게 전부가 아니었다. 리더는, 그러니까 나는 깃발을 올리고 내린 후 선원들의 임무가 끝났음을 알리는 호루라기를 혼자 불어야 했다.

나는 집에서 연습을 했고 늘 완벽한 소리를 냈다. 한 옥타브 떨어진 두 음이 개똥지빠귀 노랫소리처럼 청아하게 울려 퍼졌다. 그런데 첫 파티를 마무리할 때 120개의 눈에서 눈물을 쏙 빼는 끔찍한 소리를 내버렸다. 그리고 뒤이어 거인의 방귀 소리라고밖에 할 수 없는 천둥 같은 소리까지 내버렸다.

스카우트 홀에 충격과 침묵이 들어찼고 동지애라고는 없는 몇몇 녀석들이 낄낄거리기 시작했다. 곧 모두가 배꼽을 잡고 웃는 상황이 연출됐다. 심지어 스카우트 단장인 어른들까지도 그랬다! 나는 온몸으로 끔찍한 굴욕을 느꼈다. 60명이 나를 비웃고 있을 때 피가 양 볼로 쏠리면서 배가 미친 듯 배배 꼬이던 그 느낌이 아직도 생생하다.

다음 날 아침, 나는 전날 밤의 사건을 잊고 평범한 일상을 보냈다. 하지만 다음 주 금요일 아침에 눈을 떴을 때 배가 아프기 시작했다. 알고 보니 그날 저녁 행사에 대한 불안 때문이었다. 깃대로 행진하는 동안 심장은 쿵쿵거렸고 머릿속은 끔찍한 생각으로 가득 찼다. 여섯 명이 호루라기를 불어 깃발을 올렸다. 그리고 끔찍한 침묵이 감돌았다. 괴로운 마음에 주위를 둘러보니 강당에 모인 사람들 전부가 고소한 표정으로 내 호루라기 소리를 기다리고 있었다. 물론 나는 그들을 실망시키지 않았다. 작은 새 한 마리가 무참하게 괴롭힘을 당하다가 요란하게 으스러지는 소리가 났다. 아, 그때 사람들이 얼마나 웃었는지!

그다음 주에는 목요일 아침부터 불안해서 목이 막혀왔다. 그때부터 36시간 동안 마음속으로 호루라기 부는 연습을 하면서 몇 번의 경미한 공황 발작까지 경험했다. 그 굴욕적인 소리가 도저히 떨쳐지지 않아 수업에도 집중할 수 없었다.

이렇게 행사에 대한 불안이 엄습할 때 할 수 있는 일이라곤 '나는 할 수 있다'는 자성 예언self-fulfilling prophesy뿐이었다. 불안을 떨치면 새벽녘 모래밭에 내려앉은 도요새처럼 맑고 고운 소리를 낼 수 있을 것

이다. 하지만 시간이 지날수록 불안을 느끼기 시작하는 날이 목요일에서 수요일로, 다시 화요일로 앞당겨졌고 결국 일주일 내내 불안에 몸서리쳤다. 지금 생각해보면 아마 내 안의 어떤 가학성이 절대 마음을 편히 먹지 말라고 나를 채찍질했던 것 같다.

집중력이 곤두박질쳤다. 프랑스어나 대수학에 겨우 집중했다가도 금요일 밤의 그 아무것도 아닌 행사 생각에 풍덩 빠져들곤 했다. 그리고 한번 빠지면 좀처럼 벗어나기 힘들었다. 불안은 그야말로 끔찍한 경험이다. 원래는 위험에서 달아나라고 부추기는 짧고 강렬한 느낌이어야 하지만 우리는 넘치는 상상력으로 그 위험에 대해 계속 생각하고 예측함으로써 불안을 재생산하고 끝없이 스스로를 고문한다.

그 불안이 얼마나 오래갔는지는 생각나지 않는다. 기억나는 것은 몇 달 동안 극심한 스트레스를 받았다는 사실뿐이다. 아마 여름방학이 시작되면서 행사가 끝났는지도 모른다. 어쨌든 더 이상 금요일 밤에 호루라기를 불지 않아도 되자 불안은 사라졌다. 마치 엄청나게 약효가 좋은 약을 먹은 것처럼 말이다. 깨어 있는 시간 내내, 심지어 꿈속에까지 따라와 나를 괴롭히던 고통이 사라졌다.

물론 너무 사소한 일로 불안해했던 것 아니냐고 생각할 수 있다. 니체의 '나를 죽이지 못하는 것' 시나리오는 결코 아니었다. 어찌 보면 그와 정반대였다. 스트레스를 야기하는 객관적 원인에 비해 내 반응은 지극히 과했다. 내가 품고 키운 불안은 여키스-도슨 곡선의 끝까지 나를 보내버렸다. 그래서 금요일 밤마다 끔찍한 소리를 냈고 매주 굴욕감에 몸서리칠 수밖에 없었다.

이런 '불안 증식'의 한 가지 이유를 밝혀내긴 했다. 사람들 앞에서 연설을 하다가 주저앉든, 파이핑 파티에서 낭패를 보든, 지진을 경험하든 크고 작은 스트레스 상황이 벌어지면 위협을 감지하는 우리의 방어체계는 잠재적 위협을 더 찾아내기 위해 최고 경계 태세에 돌입한다. 그런 상황에서 집중력이 부족해 쉽게 방황하는 마음은 재빨리 위협에 대한 생각으로 흘러가고 이는 다시 불안과 스트레스를 증폭시킨다. 그것이 바로 내가 형편없는 파이핑 파티 리더로 직접 경험한 일이자 사이먼도 겪었던 악순환의 시작이다. 뉴질랜드 지진을 겪은 일부 사람들도 마찬가지였을 것이다.

하지만 한 가지 궁금증은 남는다. 내 지속적 주의력은 사실 꽤 좋다. 사춘기 때도 집중력이 좋은 편이었고 습관적으로 공상에 빠지는 편도 아니었다. 하지만 해양 스카우트로 스트레스를 받았던 그 몇 달 동안 내 마음은 그저 방황하기만 한 것이 아니었다. 그 굴욕적인 사건 이후 내 주의력은 한번 떠돌기 시작하면 사냥개처럼 질주했다. 주의력이 부정적인 생각으로 빠져드는 것을 막아내는 역할을 한다면, 왜 나는 주의력이 좋은 편이었는데도 그런 부정적인 생각에서 빠져나오지 못하고 힘들어했던 것일까?

갑자기 깨달았다. 그 경험이 왜 그렇게 나를 뒤흔들었는지 말이다. 그 끔찍하고 미칠 것 같았던 생각과 기억의 밑바닥에는 바로 '나 자신'이 있었다.

자의식의
긍정적 효능에
집중하기

우리의 주의력은 보통 '밖'으로 쏠린다. 다른 사람, 사건, 행동, 미래의 계획 등에 집중된다. 하지만 가끔 우리의 주의력이 '안'으로, 자기 자신에게 쏠릴 때가 있다. '자의식self-consciousness'이라는 말은 자신을 지나치게 의식한 나머지 사회적으로 잘 적응하지 못한다는 부정적인 뜻을 가지고도 있지만, 사실 우리는 긍정적인 방향으로도 자신을 인식할 수 있다. 지금 누군가에게 좋은 인상을 남기고 있다는 사실을 인식할 때처럼 말이다. 대중 연설 공포증이 있었던 사이먼은 자기를 너무 의식해 다른 사람들이 자신의 불안한 감정까지 들여다볼 수 있다고 생각했다. 자신에게만 쏠려 있는 주의력을 외부로 돌리기 힘들었기 때문이다. 외부 세계에 주의를 기울였다면 대부분의 사람들이 자신에게 별 관심 없는 산만한 상태라는 사실을 알아차렸을 것이다.

우리는 주의를 기울이는 대상의 지극히 일부만 의식할 수 있다. 예를 들어보자. 1초 전까지 의자에 닿아 있는 허벅지의 느낌을 인식하지 못했지만 내가 지금 언급했기 때문에 갑자기 인식했을 것이다. 저 멀리 차도에서 들려오는 희미한 소리도 이제 당신의 인식 범위에 포함된다. 지금 내가 언급했다는 단순한 이유로 말이다.

그렇다면 '나 자신' 또한 주의를 기울일 수도, 기울이지 않을 수도 있는 또 다른 '대상'일 뿐이다. 그렇지 않은가? 하지만 사실 자기 자신은 다른 대상보다 더 주목하기 쉬운 특별한 대상이다. 돌이켜보면 사춘기 때 내가 그랬다. 내 불안은 거의 전적으로 나 자신과 다른 사람들 눈에 비친 내 굴욕감에 집중돼 있었다.

단원들의 맨 앞에서 깃발을 향해 행진하던 6미터는 자의식으로 똘똘 뭉쳐 있던 내게 가장 괴로운 순간이었다. 평소였다면 전혀 신경 쓰지 않았을 내 몸의 모든 감각, 갑판을 밟는 쇳덩이 같은 발걸음, 앞뒤로 흔들리는 팔, 호루라기를 꽉 쥐고 있는 땀에 젖은 손, 찌릿한 뒷목과 가쁜 숨, 두근대는 심장 등 모든 감각에 온 신경이 집중되었다. 엉터리 소리를 내고 난 후 내가 의식할 수 있는 것 역시 친구들의 비웃음과 벌겋게 달아오른 내 얼굴뿐이었다.

사춘기는 자의식이 하늘을 찌르는 때다. 이는 뇌의 이미지로도 확인할 수 있다. 외부 세계에 집중할 때는 뇌의 양쪽 바깥 표면이 활발해지지만 자신의 내면, 자기 자신, 자신의 기억이나 계획, 생각, 두려움에 집중할 때 활발하게 움직이는 부분은 양쪽 뇌가 맞닿는 안쪽 표면이다. 자신에 대해 생각한다는 것은 말 그대로 '자기 세계로 들어가는' 것이다.[6]

청소년들의 뇌 영상을 촬영하면서 같은 성별의 또래 아이들이 보고 있다고 말하면 아동이나 성인에게 똑같은 말을 할 때보다 전두엽의 안쪽 중심부 표면이 더 활발하게 움직인다.[7] 자신에 대한 인식은 외부로 향해 있던 주의력을 끌어당긴다. 청소년들이 괜히 얼빠져 보이는 것도 아마 그 때문일 것이다. 사이먼과 루시처럼 남들보다 불안감이 큰 사람들도 마찬가지다. 그렇다면 회복탄력성을 발휘하기 위해서

는 주의력 이상의 뭔가가 필요한지도 모른다. 어려움을 딛고 더 강해지려면 가끔 자기 자신에게 쏠린 주의력을 분산시킬 수 있어야 하며 이를 위해서는 자신에 대한 재정비가 필요할 수도 있다. 이에 대해서는 6장에서 더 자세히 다룰 것이다.

당시 감정적 회복탄력성에 대한 내 이해는 다음과 같았다. 주의력은 어느 정도까지는 나쁜 경험의 감정적 상처로부터 우리를 지켜준다. 하지만 아무리 집중력이 좋아도 나쁜 일이 일어났을 때, 예를 들면 심각한 신경질환이 생겼을 때 더 강해지지 못하는 사람들이 너무 많았다. 나는 여전히 감정적 회복탄력성에 대해 완전히 이해하지 못하고 있었고 그래서 실망스러웠다. 실망으로 방황하던 내 마음이 도착한 곳은 1997년 런던의 한 유명한 미술관이었다.

Chapter

3

ENERGY.

두려움을 뚫고
전진할 수
있는가

우리 뇌의 접근 체계와 회피 체계

사람들은
왜 오른쪽으로 돌려
키스할까

벌써 40여 년 전인 1977년, 런던 테이트 미술관에서 로댕의 〈키스〉를 처음 봤던 그날, 내 친구 샘이 먼저 잘난 척을 했다. 예술학 박사가 되기 위해 7년째 공부하고 있었고 예술이라면 사족을 못 쓰는 친구였다. 우리 두 사람의 눈앞에 실물 크기의 발가벗은 커플이 서로 부둥켜안고 있는 로댕의 작품이 있었다. 차가운 대리석 조각상에서는 에로틱한 기운이 은은하게 뿜어져 나오고 있었다.

"뭐가 좀 보여?"

샘이 물었다.

"음, 한참 즐기고 있는 것 같은데?"

STRESS TEST

나는 대충 아무 말이나 던졌다. 그러자 샘이 눈썹을 치켜세우며 예술과는 거리가 멀어도 한참 먼 내게 이렇게 물었다.

"지금 어느 쪽으로 돌고 있는 것 같아?"

나는 발가벗은 한 쌍을 자세히 관찰했다.

"둘 다 오른쪽으로 돌고 있는 것 같은데, 왜?"

"따라와 봐."

샘이 거들먹거리며 말했고 나는 심술 난 어린아이처럼 그의 뒤를 쫓았다. 우리는 다음 전시장으로 가서 연필로 그린 한 그림 앞에 섰다. 관능적인 욕구가 솟구쳐 나오고 있는 그림이었다. 두 개의 얼굴, 두 개의 혀가 서로 잡아먹으려는 듯 뒤엉켜 있었다.

"피카소야."

샘이 마치 자기 작품이라도 되는 양 말했다.

"여든여섯에 그린 거지. 이건 어떤 것 같아?"

나는 피카소가 그린 일그러진 얼굴들을 자세히 바라보았다. 그 그림의 제목 역시 〈키스〉였다.

"둘 다 오른쪽으로 돌고 있어. 그런데 도대체 왜?"

"따라와 봐."

샘이 한숨을 쉬며 대꾸했다. 우리는 또 다른 그림 앞에 섰다. 이번에는 스코틀랜드 화가 존 벨라니John Bellaney의 작품 〈키스 Ⅱ〉였다.

"뭐, 이 커플도 오른쪽이네. 숫자 3이 통계학적으로 중요한지는 잘 모르겠지만."

나는 예술 좀 안다고 뻐기는 친구 앞에서 억지로 과학자다운 대답을 꾸며내며 말했다. 그런데 샘과 몇 시간을 함께 보내면서 예술 서적까지 몇 권 들춰보고 나자 설득이 되고 말았다. 뉴욕의 팝 아티스트 로이 리히텐슈타인Roy Lichtenstein의 작품 〈키스〉도 남자와 여자 모두 고개를 오른쪽으로 돌리고 있었다. 19세기 프랑스 화가 장 레옹 제롬Jean-Léon Gérôme의 위대한 작품 〈피그말리온과 갈라테이아Pygmalion and Galatea〉에 등장하는 반은 인간, 반은 대리석인 발가벗은 인물도 고개를 오른쪽으로 쭉 빼고 있었다. 그녀의 발에 키스하려고 꿇어앉아 있는 예술가 역시 마찬가지였다. 전부 오른쪽이었다.

"좋아. 전부 오른쪽이야. 그래서 하고 싶은 말이 뭔데?"

마침내 내가 말했다.

"네가 심리학자잖아. 왜 사람들이 다 오른쪽으로 키스하는지 네가 설명해줘야지."

샘이 말했다. 그렇게 그는 왜 모든 사람이 오른쪽으로 키스를 하는지 밝혀내기 위한 길고 복잡한 여정으로 나를 이끌었다. 그런데 그 여정은 나중에 사람들이 스트레스로 더 강해지는 이유를 밝히는 데도 도움이 됐다.

샘이 내 호기심은 불러일으켰지만 나를 완전히 설득했던 것은 아니었다. 미술사학자들과 문학도들의 확신에 찬 성급한 일반화가 나는 늘 불편했다. 과학자들은 자기 이론이 틀린지 검증하기 위해 수많은 시간을 투자해 노력하는 반면 예술가들은 자기 생각이 옳다는 것을 증명하는 데 혼신의 힘을 기울이는 것 같았다.

샘의 예술 수업은 매력적이었지만 '증거'가 부족했다. 물론 인물들

STRESS TEST

이 오른쪽으로 고개를 돌리고 있는 작품을 열 점 넘게 보여주긴 했지만 그 열 점이 키스를 묘사한 전 세계의 예술 작품 전부는 아니었다. 샘의 결론이 옳다는 것을 증명하려면 전 세계에서 키스를 묘사한 작품을 무작위로 선정해 통계학적으로 키스의 방향을 검증해야 한다. 하지만 아무리 증명한다 한들, 그리고 내 결과가 샘의 이론을 뒷받침한다 한들 사람들이 고개를 끄덕일까? 그 예술가들만 오른쪽 키스를 그리거나 조각하기 좋아했는지도 모른다. 평범한 사람들도 오른쪽으로 키스를 하는지는 또 어떻게 알아낸단 말인가. 어쨌든 나는 샘에게 작별 인사를 하고 런던을 떠났다. 그리고 오른쪽 키스에 대해서는 까맣게 잊어버리고 있었다.

무심한 사람은
스트레스를
덜 받는가

고향 스코틀랜드로 돌아오고 몇 년 후인 1984년, 나는 에든버러의 애슬리 에인슬리 병원 뇌재활센터에서 임상신경심리학자로 일하고 있었다. 그곳에서 조현병, 우울증, 알코올중독 등 심리적·정신적 문제가 있는 다양한 환자들을 만났다. 물론 젊은 심리학자가 감당하기 쉬운 환자들은 아니었지만 그중에서도 감정적으로 대처하기가 유난히 힘든 환자들이 몇몇 있었다.

아직 아이들이 어린데 파킨슨병 때문에 일상적인 생활조차 어려워진 30대 엄마나 한창 일할 나이에 급격한 다발성경화증으로 고생하던 잘생긴 남자, 발코니에서 떨어져 뇌를 다친 후 몇 마디 내뱉는 것마저 힘들어진 작가 지망생 등을 지켜보는 것은 정말 쉬운 일이 아니었다. 어쩌면 그들에게 감정 이입이 너무 잘되었기 때문에 힘들었는지도 모른다. 갑자기 잔인한 운명의 여신이 찾아오기 전까지는 건강하고 평범하게 살아오던 사람들이었다. 그리고 더 중요한 이유가 있었다. 환자들은 자신의 상태를 아주 명확하게 인지하고 있었다. 그들은 자신의 과거와 현재, 이전의 삶과 갑자기 힘들어진 새로운 삶의 차이를 여실히 느끼고 있었지만 심리적·정신적 문제를 가진 다른 환자들과 달리 그들이 할 수 있는 일도, 내가 해줄 수 있는 일도 별로 없었다.

그런데 놀랍게도 그렇지 않은 환자들도 있었다. 그들은 휠체어를 움직이고, 옷을 입고, 마비된 왼쪽 팔다리를 움직이려고 애를 쓰면서도 마치 살아 있는 부처처럼 침착하고 차분했다. 폴이 특히 그랬다. 폴은 내가 그전에 일했던 빅토리안 제너럴 병원에서 처음 만난, 유난히 침착했던 환자였다. 체격도 좋고 건강해 보였던 70대 초반의 폴은 침대 옆 장식 없는 벽 앞의 휠체어에 앉아 있었다. 내가 다가가는데도 꿈쩍도 하지 않았으며 고개를 돌리지도 않았고 눈도 깜빡이지 않았다. 병동 복도에서 벌어지는 끊임없는 소란에도 그는 차분했다.

"폴?"

내가 가까이 다가가도 반응이 없어 큰 목소리로 그를 불렀다. 그가 아주 천천히, 마치 목이 뻣뻣한 사람처럼 내 쪽으로 약간 고개를 돌렸

다. 나는 방향을 바꿔야겠다고 생각하고 그의 허락을 받아 휠체어를 움직여 그의 오른쪽에 앉았다. 그러자 폴은 갑자기 반응이 좋아지면서 입을 열었다. 손자들에 대한 이야기, 7년 전 공직에서 은퇴하고 시작한 목수 일에 대해 이야기했다. 그런데 마침 점심시간이 돼 대화가 끊겼다. 나는 점심시간이 끝날 즈음 다시 오겠다고 약속하고 병실을 나섰다. 다시 돌아갔을 때 폴의 접시는 반만 비어 있었다. 오른쪽은 깨끗했는데 왼쪽은 손도 안 댄 상태였다.

"배가 안 고프셨어요?"

"엄청 고팠죠. 음식이 괜찮아요. 많이 먹었습니다."

"하지만 아직…."

내가 머뭇거렸다.

"깨끗이 비웠죠?"

그가 접시를 내려다보고 웃으며 대답했다. 그 순간 폴의 상태가 파악됐다. 폴은 내가 처음으로 만난 '편측공간무시unilateral spatial neglect' 환자였다. 1장에서 언급했던 크리스틴과 같은 증상이었다. 공간무시는 뇌의 특정한 부분, 대부분은 우뇌가 뇌졸중 등으로 손상됐을 때 발생한다. 폴도 그런 경우였다.

나중에 폴이 내가 있는 병원으로 옮겨왔기 때문에 그 후로 몇 달간 그를 자주 만났다. 그는 왼팔과 왼다리도 쓸 수 있다는 사실을 종종 잊었다. 공간무시 환자들의 전형적인 증상이다. 그리고 크리스틴처럼 대화 도중 자주 정신을 놓고 멍해졌다. 하지만 이름만 부르면 다시 다정하고 수다스러운 평범한 모습으로 되돌아왔다.

몇 년 후, 기차 사고로 동료 두 명을 잃고 나서 머릿속 곡선 도로에 대한 연구를 시작했지만 처음 주의력 분산과 마음의 방황에 대한 내 관심에 불을 붙여준 환자는 바로 폴이었다. 폴은 다정했지만 뭐라 꼬집어 말할 수 없는 어떤 특징이 있었다. 대화 도중 갑자기 딴생각을 하는 게 전부가 아니었다. 그것 말고도 그에게는 정확히 규정하기 힘든 어떤 태도가 있었고, 그로 인한 답답함이 나를 괴롭히고 있었다.

■ ■ ■ ■ ■

나는 켄 헤일맨Ken Heilman을 만나기 위해 플로리다 대학교를 찾았다. 뜨거운 햇살을 받으며 택시에서 내리자 켄이 나를 향해 웃고 있었다. 켄은 뇌 손상 환자들에 대한 심도 있는 연구로 뇌에 대한 새로운 이해를 연 세계적인 신경심리학자다.

켄은 내가 아직 읽어보지 못한 자신의 몇 년 전 논문에 대한 이야기를 꺼냈는데, 바로 그 순간 머릿속에서 퍼즐이 맞춰졌다. 나를 괴롭히던 폴의 문제가 갑자기 이해됐다. 보통 심하게 훼손된 신체나 노골적으로 성욕을 자극하는 사진을 보면 동공이 확장되고 피부의 땀샘이 열린다. 여키스-도슨의 '각성' 상태가 되는 것이다. 이는 교감신경계의 활동이다. 뜨거운 냄비를 만지거나 바늘에 손가락을 찔릴 때도 비슷한 일이 일어난다. 고통이 교감신경계를 작동시켜 최고의 각성 상태로 이끈다.

공간무시 환자들을 오랫동안 진료했던 켄은 무엇이 그들을 왼쪽에

무감하게 만드는지 대충 짐작하고 있었다. 그는 환자들에게 끔찍한 상처나 외설적인 사진, 즉 감정적으로 각성시키는 자극적인 사진을 보여주는 실험으로 이를 증명했다.[1] 건강한 사람들은 그런 자극적인 사진에 땀을 흘리지만 평범한 사진에는 아무 반응을 보이지 않는다. 하지만 폴과 같은 공간무시 환자들은 완전히 달랐다. 자극적인 사진이든 평범한 사진이든 전혀 반응이 없었다. 내가 폴에게서 찾아내지 못했던 점이었다. 그는 어떤 대화에서도 감정적인 어조가 부족한, 일종의 무심함을 보였다.

물론 폴은 다정한 사람이었고 대화하는 것도 좋아했지만 폴과의 대화에는 진짜 감정적인 맛이 없었다. 삶에 대한 태도 역시 무심하고 무덤덤하기만 했다. 폴의 아내는 그 모든 사실을 알고 있었고 고통스럽게 견뎌내고 있었지만 안타깝게도 나는 폴이 세상을 떠난 후에야 그 사실을 알게 됐다.

폴 같은 환자들이 다른 환자들보다 스트레스를 덜 받는 것처럼 보이는 이유는 바로 그 감정적 무심함, 즉 각성의 부재 때문이었다. 어쩌면 나 역시 감정적으로 허약했기 때문에 무의식적으로 그런 환자들에게 더 끌렸는지도 모른다. 켄에 따르면 건강한 사람들은 미약한 전기 충격에 금방 각성 상태가 되는 반면 공간무시 환자들은 아무 반응을 보이지 않았다.[2] 다른 사람들보다 신체적 고통에 둔감했으니 장애로 인한 신체적·심리적 고통에도 마찬가지였을 것이다.

나는 에든버러로 돌아와 폴을 다시 만났다. 그즈음 폴은 퇴원해 집에서 생활하고 있었다. 나는 폴의 손가락에 휴대용 피부 전도성 측정기를 설치했다. 그리고 상당히 자극적인 사진을 보여주었다. 비슷한 나이대의 건강한 사람들에 비해 폴은 아무 반응도 보이지 않았다. 땀이 나는 정도를 보여주는 모니터 화면의 선은 거의 움직이지 않았다. 물론 반응이 아예 없었던 건 아니다. 예를 들면 손이 깊게 베인 끔찍한 사진을 보고 "오, 정말 아프겠는데요"라고 말했다. 하지만 감정이 거의 실리지 않은 어조였다. 켄을 만나러 플로리다로 날아가기 전까지 나를 괴롭혔던 폴의 그 이상할 정도로 무덤덤한 반응은 바로 뇌가 각성 상태가 되지 않았기 때문이었다.

하지만 그게 전부가 아니었다. 어느 날 아침 신문을 읽고 있던 폴을 보고 나는 또 다른 문제를 발견했다.

"시력은 어떠세요?"

내가 물었다. 폴은 안경을 계속 바꾸는데도 여전히 잘 안 보인다고 불평했었다.

"좋아요."

폴이 대답했다.

"저한테 기사 몇 문장만 읽어주시겠어요?"

"그러죠."

폴이 웃으면서 그 전날 에든버러에서 글래스고로 가던 기차 사고 기사를 읽기 시작했다. 세로로 긴 박스에 담긴 기사였다. 끝까지 읽은 폴이 고개를 들고 웃었다.

"봐요. 아무 문제없죠?"

폴이 기사를 읽던 모습은 언제 생각해도 놀랍다. 폭이 3센티미터가

넘지 않았던 기사를 폴은 처음부터 끝까지 오른쪽 절반만 읽었다.

"다… 읽으셨어요?"

"네, 전혀 문제없어요."

"어떤 기사였는지 물어봐도 될까요?"

"기차 사고요."

"더 자세히요. 예를 들면 어디서 사고가 일어났나요?"

"아, 그러니까, 흔히 사고가 나는 그…."

폴이 말꼬리를 흐렸다. 모든 줄의 오른쪽 절반만 읽었으니 그는 사전에서 무작위로 추출했을 법한 200~300개의 단어를 읽은 것이나 다름없었다. 하지만 내가 놀란 이유는 그게 아니었다. 폴은 자기 상태를 전혀 인지하지 못했다. 폴처럼 책도 많이 읽고 대화하기 좋아하는 지적인 성인이 앞뒤가 맞지 않는 글을 읽고 있다는 사실을 어떻게 모를 수 있단 말인가?

폴은 자기 상태를 인지하지 못했고 그래서 읽고 있는 글의 모순이나 빈틈도 찾아내지 못했다. 전문 용어로 말하자면 '자기점검self-monitoring' 능력이 부족했다.

"폴, 지금 당신의 가장 큰 문제는 뭐라고 생각하는지 다시 한 번 말씀해주시겠어요?"

"딱히 나쁘지 않아요. 왼쪽 다리에 가끔 힘이 없긴 한데 심각하진 않아요."

"왼팔은 어떤가요?"

그는 의자 옆에 늘어져 있던 왼팔을 내려다보더니 들어 올렸다.

"이것도 가끔 약하긴 한데 그래도 쓸 만해요."

"다른 문제는요?"

"없다고 해야죠. 아마."

"시력은 어때요?"

"안경을 새로 맞추면 될 것 같아요. 이게 좀 흐리게 보이거든요. 아무튼 시력은 괜찮아요."

"글을 읽는 건 어떠세요?"

"아무 문제없어요."

폴이 내게 신문을 읽어주었던 바로 그날 나눈 대화였다. 그 후 폴은 내가 공간무시 증상에 대해 질문하면 가끔 왼쪽에 있는 것들을 놓친다고 대답하기는 했다. 하지만 실제로 그렇게 생각한다기보다 그냥 내 기분을 맞춰주려고 대답하는 것 같았다.

폴은 공간무시 증상에 대해 먼저 이야기를 꺼낸 적이 없다. 아마 자기 상태를 인지하지 못하고 있었을 것이다. 엉터리로 조합된 단어들만 읽고 있었는데도 말이다. 내가 먼저 이야기를 꺼내면 마지못해 인정하긴 했지만 대답은 왠지 추상적이었다. 마치 다른 사람 이야기를 한다거나 누구한테 들은 이야기를 하는 것 같았다. 그래서 나는 왼쪽을 보지 못하는 것이 공간무시의 전부가 아니라는 결론에 도달했다. 공간무시는 가장 기본적인 '인지'의 문제였다.

당시 나는 폴의 인지 문제에 대해 깊이 생각해보지 못했고 그 문제를 자기 지각이라는 더 광범위한 개념과 연결시켜볼 생각도 하지 못했다. 그 점은 지금도 후회스럽다. 나중에 발견한 바에 따르면 자기

지각이 회복탄력성을 키워준다는 측면에서 스트레스에 대처하는 데 중요한 요소였기 때문이다. 그 후 20년 동안 로마, 케임브리지, 더블린, 뉴욕에서 연구 활동을 거친 후에야 폴과 같은 환자들의 자기 지각 문제가 어떻게, 왜 발생하는지 알게 됐다. 흥미로운 만큼 복잡한 그 주제에 대해서는 6장에서 더 자세히 설명하겠다.

폴을 진료할 당시 예술가 친구 샘과는 연락이 끊긴 상태였다. 하지만 샘의 오른쪽 키스 이론은 가끔 생각났다. 그러면서도 신문이든 접시든 오로지 오른쪽만 인식하는 폴과 테이트 미술관에서 들었던 샘의 이론에 어떤 관계가 있을 것이라고는 전혀 생각하지 못했다.

좌뇌와
우뇌의
경쟁과 억제

어느 날 더블린 트리니티 칼리지 교수 휴게실의 초록색 가죽 의자에 앉아 〈네이처〉를 뒤적이다가 갑자기 정신이 번쩍 들었다.

"세상에! 샘이 맞았어!"

나는 불쑥 큰 소리로 외쳤다. 신문 넘어가는 소리만 들리던 조용한 방에서 사람들이 인상을 찌푸렸다. 독일 보훔 루르 대학교의 오누르 군투르쿤Onur Güntürkün 교수는 미국, 독일, 터키의 공항과 기차역, 해변,

공원에서 키스하는 커플 124쌍을 관찰했다.[3] 샘이 예술 작품에서 발견했던 대로 오른쪽으로 고개를 돌려 키스하는 커플이 두 배 이상 많았다. 나는 호기심이 폭발했다. 도대체 왜?

군투르쿤은 오른손잡이가 더 많으니 당연히 그럴 수밖에 없다고 설명했다. 오른손잡이는 좌뇌가 더 발달했기 때문에 무슨 일을 하는 몸이 오른쪽으로 향한다고 말이다. 물론 키스를 할 때도 그렇다. 하지만 로댕의 조각도 그렇다는 사실을 알고 있던 나는 딱히 이유는 알 수 없었지만 그 설명이 썩 만족스럽지 않았다.

로댕의 작품에 대해, 즉 오른쪽으로 고개를 돌려 키스하는 이유를 찾은 것은 1989년경 로마 대학교에서 일하던 때였다. 물론 에든버러에서 몇 달 동안 폴의 왼손에 대해 고민했던 경험이 아마 토대가 되었을 것이다. 조금 더 자세히 살펴보자. 폴은 뇌졸중으로 신체의 왼쪽 일부가 마비됐다. 도움을 받지 않으면 걸을 수 없을 정도로 힘들었고 왼팔과 왼손을 조금 움직일 수는 있었지만 옆에서 일깨워주지 않으면 별로 움직이는 일이 없었다. 게다가 왼손을 약간 들어 올리는 정도로 할 수 있는 일도 많지 않았다. 그런 상태에 대한 일반적인 설명은 주의력이 오른쪽으로만 치우쳐 있어 왼쪽에 신경을 쓰지 못한다는 것이다.

독일에서 열린 한 컨퍼런스에서 내 무의식 안에 웅크리고 있던 직감이 기지개를 펴기 시작했다. (과학자들도 가끔 설명하기 힘든 직감을 느낀다.) 보통 움직임은 주의를 기울이는 대상을 따른다고 생각한다. 결국 주의력이 먼저다. 그렇지 않은가? 컵이 보이니까 컵으로 손을 뻗는다.

하지만 몬트리올의 동료들은 주의력이 행동에 영향을 미치는 만큼 '행동'도 주의력에 영향을 끼친다는 사실을 발견했다.[4] 이들은 폴과 같은 공간무시 환자들에게 화면의 표적을 손으로 가리키라고 했다. 오른손으로 표적을 가리킬 때는 당연히 왼쪽에 있는 표적을 많이 놓쳤다. 하지만 왼손으로 표적을 가리키라고 하자 왼쪽에 대한 인식 능력이 훨씬 좋아졌다.

폴의 경우는 어땠을까? 그는 왼손으로 표적을 가리킬 수 없다. 다만 왼손을 조금 들어 올릴 수 있을 뿐이다. 그런 미세한 움직임도 과연 왼쪽에 대한 주의력을 높일 것인가? 그랬다! 왼손을 위아래로 천천히 움직이며 신문을 읽을 때 폴은 평소보다 왼쪽에 있는 단어를 훨씬 많이 인지했다. 하지만 왼손을 신체의 오른쪽에서 움직이는 것은 소용이 없었다. 다시 말하면 신체의 왼쪽 부위를 움직이는 것이 중요한 게 아니라 왼쪽 부위를 왼쪽에서 움직이는 것이 핵심이었다.[5]

폴은 흔쾌히 연구에 참가해 도움을 주었다. 물론 우리가 증명하려는 가설이 무엇인지는 알지 못했다. 그와 같은 실험을 수차례 더 진행한 후[6] 나는 다음과 같은 결론을 내릴 수 있었다. 왼손을 움직이면 외부 세계에 대한 주의력이 향상돼 왼쪽에 존재하는 대상을 더 잘 인식할 수 있다. 물론 다른 사람이 대신 움직여주는 것은 효과가 없다. 하지만 그 이유는 여전히 확신할 수 없었다. 그리고 로댕의 〈키스〉를 설명할 방법도 더 찾아내지 못했다.

그러던 어느 날 폴의 진료 기록을 살펴보다가 흥미로운 점을 하나 발견했다. 내가 몇 달 전 적어놓은 부분이었다. "좌우측 시계가 고루 발달돼 있다." 다시 말해 시력에는 아무 문제가 없다는 뜻이었다. 똑바로 앞을 보고 있을 때 내가 손을 좌우로 움직이면 오른쪽으로든 왼쪽으로든 잘 따라왔다. 하지만 '좌시력 소멸'이라고도 적혀 있었다. 내가 한 손은 폴의 오른쪽에, 또 한 손은 왼쪽에 두고 동시에 움직이면 오른손의 움직임만 인지했다. 왼쪽에만 어떤 대상이 존재하면 이를 인지할 수 있지만 오른쪽에 그에 상응하는 또 다른 대상이 존재하면 왼쪽에 있는 대상은 인지하지 못하는 것이다.

다음 날 바로 폴을 찾아가 내 직감을 확인해봤다. 예전처럼 폴이 왼손을 조금씩 움직이고 있을 때는 왼쪽에 있는 대상을 더 잘 인지했다. 하지만 두 손을 동시에 움직일 때는 어떻게 됐을까? 원점으로 되돌아갔다. 주의력은 다시 오른쪽으로만 치우쳤다. 시력이 소멸하듯 움직임도 소멸한다는 새로운 발견이었다.[7] 로댕의 인물들이 왜 오른쪽으로 키스를 하는지에 대한 이유를 찾을 수 있을 것 같았다.

■ ■ ■ ■ ■

시력 소멸은 뇌의 두 반구가 서로 경쟁한다는 증거다. 하지만 폴처럼 뇌졸중으로 한쪽이 손상되면 손상된 쪽의 경쟁 능력이 떨어진다. 폴은 오른쪽에 경쟁할 대상이 없는 한 왼쪽의 움직임을 인지한다. 하지만 양쪽에 움직이는 대상이 있으면 건강한 좌뇌가 오른쪽의 대상은 인지하지만 경쟁 상대인 우뇌는 힘을 못 써 왼쪽에서 움직이는 대상은 인지하지 못한다. 바로 '억제' 작용이다. 좌뇌와 우뇌는 사이가

좋으면서도 서로 억제하려고 한다. 하지만 폴은 뇌졸중으로 우뇌가 약해져 그 경쟁 구도가 틀어졌다. 그래서 시력이 소멸되는 것이다.

그런데 여기서 새롭게 발견한 사실이 하나 있었다. 그 소멸이 인지에는 물론 행동에도 영향을 끼친다는 것이다. 이 발견 덕분에 공간무시 환자들을 치료하는 새로운 방법을 개발해서 폴과 비슷한 증상을 보이는 수백 명의 환자들을 도울 수 있었다. 그에 대해서는 나중에 더 자세히 설명하겠다.

다시 처음의 질문으로 돌아가자. 로댕의 인물들과 공항에서 키스하는 커플들이 오른쪽으로 고개를 돌리는 것 역시 좌뇌와 우뇌의 경쟁과 억제와 관련이 있을까?

골키퍼 효과,
좌뇌를 자극하는
동기

무승부의 축구 경기에서 승부차기를 할 때만큼 신경이 곤두서는 순간은 없을 것이다. 게다가 그런 순간은 월드컵 결승전처럼 부담이 큰 경기에서 일어날 확률이 높다. 그럴 경우 승부차기는 선수의 실력이 비교적 영향을 끼치지 않는 심리전이된다. 10미터 떨어진 거리에서 너비 7미터 골대 앞의 골키퍼를 제치고 공을 넣는 것은 훈련 중이라면 누구라도 할 수 있지만, 결승전 말미에 6만 명의 관중 앞에서 승패를 가를 공을 차는 것은 누구에게나 힘든 일이다. 선수가 받을 정신적 부담은 이루 말할 수조차 없을 것이다. 골키퍼 역시 불가능한 임무를 맡았다고 봐야 한다. 공을 차는 상대팀 선수의 마음을 읽지 않는 한 공이 오는 방향으로 몸을 던지는 것은 전적으로 우연이다. 그리고 그 우연의 확률은 결국 반반이다.

하지만 한 가지 예외가 있다. 두 팀이 교대로 다섯 번 공을 찬다면 한 번 실패한 골키퍼가 느끼는 부담감은 마지막 기회가 다가올수록 엄청나게 커진다. 그럴 경우 골키퍼가 오른쪽으로 몸을 던질 확률은 70퍼센트, 왼쪽으로 몸을 던질 확률이 30퍼센트다.[8]

골키퍼는 한 번 실패했으니 다음 공은 당연히 막아야 한다고 생각한다. 네덜란드의 연구팀은 이렇게 행동의 강력한 동기를 느끼면 좌뇌가 우뇌보다 훨씬 활발해진다는 사실을 발견하고 이를 '골키퍼 효과'라고 명명했다. 골키퍼의 좌뇌가 우뇌를 억제해 오른쪽으로 몸을 던질 확률이 크게 높아지는 것이다. 폴의 뇌에서도 비슷한 일이 일어나고 있었다. 손상되지 않은 좌뇌가 약해진 우뇌를 억제해 폴의 주의력을 오른쪽으로 이끄는 것이다.

그렇다면 동기부여가 확실히 된 골키퍼는 왜 좌뇌가 우뇌보다 활발해지는 것일까? 그 문제에 대한 정확한 답을 찾지 못하고 있던 나는 어느 날 우연히 꼬리를 흔드는 개에 관한 연구를 접하게 됐다. 개는 주인을 보면 심하게 꼬리를 흔들 뿐만 아니라 왼쪽보다 오른쪽으로 더 흔든다.[9] 고양이도 꼬리를 덜 흔들기는 하지만 여전히 왼쪽보다 오른쪽으로 더 흔든다. 하지만 주인이 아닌 낯선 개, 예를 들어 무섭

게 생긴 수컷 벨지안 셰퍼드 마리노이즈(벨기에 혈통의 중형견으로 신중하고 경계심이 높아 경비견으로 적합한 견종–옮긴이)를 보면 눈에 띄게 꼬리를 덜 흔들 뿐만 아니라 방향도 왼쪽으로 바뀐다.

뭔가를 '원한다'는 것은 '다가가고 싶다'는 뜻이다. 좋아하는 사람과 함께 있을 때 우리는 부드러운 몸짓이나 다정한 포옹 등으로 상대에게 다가가려는 경향이 있다. 싫어하거나 두려워하는 대상 앞에서는 그와 정반대의 모습을 보인다. 신체적으로나 정신적으로 거리를 두거나 피하려고 한다.

신체의 움직임은 정신 상태를 거울처럼 반영한다. 가장 기본적인 정신 상태 중 하나는 원하는 대상에 가까이 다가가려는 욕구다. 개는 주인에게 다가가려는 욕구 때문에 꼬리를 오른쪽으로 더 흔들게 된다. 원하는 대상을 향해 접근하려는 강력한 동기는 전두엽 좌측에 더 좌우되기 때문이다. 활발해진 좌뇌가 신체에도 영향을 끼쳐 몸이 오른쪽으로 치우친다. 신체의 움직임을 통제하는 부위 또한 좌뇌가 우뇌보다 더 활발해지기 때문이다.

부담을 느끼는 골키퍼에게도 같은 일이 일어난다. 골키퍼는 필사적으로 공을 막고 싶다. 그 욕구가 우뇌보다 좌뇌를 더 활성화하고 이는 다시 움직임을 통제하는 뇌의 부위에 영향을 끼쳐 결국 신체의 움직임까지 영향을 미친다. 그래서 신체가 살짝 오른쪽으로 치우친 골키퍼는 공이 날아오면 반사적으로 몸을 오른쪽으로 던질 확률이 커진다.

로댕의 〈키스〉도 마찬가지다. 상대를 뜨겁게 껴안고 있으면 애무와 섹스의 욕구가 좌뇌를 활성화시켜 우뇌를 가뿐히 제압하고 몸이 오른쪽으로 돌게 된다.

우뇌와 좌뇌는 장난으로 투닥거리기 좋아하는 형제들처럼 서로 경쟁한다. 하지만 감정적 부담이 큰 목표로 좌뇌를 자극하면 우뇌는 힘을 못 쓰고 주저앉는다. 아무리 덤벼들고 싶어도 소용이 없다. 폴의 경우, 우뇌가 손상을 입어 약해졌고 좌뇌가 우세해져 로댕의 인물들처럼 세상 전체가 오른쪽으로 치우쳐 있었다. 나는 폴이 왼손을 사용하게 만들어 그 불균형을 조금이나마 바로잡도록 했다.

하지만 감정적인 자극은 아니었다. 앞에서도 언급했지만 폴은 꽤 무심한 편이었고 로댕의 인물들이나 부담감이 큰 골키퍼, 행복한 개들처럼 간절히 바라는 대상이 있는 것도 아니었다. 폴에게는 일종의 끈기가 있었다. 휠체어가 문턱에 걸려도 포기하거나 대안을 찾기보다는 어쨌든 넘어가려고 애썼다. 음식을 먹을 때도 마찬가지였다. 먹으려던 감자가 왼쪽으로 넘어가버린 후에도 이미 깨끗해진 오른쪽 접시에만 계속 칼질을 했다.

그와 같은 행동을 전문 용어로 '보속증保續症, perseveration'이라고 한다. 어떤 자극으로 생긴 심리적 활동이 그 자극이 없어진 후에도 일정하게 지속되는 증상으로 폴은 그런 행동을 몹시 많이 보였다. 피드백이 전혀 없는데도 신기할 정도로 무심하게 자신의 목표를 추구했다. 열렬하게 껴안고 있는 로댕의 인물들처럼.

그러나 폴에게는 로댕의 인물들과 같은 열정이 없었다. 왜일까? 나는 켄 헤일맨의 자극적인 사진과 환자들의 무덤덤한 반응, 전혀 각성 상태가 되지 않았던 건조한 피부를 떠올렸다. 로댕의 연인들과 달리

폴은 각성 상태가 몹시 낮았다. 심장이 두근거리고 배가 뒤틀리는 간절한 욕망도 없었다. 오른쪽으로 치우쳐 있는 침착한 끈기가 전부였다. 어떤 목표를 향하든 계속 전진했다. 하지만 그런 끈기는 역경을 극복하기 위해 니체가 필요하다고 했던 결단처럼 보이진 않았다. 나는 다시 막다른 골목에 다다랐다.

전진할 수 없다
그래도
전진할 것이다

매일 아침 글을 쓰곤 하는데 하루는 강의 때문에 글을 못 쓰고 일찍 나서야 했다. 나는 폴의 끈기에 대해 곰곰이 생각하며 트리니티 칼리지의 우아한 18세기 광장을 걷다가 뉴 스퀘어 39번지 앞에서 갑자기 발걸음을 멈췄다. 그러고는 벽에 박힌 명판을 읽었다. 노벨상을 받은 사무엘 베케트Samuel Beckett가 트리니티 칼리지에서 강의를 하며 3년 동안 살았던 아파트였다. 어쩌면 여기서 문제에 대한 답을 찾을 수 있지 않을까?

강의 시작 30분 전, 나는 발길을 돌려 광장을 가로질러 버클리 도서관으로 갔다. 곧바로 베케트의 소설 《이름 붙일 수 없는 자The Unnamable》를 집어 들었다. 어쩐지 니체를 이해할 수 있는 열쇠가 될 것 같았다. 소설의 마지막 문장은 다음과 같았다.[10]

"전진해야 한다. 전진할 수 없다. 그래도 전진할 것이다."

어느 정도 답을 찾았다는 생각이 들었다. 역경을 통해 강해지는 사람은 반드시 '전진'하는 능력을 갖고 있었다. 계속 시도하는 사람이었다. 로댕의 인물들처럼 애끓는 욕망도 없었고 폴처럼 감정적으로 무디지도 않았다. 하지만 가끔 부정적인 뜻으로 쓰이기도 하는 불굴의 의지가 있었다. 그것이 그들을 전진하게 만들었다.

니체의 말이 진실이 되려면 끈기 있게 전진하는 존재가 돼야 한다는 생각이 들었다. 무엇을 향해 가고 있는지 정확히 모를지라도 말이다. 실체가 없는 목표다. 어쩌면 전진하는 것 자체가 목표인지도 모른다. 역경의 어둠을 뚫고 전진해야만 니체의 말은 진실이 된다. 무슨일이 일어날지 몰라도, 그리고 아무런 기대 없이 전진해야 한다. 어쩌면 그것이 인간 정신의 본질인지도 모른다.

니체의 퍼즐을 조금은 맞췄다는 생각이 들었다. 역경을 통해 강해지려면 삶에 '다가가야' 한다. 계속 전진해야 한다. 열정이나 보상이 없어도, 뇌의 무한한 자유를 활용해 순수한 존재로서 추상적인 삶으로 다가가야 한다. 그것이 바로 전진하는 능력이다.

하지만 전진하기 위해서는 극복해야 한다. 무엇을 극복해야 하는가? 두려움이다. 무엇에 대한 두려움인가? 베케트의 《최악을 향하여Worstward Ho》한 구절을 보자.

"시도했다. 실패했다. 상관없다. 다시 시도하라. 다시 실패하라. 더 잘 실패하라."[11]

물론 우리의 발목을 붙드는 것은 대부분 실패에 대한 두려움이다.

그 순간 나는 깨달았다. 로댕이 열정 대신 두려움을 표현하고자 했다면 그의 인물들은 왼쪽으로 고개를 돌리고 있었을 것이다. 열정은 '접근과 보상'이라면 두려움은 '회피와 징벌'이므로.

개들이 벨지안 셰퍼드를 보고 왼쪽으로 꼬리를 흔드는 것도 그 때문이다. 주인을 향해 신나게 달려가다가 낯선 개에게 두려움을 느껴 회피하는 상태가 된 것이다. 인간에게는 실패가 바로 벨지안 셰퍼드 같은 현실적인 위협이다. 그렇다면 베케트에게 '전진'은 행동하고자 하는 의지다. 의도적으로 뇌의 접근 체계를 활성화해서 불안을 느끼고 물러서려는 우뇌를 제압하려는 의식적인 노력이다.

나는 환자들을 보면서 뇌의 두 반구가 서로 억제하기 위해 경쟁한다는 사실은 알고 있었다. 하지만 베케트와 꼬리 흔드는 개는 너무 극단적인 예일까? 로댕과 골키퍼, 행복한 개들이 정말 폴의 문제와 어떤 관계가 있을까? 어쨌든 개가 주인을 보고 꼬리를 흔들기는 쉽다. 고대부터 전해져 내려오는 충성심은 뇌의 접근 체계를 활성화하는 강력한 감정이다. 골키퍼도 마찬가지다. 6만 명의 뜨거운 열기와 동료 선수들의 이글거리는 눈빛은 전진하려는 욕망에 불을 붙인다. 하지만 나쁜 일을 겪은 직후라면 전진하고자 하는 마음이 쉽게 생기지 않을 것이다. 적어도 잠시 동안은 전진하겠다는 순수한 결심에 의지할 수밖에 없다.

그렇다면 폴은 어떨까? 폴의 행동은 전진하고자 하는 의지에서 나온 것처럼 보이지 않았다. 폴의 끊임없는 전진에는 어떤 '멍한' 측면이 있었다. 폴도 오른쪽으로 꼬리를 흔드는 개나 오른쪽으로 몸을 던지는 골키퍼처럼 오른쪽으로 치우쳤지만 폴을 움직이는 것은 동물적 감각도, 결심도 아니었다. 그렇다면 도대체 무엇이란 말인가?

폴에게 부족했던 것은 손상된 우뇌의 저항이었다. 폴은 각성 상태가 낮았음에도 불구하고 늘 접근 상태였다. 우뇌가 손상되어 회피 욕구가 활성화되지 않았기 때문이다. 우측 전두엽이 주의하고 억제하는 태도와 관련이 있다면 좌측 전두엽은 적극적으로 나서는 태도와 관련이 있다. 로댕의 인물들은 섹스에 대한 열망으로 우뇌의 주의와 억제 기능이 압도돼 몸이 오른쪽으로 치우쳤지만 폴은 손상된 우뇌의 저항이 없어 좌뇌가 아무런 제약도 받지 않고 강렬한 감정 없이도 전진만 하는 상태였다.

하지만 폴의 경험이 다른 환자들에게도 유의미할 것인지 의심스러웠다. 나는 공간무시 환자들에게 간단한 도구로 왼손을 움직이는 방법을 가르쳤다. 몇 초 동안 왼손의 움직임이 없을 때 소리가 나는 도구였다. 환자들은 그 도구로 왼손을 움직이는 습관을 들였고 그 습관은 다시 조금 더 빠른 회복에 도움이 됐다.[12] 하지만 폴의 문제가 스트레스에 대처하는 방법과 관계가 있는지는 여전히 확신할 수 없었다. 그렇다는 확신이 들 때까지는 또다시 10년이 더 지나야 했다.

■ ■ ■ ■ ■

2012년 나는 권력이 어떻게 사람들을 변화시키는지에 관한 책《승자의 뇌The Winner Effect》[13]를 집필했다. 타인에게 약간의 힘을 행사할

STRESS TEST

수 있었던 시기를 떠올리기만 해도, 예를 들어 팀원들을 평가하는 입장이었던 시기를 떠올리기만 해도 느끼고 생각하고 행동하는 방식이 변한다. 더 자기중심적이 되고 자유로워지고 현명해진다. 반대로 타인의 영향력 아래에 있었던 시절, 예를 들어 평가받는 입장이었던 시기를 떠올리는 것은 다른 방향으로 우리를 변화시킨다. 문제 해결 능력이 떨어지고 타인의 표정에 민감해지며 경계심도 많아진다.

환경, 특히 타인과 맺는 관계는 우리를 완전히 변화시킬 수 있다. 심리 상태는 물론 뇌의 화학작용까지도 말이다. 권력은 남성과 여성 모두에게서 테스토스테론을 증가시키고, 이는 다시 신경전달물질인 도파민의 활동을 증가시켜 뇌를 화학적으로 변화시킨다. 당시 나는 사회신경과학이라는 새로운 분야에 들어섰지만 제대로 된 나만의 연구는 아직 하지 못한 상태였다. 그래서 그때 권력이 좌뇌와 우뇌의 경쟁과 주의력에 관한 내 연구와도 관련이 있다는 사실을 발견하고 몹시 놀랐다.

켄트 대학교의 데이비드 윌킨슨David Wilkinson 연구팀은 사람들이 힘이 없다고 느낄 때 주의력이 왼쪽으로 치우친다는 사실을 발견했다. 커다란 벨지안 셰퍼드 앞에서 두려움에 사로잡힌 개가 꼬리를 흔드는 방향이자 골키퍼가 몸을 던지는 방향과 반대 방향이다.[14]

윌킨슨은 실험 참가자들에게 다른 사람이 자신에게 힘을 행사하던 때를 떠올려보라고 주문했다. 그렇게 약간의 무력감을 느끼게 만든 후 아주 좁은 복도로 무거운 쟁반을 나르게 했다. 무력감 때문에 주의력이 왼쪽으로 치우친 참가자들의 쟁반은 오른쪽 벽에 더 자주 부딪했다. 회피하고자 하는 우측 전두엽이 활성화돼 왼쪽에 더 주의를 기울이게 되고 그래서 오른쪽 벽에 더 많이 부딪친 것이다(반대로 폴은 왼쪽에 있는 사물이나 문턱에 계속 부딪쳤다). 윌킨슨 실험에 참가했던 건강한 젊은이들은 우뇌의 활동 증가로 좌뇌가 억제돼 결국 왼쪽으로 치우치게 됐는데 그 원인은 바로 무력감에 대한 기억이었다.

그때 또 다른 연구 결과를 접하게 됐다. 이번에는 타인에게 영향력을 행사했던 시절을 떠올려 힘을 느낄 때 뇌의 상태 변화를 관찰한 연구였다. 복도에서 접시 나르기 실험 결과와 반대로, 힘이 있다고 느낄 때는 좌측 전두엽이 활성화됐다.[15]

누군가 내게 힘을 행사한다면 마음대로 전진하지 못할 수도 있다. 자기 목표를 스스로 통제하지 못하기 때문이다. 힘이 있는 사람이 목표를 정한다. 무엇을 하고 싶은지 생각할 수는 있지만 직장 상사나 부모, 형이나 선생님, 덩치 큰 친구, 평가자, 연인이 자신의 결정을 무시할 수 있다. 이때 생긴 무력감은 스스로 목표에 접근하기보다 힘을 가진 누군가가 나를 위해 결정을 내려주길 기다리면서 스스로를 억제한다.

우뇌의 앞부분은 뇌의 다른 부분을 억제하는 특별한 역할을 맡고 있다.[16] 예를 들어보자. 당신은 파티에서 누군가와 이야기를 나누다가 농담으로 동료 한 명을 살짝 놀리는 발언을 하려고 했다. 그러다 갑자기 그 이야기를 듣고 있는 사람이 그 동료와 친한 사이라는 사실을 깨닫는다. 그 순간 머릿속에서 브레이크를 밟으며 그 말이 튀어나오기 전에 정신을 차린다. 이것이 바로 '억제' 작용이다. 우측 전두엽

은 일종의 제동 장치다.

갑자기 놀랐을 때를 떠올려보자. 어떻게 되는가? 온몸이 얼어붙을 것이다. 이는 뇌가 위협적인 대상을 파악하는 동안 우리를 억제하는 정상적인 활동이다. 우측 전두엽은 모든 목표에서 그처럼 물러서는 데 전문가다. 다시 말해 '회피'한다. 타인의 영향력 아래에 있다는 것은 잠재적으로 위협적인 상황이며 불안이나 두려움의 요인이 될 수 있다. 그렇기 때문에 힘이 없다고 느낄 때 우뇌의 회피 작용이 활성화되고 좌뇌의 접근 작용은 억제된다.

접근과 회피는 끈질기게 줄다리기를 한다. 어쩌면 이는 우리 일상의 근본적인 특징일 수도 있다. '할까, 말까? 그렇다고 할까, 아니라고 할까? 직장을 때려치울까, 더 다닐까? 이 차를 살까, 말까? 저걸 다가가서 자세히 볼까, 말까?' 이렇게 늘 고민한다. 목표는 새로운 관계, 새 직장, 새 차 등의 보상을 찾는 것이다. 목표는 우리를 전진시킨다. 하지만 회피는 거절, 빚더미, 암 등의 징벌을 피하려고 한다.

보상과 징벌은 인간을 비롯한 모든 동물을 추동하는 원초적인 힘이다. 영국의 위대한 심리학자 제프리 그레이Jeffrey Gray도 언급했듯이 인간은 보상-접근과 징벌-회피 사이에서 끝없이 투쟁하는 주인공이다.[17] 이 투쟁은 곧 생존과 직결되기 때문에 우리는 좌뇌의 '접근' 체계와 우뇌의 '회피' 체계 두 가지를 발전시켰다.[18] 거기까지 생각이 미치자 나는 임상심리학자로 첫발을 내디뎠을 때 만났던 환자들이 떠오르기 시작했다. 1976년 런던으로 돌아가 글로리아부터 만나보자.

우리는
왜 두려움에
지배당하는가

평생 회피 상태로 살아가는 사람들이 있다. 잉글랜드 남부의 한 대학에서 연구원으로 일하는 글로리아가 그랬다. 서른 살이었던 글로리아는 심각한 불안 증세로 나를 찾아왔다. 불안 증세가 얼마나 지속됐느냐고 묻자 그녀는 몇 초간 뜸을 들이더니 가늘게 갈라지는 목소리로 대답했다.

"평생 그랬어요."

글로리아는 첫 만남에서부터 눈물을 흘리며 이렇게 말했다.

"아침에 걱정 없이 일어나본 적이 없어요."

특별한 트라우마도 없었고 부모님과의 관계도 좋았다. 다만 자기보다 훨씬 사교적이고 자신감 넘치는 여동생과의 관계가 약간 불편하긴 했다. 그녀의 엄마는 수줍은 편이었는데 글로리아는 그 수줍음을 몇 배로 물려받았다고 믿고 있었다.

"학교는 정말 지옥이었어요. 날마다 끝나는 순간만 기다렸어요."

그녀는 외롭고 친구도 없었지만 편지만 받아도 불안해했다.

"모르겠어요. 바보 같은 생각인데 우편물이 오는 것도 무서워요. 꼭 나쁜 일이 생길 것 같아요. 해고된다거나 불치병을 앓는다거나 다른 사람에게 못된 일을 저지른 건 아닌가 하는 생각이 들어요."

글로리아는 '징벌'에 최적화된 상태였다. 어렸을 때는 친한 친구도 몇몇 있었지만 그들마저도 그녀에게는 언제든 비난을 퍼붓거나 차갑

게 돌아설 수 있는 시한폭탄이었다.

"친구들도 변했어요. 같이 놀자고 하기도 지쳤을 거예요. 늘 막판에 약속을 취소해버리니까 이제 만나자고도 안 해요."

구직 인터뷰 역시 고문이었다. 인터뷰만 하면 얼굴이 빨개지고 혀가 굳어버리는 그녀를 고용하려는 사람은 아무도 없었다.

"분명히 제가 잘할 수 있는 일인데 면접관들이 절 바라보고 있으면 입이 안 떨어져요. '네', '아니요'만 겨우 대답하고 질문이 있냐고 물어도 아무 생각이 안 나요. 머리가 텅 비어버려요. 그러곤 뛰쳐나오다시피 하죠."

사실 평소 그녀는 밝은 표정에 업무 능력도 좋았다. 다른 사람들과 아주 밀접하게 함께 일해야 하는 경우만 아니면 말이다.

글로리아는 만성불안으로 면역체계가 망가져 있었기 때문에 감기와 가슴 통증도 달고 살았다. 만성 스트레스는 면역을 떨어뜨려 세균 대항력을 감소시킨다. 섹스도 충분하지 않았다. 여성스러운 편이었지만 잠재적 위협과 불확실에 대비하려고 남자들도 피해 다녔다.

당시 임상심리학 훈련을 받고 있던 나는 공포증이나 강박장애는 치료할 준비가 돼 있었지만 글로리아처럼 전반적인 불안과 회피 증상을 보이는 환자를 이해하고 치료하는 방법은 아직 배우지 못한 상태였다. 당시는 인지행동요법이 정신의학계에서 보편적으로 사용되기 전이었다. 글로리아는 주치의로부터 항불안제를, 그리고 나를 추천한 정신과 의사로부터는 항우울제를 처방받아 먹었지만 효과는 거의 없었다. 내가 해줄 수 있는 일은 불안을 완화시키고 숙면을 돕는 점진적 근육이완법을 가르쳐주는 것뿐이었다. 하지만 이것으로는 그녀를 괴롭히는 일상의 지속적인 불안과 회피 증상을 없애기에는 역부족이었다.

글로리아의 불안 뒤에 도사리고 있는 것은 바로 고통스러운 자의식이었다. 그녀는 구직 인터뷰에서도 질문에 어떻게 대답할지 생각하기보다 자기 목소리를 듣고 빨갛게 달아오르는 얼굴을 의식했고 면접관들의 표정에서 부정적인 신호를 찾아내기 바빴다.

글로리아의 뇌는 평생 동안 회피 상태였다. 제프리 그레이의 말을 빌리면 '행동억제 체계Behavioural Inhibition System'가 뇌를 장악해 끊임없이 위협을 찾고 지나치게 걱정하고 쉽게 놀라며 행동까지 제약된 것이다. 그녀는 눈동자를 굴리고 머리를 숙이고 몸을 구부정하게 구부리며, 무엇보다 엄청나게 자신을 의식하고 있었다.

당시 나는 그레이의 행동억제 체계와 그에 대항하는 행동활성 체계Beha-vioural Activation System에 대해 전혀 몰랐다. 그리고 글로리아의 과도하게 활성화된 오른쪽 전두엽이 좌뇌의 활동을 억제하고 있을 것이라는 사실도 몰랐다. 그녀는 나쁜 일이 일어날지도 모른다는 두려움에 과도하게 사로잡혀 뇌가 접근 상태일 때 기대할 수 있는 좋은 일들에 대한 생각 자체가 불가능한 상황이었다. 그녀는 내게 이렇게 말했다.

"친구를 만난다고 생각하잖아요? 만나면 좋을 거라는 생각을 하자마자 잘못될 수 있는 온갖 일들이 떠오르기 시작해요. 걔가 안 나타날 거야. 머리가 아파서 늦으면 어쩌지? 기차가 끊겨 집에 못 올지도 몰

라. 뭐 이런 생각들이요. 그래서 아예 약속을 잡으려고도 안 해요.”

일도 마찬가지였다. 글로리아는 자신이 똑똑하고 능력이 있다는 사실도 알고 있었고 마음속 깊은 곳에 야망도 있었다. 하지만 그 야망을 목표로 전환하지는 못했다. 말하자면 컨퍼런스에서 논문을 발표한다거나 다른 대학에 일자리를 알아보는 것 같은 일은 엄두도 못 냈다. 목표를 이루는 자기 모습을 상상하고 능력을 발휘해 성공하는 느낌을 즐기려는 순간 과도하게 활성화된 회피 체계가 접근과 관련된 기대를 재빨리 차단해버린다. 긍정적이고 행복한 생각은 곧 불길한 패배와 위협, 거절의 이미지로 대체된다.

“바보 같은 소리인 줄 알아요. 팀장님도 그러셨어요. 일도 잘하니까 이제 널리 알릴 때라고요. 하지만 저는 제가 그만큼 잘하고 있는지도 모르겠고 컨퍼런스든 저널이든 결국 마무리하지 못할 거라는 생각만 들어요.”

글로리아에게 도움이 되기에는 너무 늦었지만, 나중에 나는 그녀의 접근과 회피 체계 불균형이 뇌의 화학 작용까지 변화시켰을지도 모른다는 사실을 발견했다. 만일 그녀가 목표를 세우고 이를 성취했다면 뇌 깊은 곳에서 ‘보상 네트워크’가 활성화돼 도파민을 더 많이 방출했을 것이다. 도파민은 기분을 좋게 만들어주는 신경전달물질이다. 이는 다시 보상에 대한 반응을 높여 접근 체계를 활성화한다.

나중에 새롭게 알게 된 좌뇌와 우뇌, 접근과 회피 체계에 대한 관점으로 글로리아의 문제를 재구성해보면 이렇다. 도파민의 양은 실제로 좌뇌의 기능과 관련이 있다.[19·20] 반대로 1장에서 언급했던, 각성과 관련된 노르아드레날린은 우뇌의 기능과 더 밀접한 관련이 있다.[21] 글로리아는 자신감 넘치고 접근과 보상에 집중하는 사람들보다 전두엽 좌측의 도파민 활동이 부족했을 것이다. 그리고 노르아드레날린 수치가 높아 늘 각성된 상태로 나쁜 일이 일어나지 않을지, 즉 징벌에 대해 염려했다.

그런데 1990년대 중반 좌뇌와 우뇌, 접근과 회피 체계에 대한 몇 가지 의심이 들기 시작했다. 이 연구는 대부분 상관성 연구를 토대로 하는데 상관성 연구는 인과관계를 증명하지 못한다. 접근 상태인 사람들은 좌측 전두엽의 활동이 더 활발하고 회피 반응을 보이는 사람들은 우측 전두엽의 활동이 더 활발하다는 사실을 증명하는 연구는 많았다.[22] 그리고 보상과 접근에 집중하는 사람들은 우뇌보다 좌뇌에 도파민 수용체가 더 많다는 증거도 있었다.[23]

10여 년이 지나는 동안 그 의심을 해결하지 못하다가 2013년, 내게 꼭 필요했던 연구 결과가 발표됐다.[24] 하버드 대학교의 연구진이 글로리아와 정반대의 성격을 가진 학생들을 대상으로 실험을 했다. 보상에 굶주려 있고 접근을 지향하며 타인의 평가에 신경 쓰지 않고 새로운 기회에 언제라도 달려들 준비가 된 학생들이었다. 당연히 그들은 다른 학생들에 비해 좌측 전두엽의 활동이 훨씬 활발했다. 하지만 이것이 도파민과 어떤 관계가 있을까? 연구진은 그 답을 찾기 위해 단시간 동안 도파민의 활동을 감소시키는 도파민 길항제를 학생들에게 투여했다. 그 결과 좌측 전두엽의 활동이 잠잠해지고 우측의 활동이 우세해졌다.

그 연구로 나는 확신했다. 단순한 상관관계가 아니었다. 접근 체계는 도파민과 전두엽 좌측의 공동 작용, 회피 체계는 노르아드레날린과 전두엽 우측의 공동 작용이었다.

단계적 노출로
두려움
걷어차기

하지만 글로리아의 상태를 정말 제대로 이해하게 된 것은 토론토 대학교의 연구를 통해서였다. 연구진은 학생들에게 통계학의 기본 지식에 해당되는 통계 방법에 대한 글한 단락을 2분 안에 요약하라고 했다. 학생들 중 첫 번째 그룹은 전혀 말이 되지 않는 단락을 읽게 했고, 두 번째 그룹은 명확하고 이해하기 쉬운 단락을 읽게 했다.[25]

어차피 불가능했던 임무에 시간의 압박까지 느낀 첫 번째 그룹의 학생들은 확신이 없었고 불안하고 혼란스러워했다. 다시 말해 그들은 위협을 느꼈다. 그렇다면 중요한 질문은 이것이다. 그들은 어떻게 그 위협에 대처했는가?

글로리아는 '위협'이 끊이지 않는 삶을 살았다. 그녀의 우측 전두엽은 항상 활발했을 것이며 이는 아마도 위협에 대한 회피 체계 때문이었을 것이다. 그렇다면 토론토 대학교의 실험에서 불가능한 임무에 위협을 느낀 학생들 역시 우측 전두엽의 활동이 활발해져야 했다. 실제로 실험에 참가한 학생들 중 몇 명은 우뇌의 활동이 약간 증가했다. 하지만 그렇지 않은 학생들도 있었다. 좌뇌의 활동이 폭발적으로 증가한 것이다. 왜 그런 차이가 발생한 것일까? 잠시 다음 질문에 당신도 답해보길 바란다.

'나는 다른 사람들만큼 해낼 수 있는가?'
'나는 자랑스러워할 만한 점이 많은가?'
'나는 자신에 대한 태도가 긍정적인가?'

위 질문들에 아니라고 대답할수록 자신감이 낮은 것이다. 글로리아처럼 위협에 우뇌의 회피 체계가 활성화된 학생들은 자신감이 부족한 학생들이었다. 자신감이 높은 학생들은 그와 정반대의 반응을 보였다. 전두엽 좌측의 활동이 급격히 증가했는데 이는 곧 그들이 위협에 접근하고 있다는(맞서고 있다는) 뜻이었다. 결국 뇌가 위협 앞에 위축되지 않고 도전하려면, 즉 스트레스를 통해 발전하려면 자신을 존중할 필요가 있다.

이 모든 사실을 30년 전에 알았다면 글로리아를 어떻게 도울 수 있었을까? 그녀가 회피의 감옥과 징벌에 대한 두려움에서 빠져나올 수 있도록 도우려면 어떻게 해야 했을까? 정신과 동료들은 약물 치료만이 방법이라고 했지만, 어떤 약도 효과가 없었다.

다행스럽게도 내가 공부했던 런던 정신의학협회는 세계적인 심리

학자 한스 아이젱크Hans Eysenck를 필두로 한 유럽 '행동주의'의 본산이었다. 우리는 환자의 행동으로 드러나는 문제를, 그 행동을 바꾸면 그와 관련된 감정 또한 변한다는 생각으로 접근했다. 당시 행동주의는 철학적·현실적 한계가 있었고 사람들의 주관적인 정신세계와 행동을 유발하는 보이지 않는 사고와 감정의 역할을 무시한다는 비판을 받고 있었다. 결국 행동주의는 대부분 인지심리학으로, 임상응용 분야에서는 감정과 행동을 유발하는 사고와 믿음의 역할을 제대로 인식했던 인지행동요법으로 흡수됐다.

나는 1970년대 후반에 인지행동요법을 공부했다. 1978년 스코틀랜드로 건너와 환자들을 치료하면서 오직 행동 훈련만으로는 충분하지 않다는 사실을 깨달았기 때문이다. 하지만 그 후 30여 년 동안 심리학자들은 인지행동요법의 행동 분야를 무시하고 인지 분야에만 집중하는 모습을 보였다. 말하자면 감정적 문제를 유발하는 사고방식을 규정하고 이를 바꾸는 데 초점을 맞춘 대화요법 등을 주로 활용했다. 나 역시 그와 같은 흐름을 비껴가진 못했다.

돌이켜보면 안타까운 일이었다. 그 후 1990년대까지 사고가 감정에 영향을 끼칠 뿐만 아니라 행동도 감정에 영향을 끼친다는 연구들이 속속 발표됐기 때문이다. 1990년대의 새로운 연구는 행동이 감정의 영향을 받지만 반대로 감정에 영향을 끼치기도 한다는 사실을 증명했다.[26] 예를 들어 사람들에게 치아로 연필을 꽉 물라고 하면 입술이 억지로 웃는 모양이 된다. 반면 입술로 연필을 물면 찌푸린 입모양이 된다. 실험 결과 억지로 웃게 된 사람들은 억지로 얼굴을 찌푸렸던

사람들보다 자신이 훨씬 행복하다고 평가했다.[27]

　행동이 감정을 통제한다는 것은 사실 새로운 개념은 아니었다. 내가 일했던 런던 모즐리 병원은 행동치료로 공포증 같은 문제를 잘 해결하기로 유명했다. 간단한 공포증은 행동 수정만으로도 대부분 좋은 효과가 나타났다. 질은 그 당시 내가 치료했던 환자였다. 그녀는 뱀이 한 마리도 없는 런던 남부에서 뱀에 대한 공포로 아무것도 하지 못하는 상태였다. 아프리카에서 몇 년 사는 동안 한두 번 뱀을 목격했는데 그때의 두려움이 고향으로 돌아온 후에도 계속 커져서 방 안의 전선만 흘끗 보여도 완전히 두려움에 사로잡히는 정도가 되었다. 일 때문에 다시 아프리카로 이주해야 할 수도 있는 상황이었기 때문에 질의 공포증은 실질적인 문제였다. 그녀의 마음은 파이핑 파티의 공포를 느꼈던 사춘기 때의 나와 비슷한 상태였다.

　내가 배운 가장 기본적인 행동치료는 '단계적 노출'이었다. 말 그대로 환자들이 두려워하는 대상을 조금씩 더 노출시키는 것이다. 강도를 높여 점점 더 가까이 노출시킨다. 질 부부와 심도 깊은 대화를 나눠보니 질의 두려움은 단순한 공포증일 뿐 복잡한 심리적 문제는 아니었다. 나는 질에게 행동치료의 단계적 노출 방법과 그 근거에 대해 설명했다. 그런 다음 '두려움 사다리'를 함께 만들었다. 살짝 놀라는 상황에서 공포에 사로잡히는 상황까지 다양한 상황을 차례로 설정했다.

　두려움의 정도를 0부터 100까지 매긴 질의 사다리는 다음과 같았다.

STRESS TEST

- 가구 아래 뱀 같은 전선이 있는 낯선 방에 30분 동안 머문다. 20/100
- 가구 아래 뱀 같은 전선과 밧줄이 널려 있는 낯선 방에 30분 동안 머문다. 25/100
- 뱀 사진을 본다. 30/100
- 동그랗게 말린 전선과 밧줄이 들어 있는 가방 안에 손을 넣는다. 35/100
- 테이블 위에 놓인 장난감 뱀 인형을 바라본다. 40/100
- 장난감 뱀을 2분 동안 손에 들고 있다. 50/100
- 진짜 같은 뱀 모형을 본다. 55/100
- 진짜 같은 뱀 모형을 2분 동안 만진다. 60/100
- 진짜 뱀이 있는 동물원 파충류관에 5분 이상 머문다. 70/100
- 3미터 떨어진 탁자 위에 진짜 뱀이 놓여 있는 방에 5분 동안 머문다. 80/100
- 1.5미터 떨어진 탁자 위에 진짜 뱀이 놓여 있는 방에 5분 동안 머문다. 85/100
- 0.5미터 떨어진 탁자 위에 진짜 뱀이 놓여 있는 방에 5분 동안 머문다. 90/100
- 살아 있는 뱀을 만진다. 95/100
- 살아 있는 뱀을 집어 든다. 100/100

질은 사다리의 첫 번째 단계와 두 번째 단계에 몇 분 만에 적용했다. 사진을 바라보는 것은 조금 더 오래 걸렸지만 첫 번째 치료 시간이 끝나갈 무렵 불안한 마음 없이 사진을 바라볼 수 있었다. 이와 같은 과정을 '습관화'라고 한다. 지속적으로 나타나지만 나쁜 일은 생기지 않는 자극에 뇌가 점진적으로 감정적인 반응을 멈추는 것이다.

가방 속의 밧줄과 전선을 만지는 네 번째 단계에서 질은 몹시 불안해하고 스트레스를 받았다. 계속 안심을 시킨 후에야 두세 번 시도하게 할 수 있었다. 하지만 열 번 이상 그 과정을 반복하고 나자 전혀 불안해하지 않았다.

그런 다음 장난감 뱀 단계로 넘어갔다. 이 단계 역시 쉽지 않았지만 결국 적응했다. 내가 런던 동물원에서 산 진짜 같은 거대한 뱀 인형을 목에 두르기까지는 한 시간이 꼬박 걸렸다.

2월의 안개 낀 어느 날 아침, 개장 시간 외에 특별 방문을 허락해준 런던 동물원 파충류관 앞에서 질은 얼굴이 새하얗게 질린 채 나를 기다리고 있었다. 두 시간 후 질은 기분 좋게 파충류관을 혼자 돌아다니며 다양한 뱀들을 구경했다. 진짜 뱀이 등장하는 마지막 치료는 동네 애완동물 가게에서 진행됐다. 처음에는 불안이 천장을 찌를 듯 높았지만 약 한 시간에 걸쳐 질은 사다리의 마지막 다섯 단계를 천천히 올라 진짜 뱀을 만질 수 있었다.

끝까지 뱀을 집어 들지는 못했지만 그건 중요하지 않았다. 공포증은 95퍼센트 정도 사라졌고 질은 불안에서 자유로워졌다. 그녀는 사실상 치료됐다. 아직도 뱀을 싫어하긴 하지만 일상생활에서 뱀을 마주칠 확률은 거의 없다는 사실을 잘 알고 있다.

STRESS TEST

아무리 사소한 것에 대한 불안도 엄청난 고통을 야기하며 삶을 뒤흔들 수 있다. 해양 스카우트 시절 내가 겪었듯이 말이다. 그리고 아주 사소한 변화 하나가 삶 전반에 엄청난 변화를 가져올 수도 있다. 뱀에 대한 두려움이 풍부한 상상력의 날개를 달아 괴로웠던 질 역시 마찬가지였다.

질은 사다리를 한 단계씩 올라가면서 자신감과 즐거움을 만끽했다. 질처럼 행동치료로 두려움을 극복하는 것에 대해 사람들이 잘 모르는 점이 있다면 바로 성공의 경험이 뇌의 보상 네트워크 또는 '쾌락 센터'라고 알려진 부위의 활동을 장려한다는 것이다. 그 활동은 도파민의 수치 증가와 관련이 있으며 도파민 증가는 불안을 감소시킨다. 다시 말해 성공에 대한 경험은 신경안정제와 에너지 음료를 함께 먹는 것과 같은 효과를 낸다.

질은 나를 만나기 전까지 오랫동안 지속된 공포증으로 우세했던 회피 체계가 성공 경험으로 완화되면서 접근 체계가 활성화됐다. 두려움의 사다리를 한 단계씩 올라갈수록 불안은 남아 있었지만 다음 단계의 도전은 더 쉬워졌다. 질은 매번 두려움을 극복했고 뇌의 보상 네트워크에서 도파민의 활동이 증가하면서 기분도 더 좋아졌다. 좋은 기분은 다시 접근 체계를 더욱 활성화했다.

하지만 글로리아는 달랐다. 질보다 문제의 뿌리가 훨씬 깊었고 공포의 대상도 여러 가지였다. 공포증만 아니라면 적당히 잘살고 있었던 경우도 아니었다. 그래서 질과 달리 글로리아의 치료는 성공적이지 못했다. 물론 내가 지금 알고 있는 것을 그때도 알았더라면 글로리아에게 훨씬 큰 도움이 됐을 것이다. 나는 이완 훈련을 통해 불안을 통제하려고 하면서 글로리아의 회피 체계에만 집중했다. 썩 나쁘지는 않았지만, 수년 후 더블린에서 활동하는 임상심리학자 피오나 오도허티Fiona O'Doherty에게 배운 방법을 알았다면 훨씬 도움이 되었을 것이다. 질의 경우처럼 이루기 쉬운 목표를 제시해 자신감을 키우고 뇌가 도파민을 생성하게 만들어 불안과 회피를 조금씩 감소시키는 방법이다.

오도허티는 아주 사소한 목표도 괜찮다고 말한다. 예를 들어 쉬는 시간에 휴게실에 들어가 30초 정도 머문다. 그리고 그 짧은 시간 동안 자기에게만 관심을 기울이지 말고 방 안을 둘러보며 골똘히 생각을 하고 있거나 슬퍼 보이는 사람을 찾아보라고 할 수도 있다. 그리고 휴게실을 나선다. 아무 일도 아닌 것 같지만 글로리아 같은 사람들에게는 그런 일조차 엄청난 성취일 수 있으며 성공했다는 아주 낯선 느낌을 받을 수 있다. 약간의 행복을 느낄 수도 있다. 그와 같은 사소한 성공이 쌓이면 회피 체계에서 벗어나 더 긍정적이고 접근 지향적인 태도로 살아갈 수 있다.

이것이 바로 어려움을 조금씩 극복해가면서 더 강해지는 한 가지 방법이다. 더 큰 도전을 완수할수록 더 강해진다. 사소한 성공의 경험들이 보상 체계의 도파민을 증가시켜 활기를 느끼게 만드는 원리다. 이는 다시 다음 단계의 도전을 더 쉽게 만들어준다.

무엇보다
중요한
물러서지 않기

회피 체계에 지배당하는 사람들은 접근 체계가 활발한 사람들보다 더 불행해하는 경향이 있다. 더 신중하고 주의 깊을 수도 있지만 이는 징벌에 대한 두려움이 더 크기 때문이다. 글로리아의 삶과 문제들을 살펴보면 어떤 커다란 상실감이나 트라우마도 없었다. 학대, 무시, 질병, 사고도 없었고 마음의 상처도 없었다. 내가 아는 한 심각하게 왜곡된 애착 관계도 없었다. 여동생과 약간 삐걱거리긴 했지만 누구나 겪는 수준이었고 글로리아도 그 때문에 엄청난 스트레스를 받는 것은 아니라고 했다.

그렇다면 글로리아는 왜 그렇게 고통스러운 삶을 살게 된 것일까? 그 답은 미국의 심리학자 리처드 데이비슨Richard Davidson의 연구 결과에서 찾을 수 있다.[28] 데이비슨은 제프리 그레이의 접근-회피 체계와 감정의 관계를 밝혔다. 전두엽 좌측의 활동이 더 활발한 사람들은 더 적극적이고 보상 지향적이며, 그 결과 불안함과 우울함이 덜한 기분 좋은 상태를 유지한다.

반대로 전두엽 우측이 우세한 사람들은 회피하려는 경향이 크고 그 결과 불안감도 증가하고 기분도 나빠진다. 놀랍게도 이는 아기들에게서도 발견할 수 있는 특징이었다.

9~10개월 된 아기들 중에서 엄마와 1분 정도 분리됐을 때 더 스트레스를 받거나 낯선 사람을 더 두려워하는 아기들은 다른 아기들에

비해 전두엽 우측의 활동이 더 활발했다.[29] 심지어 6개월 된 아기들도 전두엽 우측이 활발하면 혈중 스트레스 호르몬인 코르티솔의 수치가 더 높았다.[30] 이는 아동기와 성인기까지 쭉 이어진다. 그래서 글로리아처럼 만성불안을 겪고 걱정과 회피하고 싶은 마음 때문에 힘든 삶을 살게 된다.[31] 그런 사람들은 수줍음이 많고 내성적이며 낯선 상황이나 사람들을 경계하는 경향이 있다. 아마 아기 때부터 그런 모습을 보였을 것이다.

그렇다면 글로리아 같은 사람들은 타고나길 좌뇌의 접근 체계와 우뇌의 회피 체계가 불균형하기 때문에 어쩔 수 없이 그렇게 불안한 상태로 살아야 하는 것일까? 그렇지 않다. 접근-회피 사이의 싸움은 평생 지속된다. 물론 한 부분이 우세할수록 반대편은 점차 약해지기 때문에 계속 우세할 가능성이 있긴 하다. 하지만 뇌졸중으로 회피 체계가 손상됐지만 왼손을 조금씩 움직여 좌뇌와 우뇌의 균형을 찾아갔던 폴처럼, 글로리아 같은 환자들에게도 그 방법이 효과가 있지 않을까?

나는 글로리아와 수많은 대화를 나누면서 그녀에게는 엄청난 무의식이 도사리고 있다거나 해결해야 할 아동기의 상처 같은 건 없다는 결론에 도달했다. 물론 그런 환자도 있지만 그녀는 그런 경우가 아니었다. 그녀는 다만 유난히 불안해했던 아기였다. 이유는 아무도 모른다. 엄마와의 애착 관계 때문일 수도 있지만 유전적으로 타고난 특성일 가능성도 충분하다.

하지만 아동기와 청소년기를 거치면서 새로운 것들에 불안해하고

낯선 사람 앞에서 수줍어하는 타고난 경향이 회피를 습관으로 만들어 접근 체계를 점진적으로 무력화한 것은 맞다. 그럴수록 회피하는 경향이 더 커지고 자신감을 키워주는 접근 활동은 줄어들며 결국 활기와 평온함, 도파민을 생성시키는 성공의 경험은 줄고 불안이 증가하는 악순환이 시작된 것이다. 도전을 피할수록 전두엽 좌측의 접근 체계는 덜 움직이게 되고 점차 약해진다. 즉, 글로리아는 지금껏 후퇴만 해온 셈이다.

그 결과 조금씩 삶을 갉아먹는 작은 트라우마들로 힘들어하게 되었다. 낯선 사람을 만나야 할 일이 생기면 수면 부족, 끔찍한 편두통, 불안한 심장 박동, 침이 바짝 마르는 불안한 상태로 며칠씩 힘들어했다. 그녀의 불안은 해양 스카우트 시절 호루라기를 불어 깃발을 올려야 했던 말도 안 되는 나의 불안과 비슷했다. 하지만 다른 점이 있었다. 내 불안은 몇 달만 지속됐지만 글로리아는 나보다 훨씬 심각한 불안이 평생 지속됐다는 점이다.

왜 글로리아는 역경을 통해 강해지지 못한 것일까? 어쨌든 그 역경도 글로리아를 죽이지는 못했다. 내가 트리니티의 뉴 스퀘어를 걷다가 깨달았던 것처럼 베케트의 '전진'이 약간의 해답이 될 수 있을지 모른다. 그렇지 않다면 나쁜 경험을 한 후 우리의 뇌는 회피 상태로 돌입해 새로운 목표와 보상을 미리 차단해버릴 것이기 때문이다. 그와 같은 관점으로 글로리아의 문제를 바라보며 깨달았던 점은, 역경이 접근과 회피의 불균형을 야기해 불안과 회피 상태를 지속시키고 나아가 어떤 접근도 불가능하게 만드는 악순환을 초래할 수 있다는 사실이다. 그 악순환은 글로리아처럼 과거의 징벌에 집착하고 미래의 보상 가능성을 미리 차단하는 상태를 만든다.

점점 답에 가까워지고 있었다. 스트레스를 통해 강해지려면 전진만 해서는 안 된다. 후퇴를 덜 해야 한다. 하지만 과연 어떻게 해야 할까? 한 가지 방법은 회피하게 만드는 불안을 줄이는 것이다. 글로리아에게 몸을 이완하는 방법을 가르친 것도 같은 맥락이었다. 실제로 도움은 됐지만 효과는 미미했다. 회피와 이를 따라다니는 불안을 해결하는 것은 심리학의 가장 어려운 문제 중 하나였다. 이에 대해서는 다음 장에서 더 자세히 살펴볼 것이다.

그렇다면 글로리아를 도울 수 있는 또 다른 방법은 없었을까? 바보 같은 생각일지도 모르지만 회피와 좌뇌의 연결고리를 생각해볼 때 폴에게 도움이 됐던 방법도 효과가 있었을 것이다. 좌뇌와 우뇌의 경쟁을 비슷한 수준으로 만들어주기 위해 실시했던 간단한 손동작 운동 같은 방법 말이다. 사실 그에 관한 연구는 이미 있었다. 즉 효과가 있다는 뜻이다. 가령 오른손으로 몇 분 동안 고무공을 가볍게 주무르면 전두엽 좌측의 활동이 촉진돼 더 긍정적인 상태가 된다. 접근 체계가 활성화되는 것이다.[32·33] 물론 글로리아의 경우 그 자체로 큰 변화는 가져오지 못했을 것이다. 하지만 낯선 사람을 만나기 전에 잠시나마 약간의 자신감을 느끼면 그 상황에 조금 더 잘 대처할 수 있을지도 모른다.

그와 비슷한 방법이 또 있다. 바로 '진짜가 될 때까지 진짜처럼 행동하라'는 것이다. 먼저 자신감을 키워주는 '파워 포즈Power Pose'를 취

한다. 아무리 도망가고 싶어도 고개를 들고 팔을 넓게 쭉 편다. 그런 자세를 1~2분만 유지해도 뇌에서 도파민이 생성된다. 테스토스테론 수치를 높이는 자세이기 때문이다. 이는 남성과 여성 모두에게 해당된다.[34] 이와 같은 뇌의 화학 변화는 자신감을 키우고 접근 체계를 활성화해 위협에 불안을 느끼며 물러설 가능성을 줄인다.

나도 불안한 마음이 들 때 그 방법을 써봤다. 2012년 더블린에서 열린 테드엑스TEDx 강연(https://www.youtube.com/watch?v=BdnoqcrTvoc)에서도 그랬다. 나는 무대 뒤에서 불안하게 서성였다. 2,000명이나 되는 사람들 앞에 서는 경우는 난생처음이었다. 그때 휴대전화가 울렸다. 아들의 문자 메시지였다. '파워 포즈 하고 계시죠?' 아, 왜 그 생각을 못 했을까? 당장 어깨를 펴고 당당한 자세를 취했다. 고개를 뒤로 젖히고 팔을 쭉 뻗고 오른손으로 주먹을 쥐었다. 나는 무대로 힘차게 걸어 나가 침착하게 강연을 마쳤다. 아들이 제때 보내준 문자 메시지 덕분이었다.

평생 회피 상태로 지내왔던 글로리아는 주먹을 쥐거나 자세를 취하는 것만으로 자신감을 회복하기는 힘들었을 것이다. 하지만 여러 가지 방법을 한꺼번에 사용했다면, 즉 작고 달성하기 쉬운 목표를 세우고 자신감을 키워주는 자세를 취하고 오른손으로 주먹을 꽉 쥐는 등의 행동으로 목표를 달성하려고 노력했다면 당시 내가 했던 치료보다 훨씬 큰 효과를 봤을 것이다.

그렇다면 30년간의 연구를 통해 내가 내린 결론은 무엇일까? 우선 글로리아에게 더 나은 임상심리학자가 되지 못했던 점은 유감이다. 그리고 샘의 '키스 이론'에 실제로 과학적 근거가 있었다는 놀라운 발견을 했다. 하지만 가장 놀라웠던 것은 좌뇌와 우뇌의 경쟁이 동기, 욕구, 두려움, 열정, 용기, 끈기 등 우리 삶의 수많은 측면에 광범위한 영향을 끼치고 있다는 사실이었다.

니체에 대한 궁금증도 어느 정도 풀린 것 같았다.

첫째, '나를 죽이지 못하는 것이 나를 더 강하게 만들려면' 먼저 사뮈엘 베케트의 '전진'을 받아들여야 한다. 그 어떤 욕구나 충동이 없더라도 말이다.

둘째, 뇌가 도전에 맞서게 하려면 자신을 존중해야 한다. 앞서 언급했던 자신감 연구처럼 말이다.[35]

셋째, 회피 체계가 점점 강해지도록 내버려둬서는 안 된다. 미래를 향해 접근하려는 태도와 전진하려는 마음이 점차 약화되는 악순환의 시작이기 때문이다.

그 모든 깨달음이 중요했지만 여전히 니체의 격언을 온전히 이해한 것은 아니었다. 수년간 만나왔던 친구들, 지인들, 환자들을 돌아보면 스트레스를 이겨낼 수 있는 수많은 방법을 알려줬음에도 불구하고 역경을 통해 더 강해지지 않은 사람들이 분명 있었다. 전진하고, 자신을 존중하고, 불안을 억누르는 것만으로는 결코 충분하지 않았다. 심

지어 상황이 더 악화되어 비극을 맞는 경우도 있었다.

　그렇다면 처음 연구를 시작할 때 상상했던 것보다 훨씬 복잡해진 문제를 어떻게 해결해야 할까? 내게 필요한 것은 대학 시절 심리학 교재였다. 그리고 특이하게도 캐나다 서부의 흔들리는 인도교가 큰 도움이 되었다.

Chapter

4

ENERGY.

분노에 먹힐 것인가, 분노를 해석할 것인가

불안과 분노를 분리하는 재평가

흔들리는
다리 위에서
더 흥분한다고?

캐나다 노스밴쿠버에는 카필라노 강을 가로지르는 카필라노 현수교가 있다. 1.5미터 너비의 가냘픈 나무 받침이 흔들리는 철 케이블에 줄줄이 매달려 있는 이 다리는 길이가 137미터나 되고 70미터 아래의 협곡으로는 세찬 강물이 흐른다. 휘청거리며 건너다 자칫 균형을 잃는다면 턱없이 낮은 철 케이블은 별 도움이 되지 않을 것이다.

카필라노 현수교는 1974년 유명한 심리학 실험이 진행된 곳이기도 하다.[1] 매력적인 한 여성이 다리 한가운데서 기다리고 있다가 다리를 건너는 남성들에게 멋진 풍경이 창조성에 끼치는 영향에 관한 몇 가지 질문을 한다. 실험에 참가한 남성들은 다리를 다 건넌 후 짧은 글

을 작성한다. 그리고 같은 여성이 이번에는 강 상류의 튼튼하고 흔들리지 않는 다리에서 다른 남성들에게 같은 질문을 한다. 실험 결과, 흔들리는 다리를 건넌 남성들은 튼튼한 다리를 건넌 남성들보다 성적인 내용이 훨씬 많이 담긴 글을 작성했다. 뿐만 아니라 실험이 끝난 후 그 여성에게 개인적인 연락도 훨씬 많이 시도했다.

방법론에 대한 비판이 없지 않았지만 나는 그와 비슷한 최근 연구 결과를 살펴보며 카필라노 현수교 실험 결과가 요행이 아니었음을 확신하게 됐다.[2] 텍사스의 한 놀이동산에서 롤러코스터를 타기 전과 후에 이성의 사진을 보여주면서 얼마나 매력적인지 점수를 매기라고 한 실험이 있었다. 롤러코스터를 타면서 아찔한 두려움을 느끼고 비틀거리며 내린 사람들은 사진 속 이성을 훨씬 매력적이라고 평가했다. 심지어는 첫눈에 반했다고 대답한 사람들도 있었다.[3]

나는 스트레스가 어떻게 우리를 더 강하게 만드는지 알아내기 위해 30년 동안 연구했으면서도 그 흔들리는 다리 실험이 내 연구와 어떤 관계가 있을 거라고는 전혀 생각해보지 못했다. 하지만 점차 그 실험의 의미를 제대로 이해하게 됐다.

처음에는 휘청거리는 다리에서 느낀 두려움이 성욕을 촉진한다고 생각했다. 죽음에 대한 공포가 살아 있음을 확인할 수 있는 원시적이고 야성적인 에너지를 방출할 수도 있을 것이다. 하지만 그것은 내가 알고 있는 스트레스와 불안의 효과와 일치하지 않는다. 두려움은 스트레스 호르몬인 코르티솔을 생성해 성적 욕구를 오히려 억제한다. 심장 박동이 빨라지고 호흡이 가빠지며 얼굴이 창백해지고 피부에서 땀이 나고 속이 뒤틀리는 '투쟁-도피 반응' 상태가 된다. 이 모두가 생존을 위해서다. 팔과 다리에 충분한 산소를 공급하기 위해 심장이 빠르게 뛰고 폐가 확장된다. 피부의 혈액도 다리 근육으로 모이고 소화기관은 잠시 활동을 멈춘다. 체중을 줄여 운동성을 높이기 위해 방광과 대장의 내용물을 방출하고자 하는 원시적인 충동을 느낀다.

그리고 또 다른 신체 기능 역시 멈춘다. 바로 섹스다. 성적 만족감은 생존이 위협에 처했을 때 우선순위에서 밀려나기 때문에 두려움은 성적인 활동과 기능을 대부분 억제한다. 남성의 발기 능력은 공포를 느낄 때 급격히 감소하며 남성과 여성의 성호르몬 수치 역시 스트레스를 받으면 감소한다.[4,5]

두려움 자체는 성욕을 촉진할 수 없다. 그렇다면 흔들리는 다리의 실험 결과는 어떻게 설명해야 할까? 그때 문득 생각났다. 심리학 공부를 막 시작했을 때 읽었던 그 논문을 왜 생각하지 못했을까? 바로 1962년 컬럼비아 대학교의 스탠리 샤흐터Stanley Schachter와 제롬 싱어Jerome Singer가 발표한 〈생리적 각성과 인지적 해석을 통한 감정의 이해Cognitive, social, and physiological determinants of emotional state〉다.[6] 연구진은 실험 참가자들을 두 팀으로 나눠 각각 진짜 아드레날린과 가짜 아드레날린을 주입했다. 그리고 참가자들을 다시 나눠 일부는 예의 바르고 재치 있고 사교적이며 쾌활한 사람과 함께 대기실에서 기다리고 나머지는 화를 내고 투덜거리면서 설문지를 거칠게 찢어버리는 사람과 함께 기다리게 했다.

진짜 아드레날린을 주입받은 사람들 중 일부는 약물 때문에 손이

떨리고 심장이 뛰고 호흡이 가빠지고 얼굴이 달아오를 것이라는 설명을 들었다. 나머지는 엉뚱하게도 발에 감각이 없어지고 몸이 가려울지도 모른다는 설명을 들었다. 몇 분 후 아드레날린이 유발할 실제 증상에 대한 설명은 듣지 못한 것이다. 그리고 그 엉뚱한 증상을 들은 사람들은 대기실에 함께 있던 사람, 즉 성격 좋은 사람과 화를 내던 사람의 영향을 받았다. 유쾌한 사람과 함께 있던 참가자들은 행복하고 기분이 좋다고 대답했지만 화를 내며 투덜거린 사람과 함께 있던 참가자들은 화가 났다고 대답했다.

그 실험 결과가 뜻하는 바는 서로 다른 감정도 비슷한 신체적 증상을 보인다는 것이다. 화가 나면 맥박과 호흡이 빨라지고 얼굴이 달아오르고 피부에 땀이 난다. 이는 기분 좋게 흥분할 때도 마찬가지다. 이렇게 아드레날린 증가에 따른 신체 반응과 동일한 반응을 유발하는 또 다른 감정이 있다. 바로 두려움과 성적 흥분이다.

그렇다면 흔들리는 다리를 건넌다고 성적으로 흥분하는 것은 아니다. 세찬 급류 위에서 불안하게 흔들리는 다리는 두려움을 느끼게 하고 그 두려움은 아드레날린을 증가시켜 맥박과 호흡이 빨라지게 만든다.

여기서 중요한 점은 우리가 그와 같은 증상을 어떻게 '해석'하는가다. 1962년의 연구에 따르면 그 질문에 대한 답은 확실하다. 우리는 아드레날린이 유발하는 증상을 이해하기 위해 '상황'을 살핀다. 젊은 남성이 다리를 건너다 매력적인 여성과 이야기를 나눈다면 상황은 매력적인 여성이다. 다리를 건너면서 맥박이 빨라지고 배가 아프고 피부에 땀이 난 남성들은 그 증상을 이해하기 위해 상황을 살핀다. 바로 매력적인 여성이 자신에게 개인적인 관심을 보이는 상황이다. 결국 남성들은 이렇게 생각하게 된다. '왜 이렇게 떨리지? 저 여자한테 빠졌나?'

정신과 의사 두 명이 길에서 만났을 때 한 의사가 다른 의사에게 "지금 내 기분이 어때?"라고 묻는다는 농담이 있다. 농담이지만 인간의 감정이 작동하는 방식에서 그렇게 벗어난 이야기는 아니다. 우리의 마음은 언제나 몸에게 그와 같은 질문을 한다. 하지만 서로 다른 감정이 비슷한 신체적 증상을 유발하기 때문에 정확한 답을 듣지 못하는 경우가 많고, 그렇기 때문에 상황 파악을 통해 감정을 추론하게 된다. 덕분에 나는 스트레스와 회복탄력성에 관한 또 다른 문제를 해결할 수 있었다. 스트레스의 증상을 어떻게 '해석'하느냐가 실제로 받는 스트레스의 양에 큰 영향을 끼친다는 것이다.

진짜 분노인지
들여다보기

45세의 마크는 공장 경비원이었다. 그런데 어느 날 공장에 침입한 강도가 휘두른 쇠몽둥이에 큰 부상을 입고 치료 때문에 결국 일을 그만둬야 했다. 2년 후 마크는 몸은 다 회복됐지만 정신적인 문제 때문에 나를 찾아왔다. 허리 문제가 약간

남아 있었지만 주치의가 마크를 내게 보낸 이유는 따로 있었다. 그동안 이혼을 했고 새 직장을 구할 수도 없었다. 평탄한 삶은 아니었다.

마크는 첫 진료 시간에 무엇 때문에 힘든지 정확히 설명하지 못했다. 그때 그 강도에 대한 감정을 묻자 몸도 다 회복됐고 그 사건은 이미 잊었다며 무심히 어깨를 들썩일 뿐이었다.

"(그 강도가) 교도소를 들락날락하나 봐요."

그 외에는 별다른 말이 없었다. 그런데 갑자기 그날 아침 병원으로 오는 길에 있었던 일에 대해 이야기하기 시작했다. 그는 만원 버스에서 임신한 여성에게 자리를 비켜줬는데, 허약한 노인이 탔을 때 아무도 자리를 양보하지 않았다고 했다. 심지어 노인 바로 앞에 앉아 있던 여학생도 그랬다며 흥분한 목소리로 이야기했다.

나는 바짝 긴장한 마크의 모습에 깜짝 놀랐다. 침울하고 무뚝뚝하고 만사에 관심이 없어 보였던 그가 불쑥 상체를 내밀고 거칠게 숨을 쉬었다. 얼핏 보니 주먹까지 꽉 쥐고 있었다.

"그 여학생 때문에 화가 났나요?"

내가 묻자, 마크는 정신을 차린 듯 다시 의자에 기대앉으며 고개를 끄덕였다. 나는 다시 물었다.

"왜 화가 났죠?"

마크가 고개를 절레절레 흔들며 대답했다.

"그냥 앉아 있잖아요. 노인네가 넘어지지 않으려고 양손으로 손잡이를 부여잡고 있는데 당연히 화가 나죠!"

"그 여학생에게 뭐라고 하셨나요?"

"아니요. 입을 열었다가는 소리를 지를 것 같아서요. 다른 사람들도 전부 그냥 앉아 있기만 하고."

"그 생각이 계속 나나 봐요?"

마크가 떨떠름하게 웃으며 대답했다.

"끝이 없어요. 아마 오늘 밤에 자다가 벌떡 일어나서 그 생각에 이를 갈지도 몰라요."

"그런 일이 자주 있나요?"

"젠장, 날이면 날마다요. 하루에 몇 번씩 그럴 때도 있고요."

"가장 최근에 그렇게 화가 났을 때는 언제인가요?"

그가 기분 나쁘게 웃으며 대답했다.

"오늘 아침에 병원에 오려고 집을 나섰어요. 우리 집 앞은 일방통행 길인데 열너덧쯤 돼 보이는 젊은 녀석이 반대 방향으로 자전거를 타고 가지 뭡니까. 당장 쫓아가고 싶은 걸 겨우 참았다니까요. 얼마나 화가 나던지. 오늘 밤에는 아마 그놈 때문에도 자다가 벌떡 일어날 겁니다."

마크는 화가 나는 일들을 주저리주저리 늘어놓기 시작했다. 빨간 불에도 횡단보도를 질주하는 오토바이, 새치기하는 사람, 장애인 주차 구역에 차를 대는 멀쩡한 사람, 길에 쓰레기를 버리는 사람, 금연 구역에서 태연히 담배를 피우는 사람 등. 마크는 그 모든 사람들에 대해 밤이고 낮이고 계속 생각하면서 괴로워하고 있었다. 심지어 그들에 대한 격심한 분노 때문에 자살하고 싶다는 생각도 했다. 벗어날 방법은 그것뿐이라고 느꼈다. 날마다 새로운 사건이 벌어지니 화를 낼

STRESS TEST

거리도 날마다 늘어갔다.

그가 사소한 일들에 왜 그렇게 화가 나는지 잘 이해되지 않았다. 그리고 드러내지 못하고 쌓아만 두는 분노 때문에 결국 건강까지 잃을까 걱정스러웠다. 도대체 무엇 때문일까? 그러던 어느 날, 갑자기 깨달았다.

"사람들이 규칙을 깰 때 화가 나나요?"

마크가 멍한 표정으로 나를 바라봤다. 나는 말을 이었다.

"규칙을 지키는 않는 사람들을 보면 화가 나죠? 노인에게 자리 양보하기, 일방통행 준수하기, 그런 규칙들 말이에요."

마크가 천천히 고개를 끄덕이며 얼굴을 찌푸렸다. 나는 계속 말했다.

"그런데 왜 그렇게 화가 날까요? 왜 그냥 넘어갈 수 없을까요?"

그는 갑자기 몹시 지쳐 보였고 절망한 듯했다. 나는 질문했다.

"사소한 규칙을 깨는 사람은 중요한 규칙도 깰 수 있다고 생각하나요?"

마크가 이해가 잘 안 된다는 표정으로 나를 바라보며 물었다.

"무슨 말씀이신가요?"

"그러니까, 공장 경비에게 무차별 폭력을 행사할 수도 있다는 거죠."

그가 의자에 몸을 파묻었다. 분노의 기미 없이 그렇게 편해 보이는 모습은 처음이었다.

"당신은 규칙을 깨는 사람을 볼 때마다 세상은 위험한 곳이라는 느낌이 드는 거예요."

"맞아요."

그가 의자에 더 깊이 몸을 파묻으며 한숨을 내쉬었다.

마크는 진료를 시작하고 얼마 지나지 않아 내게 그 사건에 대해 들려줬었다. 첫 번째 몽둥이에 상처를 입고 차갑고 축축한 길바닥에 쓰러져 있는 느낌이 어땠는지, 강도가 또다시 몽둥이를 들어 올리고 그 몽둥이가 포물선을 그리며 다가올 때 어떤 느낌이었는지, 둔중한 소리와 함께 다리뼈가 부러지던 그 순간은 어떤 느낌이었는지 말이다.

하지만 그 이야기를 할 때 마크는 이상할 정도로 차분했다. 마치 다른 사람 이야기를 하는 것 같았다. 그러면서 그 사건은 거의 잊었다고, 그 순간이 계속 떠오르거나 악몽을 꾸지도 않는다고 나를 안심시켰다. 도움이 필요한 건 그 때문이 아니라고 했다. 마크는 날마다 일어나는 사소한 사건들에 화가 나고 그 생각을 떨쳐버릴 수 없는 것 때문에 내 도움이 필요하다고 했다.

"강도가 다시 몽둥이를 들어 올리는 모습을 볼 때 느낌이 어땠나요?"

마크는 눈을 감았다.

"그 순간 죽는다고 생각했어요."

"무서웠군요."

마크는 두 손으로 얼굴을 감싸며 천천히 고개를 끄덕였다.

"그리고 규칙을 어기는 사람을 볼 때마다 그 공포가 되살아나는 거고요."

"하지만 그런 일들 때문에 무서운 건 아니잖아요. 화가 난다고요."

마크는 규칙을 어기는 사람을 볼 때마다 심장이 뛰고 배가 아프고 땀이 나고 호흡이 가빠졌다. 그는 사소한 규칙 위반을 자신을 거의 죽

일 뻔했던 흉악한 범죄자의 이미지와 무의식적으로 연결시켰다. 그리고 그럴 때마다 그날 밤에 느꼈던 끔찍한 아드레날린의 파도에 휩싸였다. 하지만 그는 아드레날린으로 인한 각성 상태를 '두려움'으로 해석하지 않고 '분노'의 신호로 해석했다. 그런 분노를 쉴 틈이 없을 정도로 자주 느꼈고 이를 해결하거나 표현할 기회 역시 없었기 때문에 끝없이 괴로워할 수밖에 없었다.

마크는 천천히 호전됐다. 일단 자신의 증상을 분노가 아니라 두려움으로 인식하기 시작하자 해결 방법도 생겼다. 나는 간단한 인지행동요법을 통해 두려움을 의식적으로 받아들이고 규칙을 지키지 않는 사람들에게 반응을 덜 할 수 있는 방법을 가르쳐줬다. 그리고 화가 나는 일이 생길 때마다 기록을 남겨보라고 했다.

"이번 주에도 기록하셨죠?"

"네."

마크가 수첩을 꺼내 건네며 대답했다.

"어제 화가 많이 나셨네요?"

"맞아요. 기차에서 어떤 놈이 이어폰을 끼고 음악을 듣는데 쿵쿵거리는 소리가 얼마나 크게 들리는지, 근처에 앉은 사람들 다 고생 좀 했을 겁니다."

"그래서 어떻게 하셨어요?"

"숨을 크게 들이마시고 눈을 감았어요. 그리고 왜 화가 나는지 생각해봤어요."

"어떻게 되었나요?"

"지금 생각해보면 멍청한 소리긴 한데, 제가 무슨 생각을 했는지 아십니까?"

"무슨 생각을 하셨는데요?"

"저 놈도 다른 사람을 죽을 때까지 두들겨 팰 놈이야."

마크가 어색하게 웃으며 대답했다.

"그래서요?"

"이렇게 생각했어요. 바보 같은 생각 하지 마. 저놈은 마흔쯤에 귀가 먹을 이기적인 녀석일 뿐이야."

"그렇게 생각하니 어떤 느낌이 들던가요?"

"조금 나아졌어요. 심장이 여전히 두근거리긴 했지만."

"그래서 어떻게 하셨어요?"

"이렇게 생각했어요. 넌 지금 화가 나는 게 아니라 무서운 거야. 하지만 무서워할 것 없어. 저놈은 멍청한 거지, 위험하진 않아."

"좀 나아졌나요?"

"네, 많이 좋아졌어요. 하지만 선생님이 가르쳐준 그 호흡 방법을 써야 했어요. 효과가 있더군요."

마크는 단번에 회복되지 않았다. 감정적 습관을 없애는 데는 오랜 시간이 걸린다. 하지만 이제는 해소할 수도 없는 분노의 괴물을 쫓고 있지 않기 때문에 아드레날린에 휩싸이는 감정을 제대로 정의할 수 있게 됐다.

그렇다면 회복탄력성에 대한 내 연구는 어느 정도 진척됐을까? 마크를 죽이지 못한 것은 그를 더 강하게 만들기는커녕 그의 목숨을 앗

아갈 뻔했다. 나중에 알게 됐지만 마크는 심각한 자살 충동까지 느꼈다고 했다. 하지만 샤흐터와 싱어, 그리고 마크를 통해 한 가지는 배웠다. 역경을 마주했던 사람들이 다시 일어서려면 자기 감정을 이해해야 한다. 그렇다고 심리요법에서 중요하게 생각하듯 인생 초기의 경험을 반드시 깊게 파고들어야 한다는 뜻은 아니다. 그보다는 강렬한 감정을 유발하는 아드레날린의 파도를 제대로 인식하고 정의하는 것이 필요하다. 그 감정을 더 잘 통제할 수 있는 방향으로 말이다.

회복탄력성이 강한 사람들은 종종 새로운 시각으로 부정적인 감정을 통제한다. 그렇다면 흔들리는 다리 실험이 니체에 대해 알려줄 수 있는 긍정적인 면은 과연 무엇일까?

일상적 스트레스를
쾌감으로
전환시키는 법

앞서 골프 선수 타이거 우즈는 "더 이상 떨리지 않는 날이 은퇴하는 날이다. 불안이라는 쾌감은 그야말로 굉장하다"라고 했다. 나는 그 말을 듣고 마크도 모호한 감정을 덜 위험한 감정으로 재정의하는 작업을 하도록 해야겠다는 생각이 들었다. 하지만 우즈는 거기서 멈추지 않았다. 그는 불안이라는 위험한 감정을 쾌감이라는 긍정적인 에너지로 탈바꿈시켰다.

불안이 우리에게 끼치는 나쁜 영향은 그야말로 대단하다. 불안은 기분 나쁜 방향으로 말초신경을 건드려 모든 것을 불확실하게 만들고 통제하고 있다는 느낌을 앗아간다. 이는 다시 자신감을 무너뜨려 결과적으로 실제 수행 능력도 떨어지게 한다. 또한 불안은 우리를 우울하게 만들고 기억력을 감소시키며 이는 다시 자신감과 능력을 더욱 떨어뜨린다. 이미 살펴봤듯이, 이것은 두려움이 앞장서는 뇌의 회피 체계가 활성화돼 있으며 앞으로 나가고자 하는 접근 체계가 억제돼 있다는 뜻이다. 그리고 그 상태에서 불안의 악순환이 시작된다.

그렇다면 악순환에서 그저 벗어나는 것이 아니라 신순환으로 돌릴 수 있는 방법도 있을까? 불안의 스트레스를 좋은 방향으로 활용한다는 우즈의 신념을 뒷받침할 만한 과학적 근거가 있을까? 결론부터 말하면 정말로 있다.

흔들리는 다리 실험이 증명했듯이 우리는 늘 자기 감정을 정확히 읽어내지는 못한다. 실험에 따르면 막 운동을 마치고 온 사람은 그렇지 않은 사람보다 사진 속 이성에게 더 후한 점수를 주었다.[7] 뇌가 엉성하게 다음과 같은 논리를 펼치는 것이다. '오, 심장이 두근거리고 얼굴이 뜨거워. 저 사람이 정말 마음에 드나 봐.' 물론 같은 신호를 부정적으로 해석해 정반대의 결과를 도출할 수도 있다. '오, 이 기분은 뭐지? 저 사람이 정말 마음에 안 드나 봐.'

불안은 유쾌한 감정은 아니지만 성적 흥분이나 분노와 유사한 신체 반응을 유발한다. 1972년에 샤흐터와 싱어의 연구 결과를 처음 접했지만 2014년이 돼서야 그 연구의 진가를 제대로 이해할 수 있게 됐

다. 그 연구는 불안을 긍정적이고 활기 넘치는 감정인 '흥분'으로 바꿀 수 있다는 사실을 보여줬다.

회의론자들은 그 연구의 치료법이 너무 간단하다고 코웃음을 칠지 모른다. 하지만 이는 명망 있는 〈실험심리학 저널Journal of Experimental Psychology〉에도 실린 내용이다.[8] 펜실베이니아 대학교의 앨리슨 브룩스Alison Brooks는 사람들이 불안을 느낄 만한 다양한 상황을 설정했다. 예를 들어 낯선 사람 앞에서 노래 부르기, 대중 앞에서 연설하기, 시간 제한이 있는 계산 문제로 아이큐 테스트하기 등이었다. 그리고 그 활동을 하기 전에 실험 참가자들을 세 그룹으로 나눠 각각 '나는 불안하다', '나는 차분하다', '나는 흥분된다'라는 문장을 큰 소리로 말하게 했다. 이 부분이 바로 그 치료에 해당한다. 참가자들은 심장박동측정기를 부착해 실험이 진행되는 동안 자신의 심박수 변화를 살펴볼 수 있었다.

치료의 결과는 타이거 우즈의 말과 정확히 일치했다. 흥분된다고 말했던 사람들은 자신감이 상승했을 뿐만 아니라 노래, 연설, 문제 풀이 등 모든 활동에서 객관적으로 더 좋은 결과를 냈다. 반면 불안하다고 말했던 참가자들에게는 정반대의 일이 일어났다.

한편 '나는 차분하다'는 문장은 참가자들의 수행 능력에도, 자신감에도 아무 영향을 끼치지 않았다. 어떻게 단 하나의 문장이 사람들의 자신감은 물론 실제 능력에까지 영향을 끼칠 수 있을까? 물론 그 연구에서 설정한 상황은 삶을 통째로 뒤흔드는 불안이라기보다는 누구나 느끼는 평범하고 일상적인 불안이었지만, 그럼에도 불구하고 연구 결과는 명확했고 설득력이 있었다.

사실 나는 앞서 이야기한 글로리아의 심각한 불안 발작을 치료하면서 자신감이 많이 떨어졌었다. 그녀에게 호흡과 이완으로 두근거림을 완화시키는 방법을 가르쳐줬지만 그 방법은 진료실에서만 아주 잠깐 효과가 있었을 뿐, 그녀가 날이면 날마다 겪는 스트레스 상황에서는 별 도움이 되지 않는 것 같았다. 왜 그랬을까?

그 답은 브룩스의 논문에서 찾았다. 차분함은 불안과 정반대의 상태다. 느린 맥박과 빠른 맥박, 근육의 이완과 긴장, 편안한 위와 뒤틀리는 위, 건조한 피부와 축축한 피부 등 신체 증상도 극과 극이다. 누구에게나 힘들었겠지만 특히 글로리아 같은 사람에게는 감정 상태를 완전히 뒤집는 게 더욱 힘든 일이었을 것이다.

만일 감정 상태를 완전히 뒤집으려고 하지 않았다면? 당연히 더 쉬웠을 것이다! 흥분의 증상은 불안의 증상과 거의 같다. 맥박이 뛰고 심장이 빨라지고 얼굴이 달아오르고 배가 아파온다. 그러니 불안을 흥분으로 바꾸는 것이 불안을 차분함으로 바꾸는 것보다 훨씬 쉬웠을 것이다.

흔들리는 다리 실험이 증명했듯이 상황이 바뀌면 감정도 바뀐다. 하지만 대중 연설을 두려워하는 사람이 연단 옆에서 긴장한 채 땀을 흘리며 강연을 준비하고 있다면 상황 자체를 바꿀 수는 없는 걸까? 그렇지 않다. 어쩌면 바꿀 수도 있다. 어떤 감정이든 이를 유발하는 가장 중요한 상황은 바로 우리의 머릿속에 존재한다. 자기만의 상황을 얼마든지 창조할 수 있다. 생각해보니 브룩스의 실험 참가자들이

했던 일도 바로 그것이었다. '나는 흥분된다'는 말로 머릿속에서 새로운 상황을 설정했고, 그 상황이 흔들리는 다리에서처럼 감정의 변화를 가져왔다. 즉 불안이 흥분으로 변한 것이다.

그런데 불안할 때보다 흥분을 느낄 때 자신감이 상승하는 것은 쉽게 이해할 수 있지만 실제 수행 능력까지 높아지는 이유는 무엇일까? 노래든, 연설이든, 문제 풀이든, 타이거 우즈의 골프 시합이든 말이다. 브룩스의 연구팀은 그에 대한 답을 일부 찾아냈다. 가령 공개 석상에서 논란이 많은 주제에 대해 의견을 제시하거나 승진 인터뷰를 할 때, 다시 말해 불안한 일을 앞두고 있을 때 우리는 둘 중 하나를 선택할 수 있다. 바로 위협을 느끼거나 도전하는 것이다. 위협을 느끼면 그 상황에서 일어날 수 있는 나쁜 일에 집중하게 된다. 사람들의 웃음거리가 되지 않을까 걱정한다. 반대로 도전해보겠다고 생각하면 그 상황에서 일어날 수 있는 좋은 일에 집중하게 된다. 사람들에게 좋은 인상을 남기거나 이름을 널리 알릴 수 있다고, 못해도 맡은 일은 잘 해낼 수 있다고 생각하게 된다.

앨리슨 브룩스에 따르면 '나는 흥분된다'는 말은 위협을 느끼기보다 도전하고 싶게 만든다. '흥분된다'고 말했던 사람들은 사람들 앞에서 노래를 불러야 하는 상황도 실패보다는 성공의 기회로 바라봤다. 하지만 그것이 실제 수행 능력까지 좋아지는 이유를 설명하지는 못한다.

어떤 상황을 단순히 도전으로 인식한다고 어떻게 실제로 문제 풀이 능력이 좋아지고 노래 실력이 향상되는 것일까?

그 답은 '접근'과 '회피'다. 도전은 보상을 기대하지만 위협은 징벌을 기대한다. 나는 브룩스의 그 실험이 로댕의 〈키스〉가 상징하는 좌뇌와 우뇌의 줄다리기와 관계가 있음을 이해했다. 도전은 접근 체계와 연결되고 위협은 회피 체계와 연결된다. 약간 각성된 상태에서 "나는 흥분된다"고 말하면 뇌는 도전이나 기회를 떠올리며 접근 상태로 돌입한다. 접근 체계는 도파민 활동을 증가시켜 집중력을 높인다. 그 생화학적 변화가 노래 실력, 연설 능력, 문제 풀이 능력을 향상시키는 것이다. 당연히 골프 실력도 그렇다.

일단 접근 체계가 활성화되면 접근 체계의 신경안정제 역할 덕분에 불안이 완화되고 동시에 위협을 두려워하는 회피 체계가 억제되기 때문에 물러나고 싶은 마음도 줄어든다. 그러므로 '나는 흥분된다'는 말 한마디는 기회를 바라보는 접근 체계를 활성화하고 동시에 위협을 느끼는 회피 체계를 억제하는 강력한 두 개의 펀치인 것이다.

나는 다시 글로리아를 떠올렸다. 재능 있고 꿈도 있던 글로리아도 어쩌면 타이거 우즈의 방법을 배울 수 있었을지 모른다. 구직 인터뷰에 대한 생각만으로 공포에 사로잡혔던 그 창백한 얼굴이 아직도 선명히 떠오른다. 글로리아는 거친 숨을 내쉬며 이렇게 흐느꼈다.

"전 정말 못해요."

나는 눈을 감고 천천히 숨을 쉬며 몸을 이완시키는 훈련을 적극 추천했다. 글로리아는 열심히 노력했고 가끔 차분한 상태가 되기도 했지만 다가올 위협에 바짝 긴장하고 불안해하는 마음이 가슴속 깊은 곳에 언제나 도사리고 있었다. 그래서 한번 주의력이 흐트러지면 구

직 인터뷰 같은 온갖 위협적인 상황에 대한 생각으로 다시 엄청난 불안의 파도에 휩싸였다.

만일 글로리아가 타이거 우즈처럼 그와 같은 불안 증상을 에너지를 주는 흥분의 신호로 해석할 수 있었다면 공포를 더 잘 통제할 수 있었을지도 모른다. 글로리아는 자신이 명석하고 일도 잘하고 면접관들 앞에서 능력을 내보이고 싶은 야망도 있다는 사실을 알고 있었다. 그렇다면 해결 방법이 조금은 있었을지도 모른다. 바로 그 야망으로 불안의 각성 상태를 에너지로 탈바꿈시키는 것이다. 어쩌면 그것이 불안한 상태에서 차분한 상태가 되려고 노력하는 것보다 훨씬 쉬웠을 것이다.

그렇다면 나는 어디까지 답을 찾았을까? 강도가 휘두른 몽둥이에 뼈가 부러졌던 마크처럼 누구나 문득 심장이 뛰고 호흡이 가빠지고 땀이 나는 증상을 겪을 수 있다. 갑자기 고통스러웠던 기억이 떠올라 배가 아프거나 이마가 축축해질 수 있다.

하지만 모든 위협, 모든 비극에는 본질적으로 도전이 내재돼 있다. 어쨌든 베케트의 말대로 그저 전진하는 것이 전부인지도 모른다. 아무리 안 좋은 상황에서도, 그 사실을 알면서도 그저 한 걸음 더 내디디는 것, 한 시간을 더 버티는 것, 하루를 더 버티는 것, 존엄과 끈기를 잃지 않는 것이 어쩌면 최선일지도 모른다.

하지만 베케트가 말한, 전진을 위한 정신력의 핵심은 두려움과 불안의 아드레날린을 잘 활용하는 것이다. 아드레날린으로 인한 각성 상태를 위협으로 인식하는 것이 아니라 도전에 맞설 연료로 사용하는 방법을 찾는 것이다.

불안을 흥분으로 바꾸는 것은 꽤 유용한 방법이고 골프 경기나 대중 연설 같은 일상생활의 대부분에서 효과가 좋겠다는 생각이 들었다. 내 환자들 중 심각한 트라우마로 고통받는 이들은 많지 않았고 대부분은 마주한 역경에 비해 과도한 불안을 느끼고 있었다. 그런 환자들은 불안을 흥분으로 바꾸는 법을 쉽게 배웠다. 나 역시 일반적인 스트레스에는 그 방법을 쉽게 적용할 수 있었다.

하지만 니체가 언급했던 불안은 대중 연설을 할 때 느낄 법한 수준의 일상적인 불안이 아니었다. 그가 말한 불안은 사고, 질병, 부상, 장애 등 그야말로 우리를 죽음에 이르게 하는 사건들이나 심리적으로 죽음과 가까운 경험인 가족의 죽음 등에서 오는 것이다. 엄청난 상실감을 겪은 사람에게 그 불안을 흥분으로 바꿔보라고 말하는 건 적절하지도 않거니와 아무 효과도 없을 것이다.

그런 상황에서 필요한 것은 흥분이 아닐지도 모른다. 어떻게 상실 후에 흥분을 느낄 수 있을까? 어쩌면 그 생생한 불안을 에너지 삼아 힘들지만 그저 전진하는 것이 최선인지도 모른다. 그것이 베케트의 전진에 대해 더 깨닫게 된 점이다.

하지만 우리가 그런 힘든 시기를 겪을 때 우리를 진정으로 성장하게 해주는 것이 무엇인지 그 답은 여전히 찾지 못했다. 아직도 뭔가 부족했다. 또 막다른 골목에 다다랐다. 생각을 정리해야 했다. 내가 놓치고 있는 것은 과연 무엇일까?

분노라는 감정의 두 가지 얼굴

어려운 상황에 처한 사람들에게 에너지를 줄 수 있는 것은 과연 무엇일까? 전진을 위한 연료는 무엇일까? 반드시 기분 좋을 필요는 없지만 그럼에도 불구하고 역경을 뚫고 전진할 수 있도록 추동할 수 있는 것이어야 한다. 불안, 두려움은 흥분과 아드레날린의 각성 증상을 공유한다. 하지만 힘든 시기에는 긍정적인 감정의 공급이 딸릴 수밖에 없다.

솔직히 막막했다. 나는 원래 낙천적인 성격이고 구름 낀 하늘에서도 한 줄기 빛을 보는 그런 사람이었다. 어쩌면 그래서 역경을 통해 더 강해지는 사람들의 이야기에 매료되는 것인지도 모른다. 하지만 비교적 큰 어려움 없이 살아온 내가 그런 말을 하는 게 마음에 들지 않는 사람도 있을 것이다. 훨씬 힘든 삶을 살고 있는 사람들에게 흔들리는 다리를 건너는 마음 편한 사람들처럼 감정을 바꿔보라고 이야기한다면 아마도 화를 낼 것이다.

나는 답을 찾기 위해 두 가지 방법을 선택했다. 먼저 심각한 트라우마로 힘들어하는 환자들부터 살펴보기로 했다. 끔찍한 사건으로 죽음을 느꼈던 환자들, 그 결과 외상 후 스트레스 장애를 겪고 있는 환자들이다. 그런 다음 3장에서 언급했던 접근-회피 체계의 긍정적인 감정과 부정적인 감정들에 대해 다시 살펴보기로 했다.

헬리콥터가 빙글빙글 돌며 땅으로 곤두박질친다. 그날 이후 끝없이 추락하는 헬리콥터 안에서 느꼈던 끔찍한 공포가 몇 달, 몇 년간 그의 마음에서 떠나지 않았다. 날개가 부서지면서 조종실을 가르고 동료들의 몸을 찢던 날카로운 소리와 이미지가 끔찍한 영화처럼 끝없이 되풀이됐다. 젊고 건강했던 그는 영원히 끝나지 않는 공포 영화 때문에 몇 년 동안 병원 의자에 힘없이 앉아 있어야 했다.

나는 그렇게 심각한 외상 후 스트레스 장애는 그진에도, 그 후로도 본 적이 없다. 그의 얼굴에 서린 공포가 쉽게 잊히지 않았고, 그가 느꼈던 공포는 트라우마의 중요한 감정으로 내게 각인됐다.

외상 후 스트레스 장애의 다른 증상도 있다. 트라우마의 이미지가 깨어 있을 때는 물론 가끔은 악몽으로 불쑥 쳐들어와 아드레날린과 두려움을 분출시킨다. 때로는 트라우마를 떠올리는 것을 피하려고 하기도 한다.

1981년 스코틀랜드에서 진료했던 화물차 운전사가 생각난다. 그는 길가에 잠시 주차하고 차 안에 있었는데 특이하게 연료 탱크가 앞에 달리고 엔진이 뒤에 달린 작은 힐맨 임프Hillman Imp 한 대가 그의 차로 돌진했다. 충격으로 온몸이 얼어붙은 그는 열리지 않는 차 안에서 연료 탱크가 폭발해 불에 타 죽는 운전자의 모습을 속수무책으로 바라봐야 했다.

결국 그는 힐맨 임프 공포증이 생겼고 그 차를 볼 때마다 그 사고

가 떠오르면서 끔찍한 공포에 휩싸였다. 심지어 그 차를 보게 될까 생각만 해도 불안해지기 시작했다. 결국 운전 자체가 힘들어져 일을 그만둬야 했고 심각한 우울증으로 나를 찾아왔다. 다행히 공포증을 치료하고 다시 운전대를 잡을 수 있었지만 그 과정은 고통스럽고 지난했다.

그 화물차 운전사의 신체적·정신적 회피가 외상 후 스트레스 장애의 전형적인 두 번째 증상이다. 회피는 죄책감부터 우울증까지 다양하고 이는 복잡한 감정의 둥지를 만들 수 있다. 그러다 보면 감정적으로 무심해지기도 하고 심각한 우울증까지는 아니어두 즐거운 기분을 느끼기 힘든 상태가 될 수도 있다. 가까운 사람들과의 관계마저 소원해질 수 있다.

캐나다의 장군이었던 로메오 달레어Roméo Dallaire가 그랬다. 그는 1993년 르완다 내전에 국제평화유지군 사령관으로 파병됐다. 그리고 1994년의 대량 학살을 목격하고 완전히 다른 사람이 돼 돌아왔다. 결국 심각한 정신질환으로 네 번이나 자살을 시도했다. 그는 2011년 캐나다 TV 뉴스에서 "의사소통이 불가능했고 가족과도 소통하지 못했으며 내게 일어났던 일을 말하지도 못했다"고 말했다.[9]

"더 이상 웃을 수도, 사랑할 수도, 어떤 것에 대한 관심도 없었다. 혼자만 살아 돌아왔다는 죄책감뿐이었다."

외상 후 스트레스 장애의 세 번째 증상은 각성 상태다. 극단적인 스트레스는 급격하게 꺾이는 도로와 같다. 노르아드레날린 수치가 엄청나게 증가해 뇌가 초긴장 상태로 돌입한다. 그 상태에서 사람들은 여키스-도슨 곡선의 정점을 가뿐히 넘어버린다. 들릴 듯 말 듯한 소리에도 깜짝 놀라고 숙면을 취하지 못하고 집중력이 떨어진다. 새로운 위협에 대한 최고 경계 태세에서 한순간도 벗어나지 못하기 때문이다.

외상 후 스트레스 장애로 느낄 수 있는 감정이 한 가지 더 있다. 2000년 캐나다 라디오 프로그램에 출연해 로메오 달레어가 읽은 편지에는 다음과 같은 구절이 있었다. "가족과 친구, 일상적인 생활에서 분리되는 분노, 격정, 상처, 처절한 외로움이 너무 강렬해서 나를 파괴하고자 하는 충동이 절실했고 심지어 그런 충동이 매력적으로 느껴졌다."[10]

분노는 내가 치료했던 환자들이 스트레스에 보인 전형적인 반응이기도 했다. 하지만 2000년에 더블린으로 자리를 옮기고 난 뒤 나는 제프리 그레이의 접근-회피 체계, 그리고 그 둘의 균형과 스트레스에 대해 다시 생각해보기 시작했다. 당시 좌뇌는 접근하는 경향이 있고 우뇌는 회피하는 경향이 있다는 개념이 널리 받아들여지고 있었다. 감정 역시 행복과 같은 긍정적인 감정은 좌뇌에서, 두려움과 같은 부정적인 감정은 우뇌에서 주관한다고 생각했다.

그렇다면 분노는 어떤가? 분노는 부정적인 감정 아닌가? 접근-회피 개념으로 분노라는 감정을 살펴보기 시작하자 어쩌면 너무 도식적이라고 할 수 있는 좌뇌-긍정/우뇌-부정의 개념이 복잡해지기 시작했다.

분노는 접근-회피 체계 어디에도 속하지 않는 감정이었다. 분노가 두려움이나 불안처럼 부정적인 감정이라면 우뇌의 지배를 받을 것이

다. 하지만 2000년대 초기의 몇몇 연구에 따르면 분노는 좌뇌가 더 지배하고 있었다.[11]

뭔가 바뀌어야 했다. 분노가 긍정적인 감정으로 재고되거나 좌뇌-긍정/우뇌-부정이라는 개념이 수정돼야 했다.

니체가 말한 '나를 죽이지 못하는 것'은 정신적·신체적 상처를 남기기도 한다. 예전에 잘하던 일을 못하게 되는 경우도 있다. 질병이나 사고, 신체적 공격을 당하고 나면 장애, 고통, 스트레스, 우울증, 상실감, 재정 파탄 등 삶의 새로운 한계에 맞서느라 회복탄력성을 발휘하기 힘든 경우가 많다. 한계는 우리를 좌절하게 만들고, 좌절은 종종 공격성을 유발한다. 다시 말해 분노를 유발한다.

그렇다면 아귀가 맞는다. 좌뇌와 우뇌의 활동은 긍정적인 감정과 부정적인 감정으로 잘못 연결돼 있었다. 사실 제프리 그레이의 접근과 회피 개념에서부터 잘못 연결돼 있었다.

분노는 기분 좋은 감정은 아니지만 우리를 물러서게 만들기보다 앞으로 밀어붙이는 강력한 에너지다. 그렇게 때문에 접근 체계의 기본 감정이다. 분노를 접근 체계의 감정으로 정의하면 접근-회피 체계와의 모순이 해결될 뿐만 아니라 더 중요한 사실도 발견할 수 있다. 바로 전진의 연료라는 사실 말이다. 결국 분노는 좌뇌와 연결된 접근 체계의 일부다.[12]

접근 체계를
활성화시키는
방법

그렇다면 분노가 내가 찾던 그 연료일까? 분노는 어려운 시기에 우리를 더 강하게 만들어줄 수 있을까? 회복탄력성의 연료를 찾았다는 생각에 기분이 좋았다. 그런데 갑자기 한 가지 문제가 눈에 띄었다. 사실 아주 중요한 문제였다.

분노는 외상 후 스트레스 장애를 겪는 사람들이 일상생활에서 겪는 가장 일반적인 감정이다.[13] 마크도 그랬다. 문제는 바로 이것이었다. 마크 같은 수천 명의 환자들을 살펴보면 분노를 많이 느낄수록 외상 후 스트레스 장애 증상이 더 심했다.[14] 분노가 에너지를 제공해 전진하게 만들기는커녕 그와 정반대의 효과를 내고 있었다. 그렇다면 분노는 극복하는 데 오랜 시간이 걸리는 외상 후 스트레스 장애에 필요한 단기 연료일 뿐인가? 그것도 아닌 것 같았다. 환자들을 보면 분노와 외상 후 스트레스 장애 증상의 관계는 몇 년, 몇십 년을 거치면서 점차 강화됐다.[15]

다시 벽에 부딪쳤다. 그때 미국의 작가이자 시인 마야 안젤루Maya Angelou의 말을 우연히 발견하지 않았다면 연구를 포기했을지도 모른다.

"괴로움은 암과 같다. 주인을 먹어치운다. 하지만 분노는 불과 같다. 모든 것을 불태운다."

그렇다면 두 가지 분노가 있는 것일까? '깨끗하게 불태워' 회복탄력

성을 제공하는 분노와 '주인을 먹어치우는' 분노 이렇게 두 가지인가? 외상 후 스트레스 장애에 대해 조금 더 연구해보니 이는 사실이었다. 분노에는 표출하거나 억제하는 두 가지 형태가 있었다. 분노를 표출하는 사람들은 다음과 같은 경향을 보였다. '다른 사람들을 잘 빈정거린다.' '남이 듣기 싫어하는 말을 잘 한다.' '종종 기분을 주체하지 못한다.' 반대로 분노를 억제하는 사람들은 다음과 같은 특성을 보였다. '원한을 잘 품는다.' '쉽게 시무룩해진다.' '마음에 잘 담아둔다.'

분노를 억제하면 분노를 표출할 때보다 외상 후 스트레스 장애 기간이 길어진다.[16] 물론 소리를 지르거나 문을 쾅 닫으며 스트레스 증상이 덜해진다는 뜻은 아니다. 억제하는 것보다는 영향이 적다는 말일 뿐이다. 그렇다면 이렇게 말할 수 있다. 분노는 에너지가 될 수 있지만 이를 억제하면 회복탄력성을 발휘하기는커녕 더 스트레스를 받게 된다고 말이다. 하지만 분노를 표출하는 게 환자들의 '전진'에 도움이 되는 것 같진 않았다. 그렇다면 마야 안젤루의 말은 근거 없는 말인 것까?

나는 다시 마크를 떠올렸다. 마크는 분노로 강해지기보다는 분노에 발목이 잡혀 있었다. 그는 분노를 억제하고 있었다. 자전거를 타는 청년이나 자리를 양보하지 않는 학생에 대한 적대감을 안으로만 삭혔으니 그들은 마크가 자기 때문에 얼마나 화가 나는지 결코 알 수 없었을 것이다.

마크의 마음속에는 두려움과 분노가 뒤섞여 있었고, 그래서 아주 사소한 일로 한 가지 감정이 끓어오르면 다른 감정까지 연쇄적으로 폭발했다. 결국 불안한 각성 상태가 무익한 감정의 도돌이표에 연료가 되는 악순환이 계속되고 있었다. 마크를 보면 분노가 외상 후 스트레스 장애에 얼마나 치명적인지 제대로 이해할 수 있다.

그렇다면 마크의 분노도 과연 '모든 것을 불태워 없앨' 수 있을까? 하지만 그가 태울 수 있었던 것은 자신을 괴롭히는 기억뿐이었다. 거칠게 문을 닫거나 아내에게 화를 내면서 분노가 조금은 표출됐을지 모르지만 그렇게 한두 해가 지나면서 결국 아내가 떠났고 그의 무익한 분노는 결국 자신을 향하게 됐다.

내 연구의 목적은 '전진'의 연료를 찾는 것이었다. 그리고 분노가 그 답이라고 생각했다. 하지만 외상 후 스트레스 장애 연구나 마크 같은 환자들의 진료 경험을 통해 분노의 어떤 긍정적인 효과도 찾아내지 못했다. 하지만 연구를 포기하기 전에 마지막으로 감정 연구에 관한 논문들을 한 번 더 살펴보기로 했다. 안젤루의 말에 대한 근거를 찾아보고 싶었다. 그리고 마침내 단서를 찾았다.

누가 나를 모욕하면 화가 나고 그 분노는 전두엽 좌측의 접근 체계를 활성화시킨다. 그렇다면 모욕에 대한 분노는 전진을 위한 연료가 된다. 하지만 분노의 종류에 따라 그렇지 않은 경우도 있을 수 있다. 내가 받은 모욕에 어떤 행동을 취한다면, 예를 들어 되받아친다면 전두엽 좌측이 우측보다 더 활성화되는 접근 상태라는 뜻이다.[17] 그러나 아무 행동도 취하지 않고 모욕에 대한 분노를 담아만 두면 분노가 불안과 뒤섞여 마음이 불편해진다. 대꾸하고 싶은 마음과 대꾸하면 안 된다는 마음 사이의 불필요한 긴장이 해소되지 않고 남아 있기 때

문이다. 이런 불편한 감정들이 마음속에서 서로 엉켜 충돌하면 뇌는 불안을 느낄 때처럼 산만해진다.

지금 생각해보면 마크는 절망으로 지쳐 있는 상태였다. 규칙을 위반하는 사람을 볼 때마다 그 상대에게 아무 행동도, 아무 말도 하지 못했기 때문이다. 이는 마크가 밤낮으로 분노에 차 떠올리는 또 하나의 사건으로 그의 마음속에 차곡차곡 쌓여갔다. 마크의 분노는 접근 체계를 활성화하는 분노가 아니었다. 마음속에 담아만 두는 그의 분노는 불안을 키우는 회피 체계의 연료가 되었다.[18]

분노는 상대가 존재할 때만 유효하다

'나를 죽이지 못하는 것'에 대한 분노를 담아두고 계속 떠올리기만 하면 아무 도움도 되지 않을뿐더러 부정적인 영향을 끼친다. 분노로 모든 것을 불태워 없애려면 행동으로 표출해야 하지만 아무 목표 없이 거칠게 문을 닫거나 닥치는 대로 분노를 폭발시키기만 해서는 안 된다. 그렇다면 우리를 정화시키고 긍정적인 에너지를 제공하는 분노는 과연 어떤 것일까?

감정 연구에 관한 논문을 더 찾아보다가 또 다른 단서를 발견했다. 사람들은 다른 사람들과 맞서야 할 때는 분노라는 감정을 선택하지만 경쟁보다는 협력이 필요한 게임처럼 적대적일 필요가 없는 상황에서는 그렇지 않았다. 그리고 적대적인 상황에서 표출하는 분노는 수행 능력을 높였지만 그렇지 않은 상황에서는 아무 효과가 없었다.[19]

결국 분노는 '도구'였다. 하지만 타인과의 '관계'에서만 의미 있는 도구였다. 도구를 잘 사용하면 목적을 이룰 수 있다. 게으른 자동차 수리공에게 더 좋은 서비스를 받아낼 수도 있다. 하지만 불특정 다수나 추상적인 운명을 향한 적막한 분노는 아무 쓸모도 없으며 에너지를 끌어올려 접근하게 만들기보다는 불안을 조장해 회피하게 만든다.

모든 문화권에서 모든 인종이 두려움, 놀람, 행복, 슬픔, 혐오, 분노라는 여섯 가지 기본 감정을 공유한다. 각각의 감정은 인간의 진화와 생존에 서로 다른 역할을 했다. 두려움은 우리를 각성시켜 금방이라도 도망갈 수 있게 만든다. 위험을 피하기 위해서다. 놀람은 예상치 못했던 상황에서 정신을 차리게 만든다. 보통 예측 가능한 세계가 더 안전하기 때문에 놀람은 주변 사건을 이해해서 예측 가능성을 확보하고 결국 세상을 통제할 수 있게 해준다.

행복은 욕구가 충족됐을 때나 목표가 이뤄졌을 때 느끼는 감정이다. 행복은 하고 있는 일을 계속 하라는 신호이자 기아, 고독, 가난으로 죽을 일이 없다는 신호다. 슬픔은 상실에 대한 반응이며 축 처진 고개와 풀 죽은 눈빛은 잠깐이나마 싸움에서 물러섰다는 신호다. 동시에 강력한 존재에 맞서기보다 길들여지기를 바라는 신호일 수 있다. 슬픔은 운이 좋으면 타인의 보호를 이끌어 생존을 지속시킨다. 혐오는 독이 있는 식물이나 치명적인 박테리아가 득실거리는 배설물,

상한 음식을 피하게 해서 질병 감염의 위험을 줄여준다.

그리고 분노는 목표가 좌절됐을 때 필요한 감정이다. 분노는 타인에게 자신이 원하는 일을 하게 해서 목표를 성취할 수 있게 해주는 '사회적' 감정이다. 즉, 분노는 타인과의 관계에서 더 유리한 위치를 차지해 자신이 원하는 바를 이룰 수 있는 가능성을 높여준다.[20] 협상 테이블에서는 보통 화를 내는 사람이 더 좋은 조건을 확보한다(물론 상대가 더 강할 경우는 그렇지 않을 수도 있다).[21]

더 무섭게 으르렁거리는 개가 상대를 제압할 가능성이 크다. 그래서 싸움을 예방하고 양쪽 모두가 상처를 입지 않도록 한다. 화를 내는 사람 역시 달아오른 얼굴, 꽉 쥔 주먹, 가쁜 호흡 등의 신체 변화를 통해 비슷한 신호를 내보낸다. 그 행동을 멈추지 않거나 아무 행동도 취하지 않으면서 계속 내 앞길을 방해하면 엄청난 대가를 치를 것이라는 경고의 표시다.

커다란 바위가 도로를 막아 집에 가지 못하고 있을 때 바위나 길을 향해 분노할 필요는 없다. 그와 같은 상황에서 분노는 아무 소용이 없다. 하지만 다른 차 운전자가 엉터리 주차로 길을 막고 있다면 분노가 유용한 수단이 될 수 있다. 물론 차를 빼달라는 정중한 요구에도 상대가 꼼짝하지 않을 경우에 말이다. 그런 상황에서 분노는 상대 운전자가 치러야 할 대가의 신호다. 물론 어떤 대가가 될지 모르고, 과연 실제로 대가를 치를지는 더더욱 모르지만 화가 난 것처럼 보이기만 해도 더 유리한 위치로 올라선다.

만일 길을 막고 있는 운전자의 몸집이 훨씬 크다면 그는 차를 빼달라고 불평하는 조그만 남자 때문에 신체적 대가를 치를 일은 없다고 생각할 것이다. 하지만 화를 내는 그 조그만 남자가 경찰을 부를지도 모른다고 생각할 수 있다. 만일 체구도 작은데다가 화도 내지 않는 남자라면 아무것도 아니라고 생각할 것이다. 몇천 분의 1초 안에 이뤄지는 이런 판단은 의식적이지도 않고 예측 가능하지도 않지만, 그렇다고 포커 게임처럼 전혀 예측할 수 없는 것은 아니다. 삶은 여러모로 포커 게임과 비슷한 점이 많다.

그러므로 분노는 어떤 식으로든 목표를 방해하는 특정한 대상이 있을 경우에만 의미가 있다. 관념적인 대상을 향한 분노는 어떤 경우에도 의미가 없다. "저런 사람들만 보면 정말 화가 나"라고 말하는 것은 소용이 없다. '저런 사람들'과 포커 게임을 하는 게 아니며 그들에게 협상 테이블에서 힘을 과시할 것도 아니기 때문이다. 하지만 많은 사람들이 관념적인 대상을 향한 쓸데없는 분노로 자신을 괴롭힌다. 해리가 바로 그런 경우였다.

29세의 해리는 검은 머리에 키도 크고 잘생긴 청년으로 여자 친구가 끊이지 않았다. 게다가 런던에서 사업으로 성공해서 자부심이 넘쳤다. 그런데 갑자기 다발성경화증에 걸려 지팡이에 의지해야만 겨우 걸을 수 있었다. 병세가 심각해 여자 친구도 떠났다. 2년 전 그에게 반했을 때만큼이나 빠르게 말이다.

한창 일할 나이에 닥친 잔인한 운명에 해리는 감정의 소용돌이에 휘말렸다. 하지만 그 소용돌이는 그의 불 같은 분노로 더 확대되고 지속됐다. 그의 분노는 특정한 대상을 향한 분노가 아니라 지켜지지 않

STRESS TEST

은 '이상적 원칙'에 대한 분노였다. 바로 그런 원칙에 대한 믿음과 그 원칙이 깨졌을 때의 분노가 수백만의 사람들을 고통스럽게 한다. 원칙은 신화일 뿐이기 때문이다. 심지어 잔인한 신화다. 해리는 시도 때도 없이 불만을 내뱉으며 가끔 울기도 했다. 잘생긴 얼굴을 분노로 일그러뜨리며 이렇게 외쳤다. "불공평해!" 그는 부족한 것 없던 자신의 삶에 다발성경화증이라는 부당한 일이 벌어졌다고 생각했다. 그것이 그가 분노하는 이유였다.

2014년 5월 23일 한 젊은 남성이 유튜브에 동영상 한 편을 올렸다. 그는 카메라를 향해 분노에 찬 기나긴 독백을 늘어놓았다. "나는 스물두 살인데 아직도 총각이야. 아직 키스도 못 해봤어. 대학 생활을 2년 반이나, 아니 그보다 더 했어. 그런데 아직도 총각이라고! 너무 괴로워. 대학 시절은 다들 섹스, 재미, 쾌락, 뭐 그런 걸 경험하는 때 아냐? 그런데 그동안! 나는! 외로움에 찌들어 있었다고! 이건 불공평해!"[22]

엘리엇 로저 **Elliot Rodger**는 동영상을 올리고 함께 살던 친구 세 명을 칼로 찔러 죽인 다음, 밖으로 나가 총으로 세 명을 더 죽이고 열세 명을 다치게 했다. 그리고 스스로 목숨을 끊었다.[23] 그가 붙인 동영상의 제목은 '엘리엇 로저의 복수'였다. 제목으로 미뤄볼 때 그는 여학생들이 다른 남자들에게만 관심을 기울이는 불공평한 세상에 대한 복수로 그런 일을 저지른 것처럼 보인다.

물론 로저에게는 다른 문제도 많았으며 인생이 자신에게만 불공평하다는 믿음만으로 여섯 명을 죽인 것은 아니었다. 하지만 그 믿음이 어느 정도는 대량 살인을 부추긴 분노의 원인이었음은 분명했다. 해리의 분노는 자신만 해쳤지만, 이 세상은 공정해야 한다는 원칙이 무너져 자신에게만 부당한 일이 일어났다는 분노라는 점은 로저와 같았다. 하지만 그 분노는 아무도 동요시키지 못하는, 즉 대상 없는 분노일 뿐이다.

해리의 분노는 폭발한 아드레날린의 각성이 불안 증상까지 더하는, 억누르는 분노의 전형이었다. 최근의 연구 결과에 따르면 이 분노-불안 사이클은 우뇌의 회피 체계를 활성화한다.[24] 그리고 3장에서 이미 언급했듯이 접근 체계를 억제한다. 질병과 장애라는 도전에 맞서기 위해 해리에게 필요했던 것은 목표에 집중할 수 있는 접근 체계의 활성화였지만 그는 신화를 향한 무익한 분노로 정신적 에너지를 낭비했다. 세상은 공평하고 선한 의지는 질병에서 자유로운 삶으로 보상받는다는 근거 없는 믿음으로 말이다.

목적이 있는
분노의
영향력

회복탄력성을 키워주고 '의지'를 북돋아주는 분노에 대한 내 연구는 얼마 진척되지 못했다. 그때 아주 불편한 연구를 하나 접했는데, 이 연구진은 실험 참가자들을 불편하게

STRESS TEST

만들기 위해 다음과 같은 상황들을 제시했다.

1. 숫자 9,095부터 7씩 빼서 세기
2. 웩슬러 지능 검사에서 추출한 계산 문제를 암산으로 풀기
3. 숫자 6,233부터 13씩 빼서 세기

연구진은 스트레스 지수를 높이기 위해 참가자들이 실수할 때마다 지적하면서 빨리 하라고 다그쳤다. 그 실험으로 지능이 측정되며 결과는 다른 참가자들과 비교될 거라고도 말했다. 여러모로 참가자들의 마음이 불편해질 수 있는 상황이었다.[25]

그런데 모든 참가자가 그 상황을 불편해하기만 한 것은 아니었다. 참가자들의 얼굴을 녹화해 분석해보니 화를 낸 사람도 있었는데 그들은 스트레스 호르몬인 코르티솔의 활동 증가에 따라 혈압이 상승하는 자연스러운 반응을 보였다. 그러면 분노의 부정적인 효과가 나타나 화를 낸 사람들은 더 스트레스를 받았을까?

결과는 놀랍게도 아니었다. 참가자들의 신체 반응을 관찰한 결과 화를 낸 사람들은 스트레스를 훨씬 덜 받았다. 그 이유는 무엇일까? 그들은 그 자리에 있는 분노의 대상, 즉 연구진을 향해 얼굴의 표정으로 분노를 드러냈다. 그와 같은 상황에서 분노는 더 이상 이런 문제는 내지 말라는 일종의 위협 신호로 작용한다. 다시 말해 표출하는 분노였다.

분노가 회복탄력성을 키워주려면 '목적'이 있어야 한다. 자신을 괴

롭히는 대상을 향한 분노는 비록 효과는 발휘하지 못하더라도 목적이 있다. 하지만 시간이 지난 후에 느끼는 분노나 뒤늦게 퍼붓는 저주는 아무 소용이 없다. 분노의 대상이 눈앞에 없기 때문이다. 분노는 타인과의 관계에서 사용할 수 있는 도구다. 하지만 더 중요한 점은 따로 있다. 분노는 방해물이나 위협을 제거하고자 하는 '목표'가 있는 감정이라는 것이다.

목표가 사라진 분노는 바퀴에서 분리된 자동차 엔진과 같다. 아무리 엔진이 돌아도 소리만 요란할 뿐 차는 조금도 움직이지 않는다. 차가 움직이지 않으면 길에서 아무 저항도 받지 못하기 때문에 엔진은 점점 더 빨라진다. 불안과 뒤섞인 분노의 생각들이 아무 효과 없이 괴롭기만 한 것과 마찬가지다. 분노는 엔진과 바퀴가 연결돼 있을 때만 '모든 것을 불태워 없앨 수 있다.'

분노에 대해 조금은 이해한 것 같았던 그때, 아리스토텔레스의 명언을 마주하게 됐다.

"누구나 분노할 수 있다. 화를 내기는 쉽지만 정확한 사람에게, 정확한 방향으로, 제때에, 확실한 목적을 갖고, 적절한 방법으로 분노하는 것, 그것은 누구나 발휘할 수 있는 능력은 아니며 결코 쉽지도 않다."[26]

분노는 목적이 있어야 한다. 그렇지 않으면 '나를 죽이는 것' 앞에서 자기 자신만 갉아먹을 뿐이다. 도전에 맞설 에너지도 제공하지 않는다. 마크 트웨인도 이렇게 말했다.

"분노는 염산과 같아서 산을 뿌리는 대상보다 산을 담고 있는 그릇에 더 큰 해를 끼칠 수 있다."

드디어 역경을 겪은 사람들을 '전진'하게 만드는 '연료'를 찾았다. 접근 체계의 연료인 흥분과 낙관론의 공급이 부족할 때 분노는 그 연료가 될 수 있다. 분노는 심지어 깨끗이 불태워 없앨 수도 있지만 마치 장전된 총과 같아서 제대로 다루지 않으면 적보다 자신에게 더 위험할 수 있다.

삶이 녹록지 않을 때 삶 자체에 분노하는 사람들이 있다. 그런 사람들은 상습적으로 적대감을 느끼고 타인을 싫어하거나 신뢰하지 못하는 경향이 있으며, 타인의 행동을 이기적이고 위협적인 행동으로 간주한다. 그들은 분노가 끓고 있는, 걸어 다니는 가마솥과도 같다. 이런 분노는 정신적 건강은 물론이고 신체적 건강에도 좋지 않다. 혈압과 코르티솔, 스트레스 수치가 높아져서 심장병을 비롯한 질병 저항력이 현저히 떨어진다.[27]

스트레스 상황의 재평가

이제 다시 마크의 이야기로 돌아가 보자. 나는 두 가지 방법으로 마크를 치료했다. 첫째, 평범한 사건을 위협으로 해석하지 않는다. 둘째, 트라우마로 인한 불안이 분노와 뒤섞여 있다는 사실을 인식한다.

물론 습관적인 분노를 아리스토텔레스가 말했던 것처럼 건설적인 방향으로 표현하는 방법도 있다.[28] 접근 체계의 에너지를 사용하면 분노를 건설적으로 활용해 무엇 때문에 화가 났는지, 그래서 원하는 것이 무엇인지 분노의 대상에게 명확하고 절제된 방법으로 설명할 수 있다. 예를 들면 이런 식이다. "당신이 전화로 수다를 떠는 동안 20분이나 기다렸어요. 지금 당장 처리해주세요." 표정과 목소리를 통해 과장과 감정 없이 명확하게 사실만 전달하는 것이다. 습관적으로 적대감을 표시하는 사람들이 분노를 건설적으로 표현하는 방법을 배우면 혈압도 떨어지고 분노의 생각에 사로잡혀 고통을 받는 시간도 줄어들 것이다.[29]

마크의 경우 버스의 그 학생에게 자리를 양보하면 어떠냐고 제안하는 게 도움이 됐을 것이다. 그가 그렇게 하지 못한 이유는 감정을 통제하지 못하고 소리를 지를까봐 두려웠기 때문이다. 그는 분노를 건설적인 방향으로 절제해 표현하는 방법을 배운 적이 없었다. 오히려 분노를 터뜨리면 자신을 통제하지 못했다는 생각에 부끄럽고 불안해지기만 할 뿐 아무 효과도 없다는 사실을 쓰라린 경험을 통해 배웠을 뿐이다. 무엇보다 그 엉뚱한 분노의 표출 때문에 아내가 떠났으니 그때부터 더더욱 분노를 억누를 수밖에 없었을 것이다.

하지만 분노는 수문을 열지 않으면 물이 차오르고 수압이 높아져 결국 대재앙을 가져오는 댐이 아니다. 툭하면 화를 냈던 마크도 이를 불안으로 해석하는 방법을 배우고 나서부터는 더 이상 화를 내지 않았다. 감정은 어느 정도 자신이 처해 있는 상황에 대한 '생각'에서 나

온다. 복잡한 기차역에서 표를 사려고 줄을 서 있는데 뒤에서 누가 팔꿈치로 쳤다고 해보자. 그 무례함에 화가 나 뒤를 돌아보는데 너무 사람이 많아서 방향감각을 잃고 어쩔 줄 모르는 앞 못 보는 여인이 서 있다. 곧바로 그 상황을 재해석하는 순간, 분노는 바늘에 찔린 풍선처럼 사라진다.

내 친구의 아버지는 심각한 정신질환을 오래 앓다가 스스로 목숨을 끊었다. 친구는 몹시 괴로워했고 이는 수개월 동안 지속됐다. 나중에 알고 보니 그는 상실감을 느끼는 만큼 분노에 사로잡혀 있었다. 스스로 목숨을 끊은 아버지의 이기적이고 무자비한 행동에 대한 분노로 괴로워하고 있었다. 잠도 제대로 자지 못했고 불안도 점점 커져가고 있었다. 내가 친구에게 물었다. "아버지가 암으로 돌아가셨다고 해도 같은 느낌일 것 같아?" 친구는 당연히 아니라고 대답했다. "아버지는 아픈 분이셨어. 자살도 정신질환의 증상이야. 그러니 그렇게 화를 낼 필요는 없을 것 같아."

친구의 변화는 즉각적이었고 놀라웠다. 아버지의 죽음에 대한 관점이 바뀌니 더 이상 화가 나지 않았던 것이다. 이미 돌아가신 아버지를 향한 무익한 분노는 대상이 없기 때문에 억제할 수밖에 없었고, 이는 다시 스트레스를 높여 혈압 상승과 코르티솔 증가를 초래할 수밖에 없었다. 분노가 사라지자 친구의 스트레스도 빠르게 사라졌다. 친구의 아내는 어떻게 순식간에 분노가 사라지고 구름이 걷혔는지 놀라웠다고 했다.

하지만 모든 분노가 그와 같은 재해석으로 쉽게 사라지는 것은 아니다. 마크는 인지행동요법을 잘 따라오긴 했지만 자신을 죽이려 했던 강도에 대한 분노가 가끔씩 피어오르면 예전 습관이 불쑥 나타나기도 했다. 하지만 그때의 경험을 재해석하는 법을 배우면서 그 빈도 역시 줄어들었다. 마크는 그 사건이 자신을 향한 공격이 아니라는 사실을 깨닫기 시작했다. 그 사건은 몹쓸 범죄자가 저지른 범죄일 뿐이었고 그의 앞길을 막았던 사람이라면 누구나 마크 같은 처지가 됐을 것이다. 강도는 '마크'를 죽이려 했던 게 아니었고 어떤 경비원도 희생양이 될 수 있었다. 그렇게 사건을 개인적으로 받아들이지 않고 객관화하자 분노가 어느 정도 가라앉았다. 스트레스 또한 줄어들었다.

이것을 전문 용어로 '재평가reappraisal'라고 한다. 마크는 몇 달 동안 나와 재평가 작업을 했다. 재평가는 자칫하면 자신을 잡아먹을 수도 있는 강력한 감정을 해결하는 유용한 방법이다. 그 힘든 작업은 뇌의 전두엽에서 수행한다. 전두엽 좌우측과 안쪽, 바깥쪽 표면이 전부 힘을 합쳐 환자의 관점을 재구성해 괴로웠던 일에 대한 부정적인 감정을 해소하기 위해 노력한다. 전두엽의 활동은 뇌의 감정 센터인 편도체에 전달되고 그 결과 감정을 만들어내는 활동이 감소한다.[30]

고통스러운 사건에 대한 재평가 작업은 부작용 없는 진정제와 같다. 감정을 만들어내는 뇌의 활동을 감소시켜 두려움과 분노라는 기분 나쁜 감정을 약화시킨다. 물론 모든 사람에게 쉬운 작업은 아니다. 스트레스로 정상적인 사고가 힘들어진 사람에게는 특히 더 어려울 것이다. 마크는 나를 찾아오기 전까지, 특히 아내가 떠나기 전 몇 달 동안 어떻게든 감정적 혼란을 없애보려고 노력했지만 그 사건에 대

한 재평가를 전혀 하지 못했다. 마크가 사용했던 방법은 많은 사람들이 사용하지만 효과는 거의 없는 방법이었다. 바로 불안과 분노, 그와 함께 떠오르는 생각까지 전부 억누르는 방법이다.

그와 관련된 실험이 하나 있다. 동물 살육이나 외과 수술 같은 소름 끼치는 영상을 보여주면서 첫 번째 그룹에게는 고개를 돌리거나 혐오의 표정을 짓지 말고 마크처럼 감정을 억누르라고 했다. 두 번째 그룹에게는 전문가의 자세로 영상을 보라고 주문했다. 의사의 기술에 집중한다거나 나중에 직접 시연한다고 생각하면서 관찰하라고 말이다. 감정 억제 그룹과 재평가 그룹이었다.[31]

아무 주문 없이 그냥 영상을 보여준 통제 그룹과 비교했을 때 두 그룹 모두 감정을 덜 느꼈다고 대답했다. 하지만 공통점은 그뿐이었다. 재평가 그룹은 영상을 보기 시작한 지 4~5초 만에 전두엽의 활동이 폭발적으로 증가했고 핵심 감정 센터인 편도체와 뇌도腦島에 브레이크가 걸렸다. 반대로 감정 억제 그룹은 편도체와 뇌도의 활동이 증가했다.

아내가 떠나면서 삶이 나락으로 떨어지기 전까지 마크가 수년 동안 해왔던, 재평가 없는 감정의 억압은 아드레날린으로 인한 각성 반응을 증가시켰다. 심장박동이 빨라지고 혈압이 높아지고 땀샘이 열린다. 각성 반응은 기억력 또한 감소시킨다.[32] 전두엽이 감정을 억누르는 데 에너지를 쓰기 때문이다. 반대로 재평가는 처음에는 힘들지만 전두엽의 에너지를 지속적으로 갉아먹지는 않는다.

감정 억제의 부작용은 또 있다. 두려움이나 성적 흥분, 분노 등의 감정이 각성 증상을 공유한다고 앞에서 이미 언급했다. 그런데 그 감정을 세세히 분리해 억제할 수 없기 때문에 부정적인 감정을 억누르면 자동적으로 긍정적인 감정 또한 억누를 수밖에 없다. 감정을 억누르는 사람들은 감정을 재평가하는 사람들에 비해 긍정적인 감정이든, 부정적인 감정이든 타인과 잘 공유하지 않는다. 사람들은 마음을 열고 스스로 자신을 드러내는 사람을 더 신뢰하고 좋아하는 경향이 있기 때문에 당연히 관계도 소홀해질 수밖에 없다.[33]

■■■■

인간이 근본적으로 '힘에 대한 의지will to power'를 갖고 있다고 믿었던 니체는 감정을 불러일으키는 상황을 의식적으로 재해석해 감정을 통제할 수 있다는 말에 찬성했을 것이다. 흔들리는 다리 위의 두려움이 성적 흥분인지 아닌지는 별 흥미가 없었을지 모르지만, 우리가 어떻게 분노를 이용하고 통제할 수 있는지에 대해서는 니체도 분명 호기심을 느꼈을 것이다.

지금까지 살펴봤듯이 분노는 복잡하고 다루기 힘든 감정이다. 재해석 없이 억누르기만 하거나 내면으로 향하기만 하면 위험할 수도 있다. 하지만 재해석에 관한 여러 연구나 두려움과 흥분에 관한 샤흐터와 싱어의 연구를 통해서도 알 수 있듯이, 분노 역시 해석의 여지가 있음은 분명하다. 무작위의 타인을 향한 분노나 운명에 대한 분노는 반드시 재평가돼야 한다. 하지만 구체적인 대상을 향한 정당한 분노

는 접근 체계를 활성화해서 도전에 맞설 힘을 제공한다.

흔들리는 다리 실험이 증명했듯이 약간의 관점 변화가 심리 상태를 바꿀 수 있다. 두려움을 자극하는 우뇌의 회피 체계를 억제하고 좌뇌의 접근 체계를 활성화할 수 있다.

나는 새로운 연구 결과들을 접하면서 과거에 치료했던 환자들의 경우를 다시 살펴봤고 다음과 같은 결론에 도달했다. 인지행동요법의 창시자 아론 벡Aaron Beck이 오랫동안 주장했듯이, 우리의 사고방식은 우리가 무엇을 느끼고 생각하고 행동하는지 결정한다. 관점을 약간만 바꾸면 불안으로 느껴질 수 있는 신체 감각도 재평가를 통해 에너지를 제공하는 흥분으로 변할 수 있다.

그렇다. 감정적 회복탄력성은 감정을 억누르지 않고 재평가하는 만큼 더 강해진다. 분노를 이용하되 확실한 목적이 있어야 한다. 그러면 '전진'할 수 있다. 목적이 있는 분노와 재평가를 통해 감정을 더 잘 통제하면 나를 죽이지 못하는 것을 통해 정신적으로 더 강해질 수 있다. 자, 그러면 감정적인 회복 말고 다른 방향으로도 더 강해질 수 있을까? 예를 들면 나를 죽이지 못하는 것이 나를 더 '똑똑하게' 만들어줄 수도 있을까?

Chapter

5

ENERGY.

우리를
똑똑하게 만드는
스트레스

유익한 스트레스와 자기 통제권

오래 공부하면
치매에
걸리지 않는다?

      어느 날 예전 내 박사과정 학생이었던 조앤 피니가 트리니티 칼리지의 내 연구실로 전화를 했다. 당시 조앤은 박사 후 과정으로 트리니티 칼리지에서 아일랜드 인구의 노화에 관한 장기 연구에 참여하고 있었다. 50세 이상 성인 수천 명을 대상으로 한 그 연구의 목적은 노화가 어떻게 진행되는지, 왜 사람마다 노화의 양상이 다른지 밝히는 것이었다.

  그런데 이상하게도 조앤은 내가 거의 모르는 분야인 성적 학대에 대한 질문을 했다.

  조앤은 50~90세 사이의 연구 대상자 7,000명 중 15명에 한 명 꼴로 아동기에 성적으로 학대당한 경험이 있었다고 했다. 이는 전 세계

어느 지역의 연구에서도 흔히 볼 수 있는 수치였으니 놀라운 건 아니었다. 보통 학대당한 경험이 있는 사람들은 그렇지 않은 사람들보다 성인이 됐을 때 더 우울하거나 건강하지 못한 경향이 있다. 초기 학대로 신체에 야기된 스트레스 관련 손상이 길어져 나타나는 현상이라고 할 수 있다. 이 역시 우리가 알고 있던 점이었다. 그런데 꼭 그런 것은 아니었다.

조앤은 성적으로 학대당한 사람들에 대한 놀라운 사실을 발견했다. 그들은 아동기의 끔찍한 트라우마로 인한 신체적·감정적 문제에도 불구하고 같은 나이대의 사회적·교육적 배경이 비슷하며 학대 경험이 없는 사람들에 비해 기억력, 사고력, 문제 해결 능력, 주의력 등의 인지 능력이 더 뛰어났고 정신적 활동도 더 활발했다.[1]

대상자가 7,000명에 이르렀기 때문에 그 차이를 유발할 수 있는 다른 신체적·정신적 요소들은 제외될 수 있었다. 정말 신기한 일이었다. 조앤은 이를 뒷받침하는 또 다른 연구가 있는지 궁금해서 내게 전화를 한 것이었다.

나는 아동기에 신체적·정신적·성적으로 학대를 당한 경험이 있는 사람들이 성인기에 보이는 인지 능력에 대한 연구 결과를 하나 찾았다.[2] 그들 역시 통제 그룹에 비해 정신적으로 더 활발했지만 서로 다른 종류의 학대가 각각 어떤 결과를 초래하는지 하나하나 밝히는 것은 불가능했다.

그런데 연구에 따르면 학대보다 덜 심각한 다른 형태의 아동기 스트레스, 예를 들면 엄마나 아빠를 잃는다거나 학교에서 따돌림을 당하는 것 같은 스트레스는 그와 정반대의 결과를 초래했다. 생각보다 복잡한 문제였다.

그 연구와 조앤의 연구를 보면서 나는 또 다른 형태의 스트레스 역시 인지 능력 증가에 영향을 끼칠지 궁금해졌다.

그리고 네덜란드에서 이루어진 한 연구를 찾았다. 암스테르담에 거주하는 70대 초반 노인 1,000여 명의 인지 능력을 측정하고 3년 후 다시 측정한 연구였다.[3] 70대는 심각한 질병으로 반려자를 잃거나 가족 내 갈등이 두드러지는 등 새로운 스트레스로 인해 누구에게나 쉽지 않은 시기다. 암스테르담 사람들도 예외는 아니었다. 70대 초반 인구의 75퍼센트 이상이 3년 동안 적어도 한 가지 아주 중요한 사건을 겪었다고 대답했다.

아니나 다를까, 배우자가 심각한 질병으로 고생하고 있는 사람들은 그렇지 않은 사람들보다 인지 능력이 더 뛰어났다. 게다가 가족이나 친구, 이웃과 심각한 분쟁에 휘말린 경우 역시 3년 후 인지 능력이 좋아졌다. 미국에서 진행된 또 다른 연구와도 일치하는 결과였다.[4]

그렇다면 유년 시절에 겪은 학대와 인지 능력 향상도 아예 관련이 없지는 않을 것이다. 하지만 중요한 문제는 이것이다. 도대체 왜? 조앤이 전화를 했을 때 나는 그와 전혀 다른 문제를 해결하려고 애쓰고 있었다. 그래서 조앤의 수수께끼를 잠시 밀쳐두고 내 작업으로 돌아갔다. 그런데 아이러니하게도 내 문제를 해결하는 과정에서 조앤의 문제에 대한 실마리를 우연히 발견했다.

스웨덴 쌍둥이와 알츠하이머의 미스터리

치매는 적절히 대처하지 않으면 사회의 경제와 의료 분야를 수렁에 빠뜨릴 정도로 심각한 질병이다. 인간의 수명이 길어지면서 치매 인구도 늘어나고 있으며 나이가 들수록 치매 발병률은 높아진다. 실제로 95세의 노인 중 거의 절반이 치매로 고생하고 있다.[5] 수명 증가라는 희소식에 치매 급증이라는 나쁜 소식도 따라온 것이다.

치매의 가장 흔한 형태는 알츠하이머다. 현재 알츠하이머의 효과적인 치료법은 존재하지 않으며 원인 역시 제대로 밝혀지지 않았다. 알츠하이머를 진단하는 유일한 방법은 사후 뇌 연구뿐이다. 그럴 경우 수백만 개의 뉴런이 죽어 쪼그라든 우울한 사진을 보게 된다. 알츠하이머에 걸린 사람의 뇌를 살펴보면 뉴런에 독이 되는 아밀로이드라는 단백질이 여기저기 퍼져 있고 뇌세포를 안에서부터 파괴하는 타우라는 단백질 입자가 엉켜 있는 걸 볼 수 있다.

알츠하이머에 대해 우리가 알고 있는 한 가지는 유전적 요소가 존재한다는 점이다. 안타까울 정도로 일찍 발병하는데 그나마 다행스럽게도 비교적 흔하지 않은 60세 이전에 발병하는 알츠하이머는 유전 때문일 확률이 매우 높다. 하지만 대부분의 경우 알츠하이머는 발병 시기가 늦고 나이가 들수록 치명적인 단백질들이 뇌에 쌓이면서 점차 흔해진다. 이 문제에 대해 심리학자들이 할 수 있는 일이라고는 치매에 대한 분자나 생화학적 해결 방법을 찾기 위해 고심하고 있는 동료 생물학자들을 응원해주는 것뿐이라고 생각했다.

그런데 알츠하이머에 관한 아주 이상한 사실이 하나 있다. 더 오래 공부할수록 알츠하이머 발병률이 줄어든다는 것이다. 수백 편의 연구가 이를 증명했다. 연구 결과에 따르면 교육 수준이 가장 낮은 사람들은 교육 수준이 가장 높은 사람들에 비해 알츠하이머 발병률이 여섯 배나 더 높았다.[6]

1999년 더블린으로 자리를 옮긴 후부터 나는 치매의 이 이상한 점에 대해 연구했다. 교육이라는 사회적 요소가 어떻게 생물학적 상태인 알츠하이머에 그런 영향을 끼칠 수 있는 것일까? 교사와 책이 뇌세포를 죽이는 그 지독한 단백질의 침략을 어떻게 막아주는 것일까?

상호관계가 곧 인과관계는 아니라는 점을 심리학 공부를 시작하자마자 배웠다. 하지만 X를 하는 사람들이 Y로 고통받을 확률이 더 높고, 그래서 X가 Y의 원인이라는 과학적 연구에 대한 글을 거의 매일 접했다. 나는 그와 같은 연구를 왜 비판적으로 바라봐야 하는지 아주 일찍 배운 셈이었다.

1980년대 초반 스코틀랜드에서 알코올 문제에 대해 연구하고 있을 때 〈브리티시 메디컬 저널〉의 편집자가 글을 한 편 써달라고 부탁했다. 소량의 음주조차 인지 능력과 기억력에 나쁜 영향을 끼친다는 최근 연구 결과를 검토해달라는 것이었다. 그 부탁을 받고 생각해보니 나를 포함해 성인 대부분이 사교적인 이유로 최소한의 음주는 하고 있었다. 그래서 여러 연구를 더 살펴봤고 실제로 몇몇 연구는 술을 더

자주 마시는 사람의 인지 기능이 실제로 감소한다고 주장했다.[7] 이는 소량일 경우노 마찬가지였다. 아무리 소량이라도 음주가 뇌 기능에 악영향을 끼친다고 주장한 어떤 이는 그 소량의 술 때문에 삶이 파탄 난 것처럼 보이는 사람들의 이야기로 책까지 집필했다. 술을 끊으면 삶이 제자리를 찾고 온갖 문제도 해결된다는 것을 보여주기 위해서 였는데 충분히 설득력이 있었다.

하지만 전부 틀렸다. 상호관계가 곧 인과관계라는 가정 자체가 틀렸기 때문이다. 연구 결과를 더 자세히 살펴보니 음주와 인지 기능과 관련이 있는 세 번째 요소가 존재했다. 바로 지능이었다.[8] 지능이 낮은 사람들은 보통 술을 더 마시고 기억력, 사고력, 주의력 테스트 결과도 더 낮았다. 하지만 자료를 더 자세히 살펴보니 지능을 통제변인으로 사용하면 사교적 음주와 인지 기능의 연관성은 완전히 사라졌다. 즉, 적당한 음주는 뇌를 손상시키지도 않고 인지 능력을 감소시키지도 않는다.

조앤 역시 성적 학대에 관한 연구에서 상호관계를 인과관계로 착각하게 만드는 교육 수준이나 여러 다른 요소를 고려했다. 그럼에도 불구하고 그 연구는 여전히 상호관계를 토대로 한 것이었고, 그래서 성적 학대가 인지 능력 향상의 원인이라고 100퍼센트 확신할 수 없었다. 게다가 인과관계가 있다고 해도 학대로 인해 평생 지속되는 심각한 건강 문제와 감정적 상처는 인지 능력에 끼치는 긍정적인 영향보다 훨씬 심각했다.

■■■■■

그렇다면 교육과 알츠하이머 발병률의 관계에 대해 나 역시 상호관계와 인과관계를 혼동하는 덫에 빠진 것일까? 어쩌면 그 둘의 관계를 좌우하는 또 다른 변수가 존재하지 않을까? 가장 가능성 있는 건 지능을 좌우하는, 그래서 교육 수준을 좌우하고 알츠하이머에 강하게 타고난 유전자일 것이다.

이 '좋은 뇌' 이론은 교육 수준과 알츠하이머 사이에 직접적인 인과관계는 존재하지 않지만 지능도 높이고 알츠하이머 저항력도 높여주는 유전자는 존재할 수 있다고 가정한다.

나는 그 가정을 어떻게 받아들여야 할지 판단할 수 없었다. 그러던 중 스웨덴의 일란성 쌍둥이 33쌍에 대한 연구 결과를 접했다.[9] 유전자가 정확히 같은 일란성 쌍둥이 중에서 한 명만 치매에 걸린 경우였다. 교육 수준을 조사해보니 치매와 상관없이 일부는 법정 의무 교육만 마쳤고, 일부는 공부를 계속했다. 치매에 걸리지 않은 쌍둥이 중에서 의무 교육만 받은 사람은 12명, 공부를 계속한 사람은 21명이었다. 반면 치매에 걸린 쌍둥이들 중 25명이 의무 교육이 끝나자마자 공부를 그만두었고 공부를 지속한 사람은 8명뿐이었다.

그렇다면 유전학은 교육과 치매의 관계를 설명하지 못한다. 쌍둥이는 정확히 같은 유전자를 갖고 있기 때문이다. 그래서 나는 그 밖에 다른 요소가 분명히 존재할 것이라고 확신했다. 교육이 치매의 위험성을 줄여주는 것처럼 보이기는 하지만 왜 그런가? 어떻게 줄이는가? 그

STRESS TEST

리고 이 관계가 조앤이 발견한 성적 학대와 영민함의 관계와 어떤 연관이 있을까?

인지 예비용량을
높이는
학습

교육이 어떻게 뇌의 치매 저항력을 키워주는가, 그것이 수수께끼였다. 교육은 뇌에 질병 저항력을 높이는 신비한 물질을 주입해주는 수술일까? 그렇다면 완벽한 수술은 아닐지도 모른다. 안타깝게도 총명하고 교육 수준도 높은 사람들, 예를 들면 영국의 유명한 소설가 아이리스 머독Iris Murdoch 같은 사람도 알츠하이머에 무릎을 꿇어야 했다. 어쨌든 완벽하진 않더라도 그 수술의 본질은 여전히 해결해야 할 문제였다.

나는 기말 시험을 준비하는 독일 의과대학 학생들의 뇌 연구에서 주목할 만한 결과를 발견했다.[10] 학생들은 시험 3개월 전, 3개월 동안 공부를 하고 난 직후, 그리고 시험이 끝나고 3개월 후 세 번에 걸쳐 뇌 영상을 찍었다.

연구자들은 자기공명영상을 통해 뇌 전반의 회백질 두께를 측정했다. 그리고 3개월 동안 열심히 공부를 한 직후의 뇌 영상에서 전 세계의 어떤 신경외과도 아직 확인하지 못한 효과를 목격했다. 학생들의 뇌가 확장된 것이다.[11] 구체적으로 말하면 전두엽과 후배엽 사이에 위치한 두정엽의 회백질에 수십억 개의 뉴런이 활발히 활동하고 있었다. 3개월 동안 여유롭게 지내고 난 후 두정엽은 확장된 상태로 유지됐지만 더 이상 커지지는 않았다.

더 흥미로운 점은 다른 부위에서 발견됐다. 바로 해마상 융기였다. 유니버시티 칼리지 런던의 유명한 연구에 따르면 런던 택시 운전사들의 해마상 융기도 확장돼 있었다.[12] 택시 운전사들은 보통 그 지역에 대해 잘 모르는 외부인인 경우가 많지만, 런던의 택시 운전사들은 런던의 도로 지도 전체를 암기하고 모든 경로와 지름길을 암기하는 시험을 통과해야 한다.

런던 여행자들이 자전거 손잡이에 내비게이션을 달아놓고 찾아보는 모든 정보가 택시 운전사들의 머리에 다 담겨 있는 것이다. 2015년에 조사한 바에 따르면 런던에서 택시 운전사가 되려면 내비게이션의 도움 없이 이 거대한 국제도시의 모든 것을 파악해서 시험을 치르기까지 평균 2년이 걸린다.

몹시 흥미로운 연구였다. 해마상 융기는 알츠하이머로 기능을 잃는 핵심 구조이기 때문이다. 해마상 융기는 매 순간, 매일, 매달 새로운 기억을 저장하는 데 중요한 역할을 한다. 알츠하이머에 걸린 사람은 몇 년 전 일은 무리 없이 기억하지만 방금 들은 말이나 몇 분 전에 일어났던 일은 잘 기억하지 못한다. 알츠하이머에 취약한 해마상 융기의 기능이 소실되기 때문이다.

그렇다면 독일 의과대학 학생들의 뇌에서는 무슨 일이 일어났던 것

일까? 학생들의 뇌는 택시 운전사들처럼 해마상 융기의 뒷부분이 확장돼 있었다. 한 가지 더 놀라운 점은 공부를 그만두자 더 이상 확장되지 않았던 두정엽과 달리 해마상 융기는 시험 3개월 후까지도 지속적으로 확장됐다.[13] 학습은 어떤 신경외과 수술보다 더 확실하게 뇌를 재구성한다는 증거였다.

그렇다면 스웨덴의 쌍둥이 연구 결과는 어떤 경우일까? 공부할수록 뇌가 확장돼 치매 저항력이 커진 것일까? 알츠하이머가 뇌를 공격해도 더 크고 촘촘한 네트워크 덕분에 더 오래 기능하는 것일까?

어쩌면 오래 공부했고 치매 징후가 없는 쌍둥이들의 뇌에도 치매에 걸린 쌍둥이들만큼 아밀로이드나 타우 단백질이 많을지도 모른다. 하지만 학습이 뇌를 확장시키고 강화시켰기 때문에(의과대학 학생들에 대한 연구 결과를 토대로 말하면 특히 해마상 융기의 뒷부분과 두정엽이 확장됐기 때문에) 치매가 진행 중임에도 불구하고 기억력과 사고력을 유지할 수 있는 것이다. 오래 공부한 쌍둥이들은 치매가 정말로 많이 진행돼야만 일상생활의 기억력 감퇴 증상이 드러나는 것일 수도 있다. 확장된 뇌가 치매와의 싸움에서 지기 전에 사망하면 증상이 전혀 나타나지 않을 수도 있다.

학습과 교육은 '인지 예비용량cognitive reserve'을 높여 치매를 방지한다. 인지 예비용량이 높은 사람들은 사후 뇌 연구에서 뇌피질의 회백질층이 두꺼웠고 뇌세포의 수도 훨씬 많았다.[14] 그러면 모든 게 들어맞는다.

····

그런데 시카고의 80대 노인들에 대한 연구가 다시 내 발목을 잡았다. 이 연구진은 80대 노인들의 기억력과 인지 능력을 평균 3년 간격으로 사망할 때까지 측정했다. 그리고 알츠하이머나 다른 치매 관련 징후가 있는지 확인하기 위해 사망 후 뇌를 분석했다. 일부 노인들의 뇌 사진을 보면 알츠하이머를 유발하는 타우 단백질이 많아질수록 3년 전보다 기억력과 인지 능력이 감소했다는 것을 분명히 알 수 있다. 하지만 뇌에 타우 단백질이 많아도 기억력이 전혀 감퇴하지 않은 노인들도 분명 있었다.

그렇다면 이 두 그룹을 가르는 기준은 무엇일까? 뇌에 독성 단백질이 있어도 정신적 영민함이 조금도 떨어지지 않게 해주는 특효약이라도 있는 것일까? 뇌를 보호해주는 음식을 섭취한 것일까? 아니면 다른 증상으로 처방받은 약물 때문일까? 아니었다. 답은 사회적 관계에 있었다.

자녀와 친척, 친구들과 속마음을 털어놓거나 도움을 청할 수 있을 정도로 얼마나 가깝게 지내는가가 관건이었다. 80대 노인들이 적어도 한 달에 한 번 만나는 가까운 사람의 수가 그들의 사회적 네트워크의 크기를 규정했고 그 사회적 네트워크의 크기가 상위 10퍼센트인 노인들은 뇌의 타우 단백질이 기억력 감퇴에 전혀 영향을 끼치지 않았다.[15]

인지 예비용량을 구성하는 또 다른 요소가 하나 더 있었다. 그리고

이 요소를 발견했을 때 성적 학대와 인지 능력의 상관관계에 관한 연구 결과에 대한 의구심을 풀 수 있을 것 같았다. 치매 저항력을 높이는 또 다른 요소는 바로 '정신적 활동'이었다. 수많은 연구에 따르면 읽기와 쓰기, 취미 활동이나 게임 등을 통해 계속 머리를 쓰는 노인들은 그렇지 않은 노인들보다 훨씬 영민했고 알츠하이머 발병률도 낮았다.[16]

나는 다시 상호관계와 인과관계의 덫에 빠진 것 같았다. 이미 치매 초기 단계에 돌입했기 때문에 정신적 활동을 하지 못하는 것일지도 모른다. 정신적 활동이 영민함의 원인임을 밝히기 위해서는 정신적 활동을 하는 사람과 그렇지 않은 사람을 무작위로 뽑아 비교해보는 방법뿐이었다.

살펴보니 그런 연구가 있었다. 독일의 베를린 대학교 연구팀은 70~93세 사이의 건강한 여성 노인을 무작위로 뽑아 6개월 동안 진행되는 컴퓨터 사용법 강좌를 듣게 했다. 6개월 후 강의를 듣지 않은 일반 여성 노인과 비교했을 때 그들은 기억력과 인지 능력이 훨씬 뛰어났다.[17] 시드니의 마이클 발렌주엘라Michael Valenzuela의 리뷰에 따르면 무작위로 진행된 모든 실험이 그 결과를 뒷받침했다.[18] 그렇다면 설명이 가능하다. 교육 기간뿐만 아니라 지속적인 뇌 사용과 풍부한 사회적 네트워크는 인지 예비용량을 강화시킨다.

나는 아동기의 학대 경험과 이후 인지 기능의 관계에는 접근하지 못하고 있었지만, 인지 예비용량에 대해서는 어느 정도 이해가 됐다. 스웨덴 연구팀은 유전학과 상관없는 교육과 치매의 관계를 밝혔다. 즉, 교육은 어느 정도 알츠하이머에 대한 저항력을 높여준다. 독일의 의과대학 학생들은 현대 교육의 기본 요소, 즉 시험을 대비한 공부가 뇌를 물리적으로 확장시킨다는 사실을 보여주었다. 하지만 인지 예비 용량의 다른 요소들, 정신적으로 자극이 되는 직업이나 사회적 네트 워크가 탄탄한 경우도 뇌의 치매에 대한 저항력을 키워주는 것 같았 다. 자극이나 네트워크 역시 시험을 대비한 공부처럼 실제로 뇌를 확 장시키는 것일까? 인지 예비용량과 치매의 관계는 여전히 오리무중 이었다.

소파와
TV의
어두운 그림자

나는 계속해서 관련 논문을 찾아보 았고, 그 과정에서 TV 시청에 관한 논문을 발견했다. TV 시청은 머 리를 부산하게 만들어 영민함을 증가시키는 것처럼 보이지만 사실 그렇지 않다.[19]

TV 시청에 관한 연구들을 살펴보다 장기간의 TV 시청이 정신적 에 너지를 약화시킨다는 사실을 발견했다. 한 연구에 따르면 편하게 이 완된 상태에서의 TV 시청은 인지 활동이 필요하지 않고 수동성과 졸 음을 유발한다.[20] 그럴 수밖에 없다. 나부터도 소파에 앉아 몇 시간 동 안 TV를 보고 나면 너무 긴장이 풀려 시체가 된 것 같은 느낌이 든다.

청소년기와 중년기의 사람들은 스트레스에서 벗어나기 위해 TV를 시청하는 경향이 있다. 하지만 노년기의 사람들은 그렇지 않다. 이들은 TV 시청 시간이 길어질수록 더 불행하다고 느낀다. 이는 그들이 더 즐거운 여가 활동을 하고 있지 않기 때문이 아니다. 중요한 것은 다른 여가 활동을 하면서 보내는 시간이 아니라 TV를 시청하면서 보내는 시간이다. 그것이 노인들의 삶의 만족도를 결정한다.[21]

나는 TV 앞에 오래 앉아 있었을 때의 느낌을 떠올렸다. '이완, 수동성, 졸음'이라는 단어가 우리를 나태하게 만드는 TV의 효과를 잘 묘사한다는 생각이 들었다. 그 나태함은 바로 아침에 눈을 떴을 때의 상태와 비슷하다. 적어도 몇 분 동안 지속되는 약간 둔하고 느린 상태 말이다. 이는 '낮은 각성 상태'라 할 수 있다. TV 시청이 기억력과 사고력에 나쁜 영향을 끼치는 이유는 바로 이 낮은 각성 상태 때문일까? 즉 과도한 TV 시청은 곡선 도로와 정반대의 효과를 발휘해 여키스-도슨 곡선의 정점에 이르지 못하는 낮은 각성 상태로 우리를 이끄는 것일까?

TV 시청이 각성 상태를 떨어트린다는 연구 결과를 접한 후 나는 반대로 지적으로 자극이 되는 활동이나 사회적 관계망이 우리를 반복적으로 각성 상태로 만들어 뇌의 치매에 대한 저항력을 키우는 것일지도 모른다는 생각이 들었다. 앞서 살펴본 대로 낮은 각성 상태를 여키스-도슨 곡선의 정점으로 끌어올리면 뇌를 다친 사람들도 수행 통제 능력이 개선돼 정신적으로 더 영민해진다. 그렇다면 취미, 교육, 인간관계처럼 인지 예비용량을 높이는 활동들 역시 비슷한 방식으로 작동할까? 좀처럼 자극이 없는 사람들의 낮은 각성 상태를 여키스-도슨 곡선의 정점으로 올려 수행 능력 발휘에 기여하는 것일까?

이것은 다소 엉뚱해서 증명하기 쉽지 않은 가설이었다. 앞서 밝힌 것처럼 자극이 수행 능력을 높일 수 있다는 사실은 이미 증명되었다. 카메라맨 존을 기억하는가? 그는 자극의 정도에 따라 각성 상태와 정신적 영민함의 정도가 달라졌다. 그리고 신경전달물질인 노르아드레날린이 그 각성의 핵심 요소라는 사실 또한 밝혔다.

이 장의 첫머리에서 언급했던 수수께끼는 여전히 풀지 못했지만, 2010년에 들어 어쩌다 보니 각성과 노르아드레날린이 치매 저항력을 높이는 데 결정적인 역할을 할 수 있다는 사실을 밝히는 여정에 들어서게 됐다.

유익한 스트레스는 뇌를 튼튼하게 만든다

내가 세운 가설은 다음과 같았다. 정신적 도전과 사회 관계망은 뇌를 최적의 각성 상태로 만들고 그 각성 상태가 지속되면 치매를 예방할 수 있다. 나는 인지 예비용량의 네 가지 요소, 즉 교육, 지능, 머리를 쓰는 직업, 정신적 활동이 알츠하이머 발병률을 절반 이하로 떨어뜨린다는 사실을 발견하고 그 가설에 한

걸음 더 다가갔다고 생각했다.[22] 어떤 의학적 치료나 약물도 그와 같은 효과를 발휘하지 못했다. 획기적인 발견이었지만 이를 입증하려면 그 요소들이 어떻게 작용하는지 이해해야만 했다.

나는 '환경 풍부화environmental enrichment(동물이 지내는 환경을 다양하게 제공해서 동물의 인지와 감각 능력을 높이는 프로그램)'에 관한 연구를 찾아보기 시작했다. 수백 편의 연구에 따르면 탐험할 대상이 다양하게 구비돼 있는 우리에 갇힌 쥐가 비교적 평범하고 단조로운 환경의 우리에 갇힌 쥐보다 인지 능력과 기억력이 훨씬 뛰어났다.[23] 심지어 뇌세포의 개수도 증가했다.[24]

쥐들에게 제공된 풍부한 환경은 인간으로 치면 사람들을 만나거나 게임을 하거나 문제를 해결하거나 새로운 것들을 배우는 것이다. 그렇다면 인간과 동물에게 모두 나타나는 이 효과를 뒷받침하는 원리는 과연 무엇일까? 풍부한 환경이 작은 동물에게 유익한 효과를 끼친다는 연구는 많았지만 그 현상이 어떻게 벌어지는지에 관한 연구는 한 편도 찾지 못했다. 그러던 중 프랑스의 한 저명한 연구를 접했다.

리옹 대학교의 연구팀은 기억력을 증가시키고 새로운 뇌세포를 자라게 하는 풍부한 환경이 무엇인지 밝히고자 했다. 실험 결과 동물 중에서도 후각이 가장 발달한 쥐는 다양한 냄새가 뒤섞인 우리에 갇혀 있을 때 기억력이 더 좋았으며 후각을 관장하는 뇌의 핵심 부위에 새로운 세포가 생성됐다. 하지만 연구팀은 거기서 멈추지 않고 한 가지 질문을 더 던졌다. 쥐에게 40일 동안 매일 다양한 냄새를 맡게 할 경우와 40일 동안 매일 새로운 냄새 한 가지를 추가할 경우는 어떻게 다를까?

쥐라면 당연히 후추, 팔각, 회향, 시나몬, 마늘, 양파, 생강, 주니퍼베리, 정향, 육두구, 레몬, 셀러리, 커민, 초콜릿, 카르다몸, 타임, 타라곤, 고추, 라벤더, 오렌지 향이 넘쳐나는 냄새 천국을 두 팔 벌려 환영할 것이다.[25] 그리고 하루에 한 가지씩 새로운 냄새를 맡는 것과 다양한 냄새를 매일 맡는 것은 차이가 있었다. 기억력과 뇌세포 생성에 영향을 미친 것은 하루에 한 가지씩 새로운 냄새를 맡았을 때였다. 연구팀은 '새로운 경험'이 핵심이라고 결론 내렸다.

나는 그 연구를 주목했다. 새로운 경험이 뇌에서 노르아드레날린을 생성하는 핵심 자극이라는 사실은 알고 있었다. 갑자기 휘어지는 도로처럼 새로운 경험은 우리를 깨워 맥박을 뛰게 하고 동공을 확장시킨다.[26] 그것이 각성 상태이며 각성이 뇌에 끼치는 영향은 바로 내가 지난 30년간 연구해온 주제였다. 그런데 프랑스 연구팀이 새로운 경험에 노출되는 것이 뇌를 보호하는 효과를 발휘한다고 주장한 것이다.

프랑스 연구팀은 거기서 한 걸음 더 내디뎠다. 그들은 새로운 경험과 노르아드레날린의 밀접한 관계를 살피기 위해 다른 쥐들에게 날마다 새로운 냄새를 제공하되 노르아드레날린 길항 약물을 투여해 뇌의 노르아드레날린 생성을 방지했다. 당연히 새로움이라는 자극은 효과를 상실했다. 새로운 자극이 뇌에 영향을 끼치는 과정의 핵심이 바로 노르아드레날린임을 증명한 것이다. 사실 이미 자극이 풍부한 환경과 노르아드레날린의 관계를 밝힌 연구가 있었다.[27] 일본 츠쿠바대학교의 연구에 따르면 다양하고 풍부한 경험 요소가 존재하는 환

경 속에 있는 쥐는 뇌의 신경전달물질 중 오직 노르아드레날린만 증가했다. 프랑스의 연구에서 밝혀졌듯이 그것은 풍부한 환경의 새로운 자극 덕분이다.

그렇다면 단기적으로 뇌를 활발하게 만들어주는 노르아드레날린의 생성이 어떻게 장기적으로 치매를 예방할 수 있을까? 나는 이 질문에 대한 답을 찾다가 매우 놀라운 점을 발견했다. 적정량의 노르아드레날린은 뇌에 일종의 특효약으로 작용하는 것 같았다. 다른 뇌세포, 예를 들어 기억력에 몹시 중요한 콜린성 세포를 노르아드레날린에 담그면 수명이 길어졌다. 그뿐만이 아니었다. 뇌세포를 죽이는 아밀로이드 단백질이 뒤덮고 있는 세포를 노르아드레날린에 담그면 아밀로이드의 독성도 줄어들었다.[28] 다시 말해 노르아드레날린은 알츠하이머를 유발하는 핵심 요소에 대한 해독제로 작용한다고 할 수 있다.[29]

그게 끝이 아니다. 노르아드레날린은 신경조절물질이다. 뇌가 새로운 연결 고리들을 더 잘 만들어낼 수 있도록 도와서 학습과 기억 능력을 높인다. 말하자면 노르아드레날린은 뇌의 '거름'이나 마찬가지며 거름 역할을 하는 다른 물질을 생성하도록 돕는다.

나는 이 모든 증거를 노르아드레날린과 인지 예비용량, 알츠하이머에 관해 작성하고 있던 논문에 모았다.[30] 치매의 노르아드레날린 가설, 즉 새로움과 정신적 자극 같은 환경적 요소가 뇌에서 치매의 특효약을 생성시킨다는 가설은 제법 설득력 있을 것 같았다. 하지만 그 근거로는 동물을 대상으로 한 실험밖에 없었다. 인간도 마찬가지일까? 쥐의 뇌에서 노르아드레날린을 측정할 수는 있지만 인간의 뇌에 침을 꽂아 측정할 수는 없었다. 하지만 어쩌면 다른 방법이 있을지도 모른다는 생각이 들었다.

가끔 전혀 관련 없어 보이는 연구들에서 서로 겹치는 부분을 발견하고는 한다. 앞서 동공의 확장과 수축을 통해 뇌의 노르아드레날린 활동을 측정할 수 있다는 사실은 이미 언급했다. 내가 훨씬 나중에 시작한 치매 연구와 전혀 상관없는, 주의력에 대한 연구 과정에서 뇌와 노르아드레날린의 관계를 밝힌 것이었다. 그런데 서로 다른 영역의 그 두 연구가 갑자기 하나로 모이기 시작했다.

내가 해결해야 할 문제는 다음과 같았다.

동물의 풍부한 환경 연구는 설득력이 있었지만 그것이 인간에게도 적용되는지 확인해야 했다. 구체적으로 말해 인간에게 풍부한 환경과 같은 역할을 하는 정신적 도전이나 사회 관계망이 노르아드레날린과 어떤 관계가 있는지 밝혀야 했다. 동물 실험에서 드러난 관계가 그대로 적용된다면 시카고 노인들 중 인간관계가 탄탄하거나 정신적으로 자극받을 일이 더 많은 사람의 인지 능력이 더 뛰어난 이유도 설명될 것이다. 또한 스웨덴의 쌍둥이 중 교육 수준이 높은 쪽이 그렇지 않은 쪽보다 치매에 걸릴 확률이 더 낮은 이유도 설명된다.

주의력에 관한 연구로 이제 우리는 인간의 뇌에서 노르아드레날린을 측정하는 방법을 알고 있기 때문에 나는 그 질문에 대답할 수 있다. 그런데 과학에서는 누군가 내 기발한 아이디어를 이미 실험해본 경우도 많다. 앞서 동공 확장에 관한 연구를 찾다가 인지 예비용량의 요소들이 노르아드레날린에 영향을 끼친다는 연구를 찾았던 경우도 그렇다.

지능을 예로 들어보자. 나는 지능이 교육 수준과 깊은 관련이 있고 치매 저항력의 중요한 요소이기도 하다는 사실을 이미 알고 있었다. 그렇다면 지능이 노르아드레날린과도 관계가 있을까? 다행히 관계가 있었을 뿐만 아니라 그 관계가 몹시 강력했다. 도전을 마주하면 뇌가 노르아드레날린을 생성해 인지 능력과 의사결정 능력을 높여준다. 그리고 이는 동공의 크기 변화로 측정할 수 있다. 앞서 노르아드레날린을 생성하는 청반이라는 작은 뇌 조직의 활동을 통해 이를 입증한 바 있다.[31] 곡선 도로든 어려운 문제 풀이든 도전에 맞서는 순간 뇌에서는 노르아드레날린이 생성되면서 동공이 확장된다.

전 세계의 수많은 연구팀이 이미 동공 확장을 정신적 노력의 표시로 수십 년 동안 사용해왔다. 나는 새로운 눈으로 다시 연구를 살펴봤고 놀라운 사실을 발견했다.

지능 검사처럼 어려운 문제를 풀어야 하는 상황에서 지능이 보통인 사람들은 동공이 확장된다. 도전에 대한 당연한 결과다. 그리고 지능이 보통 이상인 사람들은 동공이 훨씬 많이 확장됐다. 이는 노르아드레날린 방출량이 훨씬 많다는 뜻이다.[32]

영리한 사람들은 덜 영리한 사람들보다 노르아드레날린 생성량이 더 많았다. 하지만 흥미로운 점은 따로 있었다. 지능이 보통인 사람들은 문제가 더 어려워져도 동공 확장 정도에 큰 변화가 없었다. 문제의 난이도에 상관없이 비슷한 수준으로 확장됐다. 하지만 지능이 높은 사람들은 문제의 난이도가 높아질수록 동공도 더 크게 확장됐다. 뇌에서 문제의 난이도에 따라 노르아드레날린 방출량을 지속적으로 증가시킨다는 뜻이었다.[33]

매우 흥미로운 결과였다. 지능이 높을수록 어려운 문제 앞에서 노르아드레날린 방출량이 많아졌다. 그 노르아드레날린은 바로 아밀로이드 단백질 해독제이자 새로운 뇌세포를 만들고 연결망을 강화시키는 천연 특효약이다. 치매 발병률과 지능의 관계는 이미 증명됐고, 노르아드레날린과 치매의 관계 역시 증명되었다. 하지만 나는 이 지능과 노르아드레날린의 관계를 놓치고 있었다.

연구를 계속한 결과, '인지 예비용량의 노르아드레날린 작용 이론'이 나올 수 있었다. 2012년 여름 〈노화의 신경생물학Neurobiology of Aging〉의 온라인판에 실린 내 논문의 제목이기도 하다.[34] 이 이론은 다음과 같다.

살면서 마주하는 정신적 도전과 사회적 상호관계, 떠올리는 기억들이 뇌에서 노르아드레날린을 조금씩 수만 번 분사하게 한 덕분에 뇌의 연결망이 강화되고 확장돼(즉 인지 예비용량이 높아져서) 뇌가 튼튼해진다. 그리고 노르아드레날린의 반복적인 생성은 심각한 스트레스로 티핑 포인트를 넘어서지만 않으면 뇌의 연결망을 강화시키는 것은 물론 질병에도 효과가 있을지 모른다.

하지만 이론을 뒷받침할 확실한 증거가 없어 이 노르아드레날린 이

론은 모험에 가까웠다. 살아 있는 인간과 질병에 대한 연구는 몹시 복잡할 수 있다. 수년에 걸쳐 일어나는 변화를 다뤄야 할 때는 더욱 그렇다. 노르아드레날린 가설을 제대로 증명하기 위해서는 100~200명 정도의 노인을 대상으로 사망할 때까지 매년 다방면의 인지 평가를 수행해야 한다. 그리고 사후 뇌 연구를 통해 질병의 징후를 찾고 청반의 크기도 측정해야 한다. 대충 계산해도 여러 명이 7~10년을 매달려야 하는 연구였다.

2013년 2월의 어느 날 아침 네덜란드 레이던 대학교에서 일하고 있던 피터 머피의 메일이 도착했다. 그는 우리 연구팀에서 동공 확장과 노르아드레날린의 관계를 밝힌 실험을 이끈 바 있다. 메일에는 "교수님의 노르아드레날린 가설을 제대로 뒷받침하는 논문이 시카고에서 발표됐어요"라는 메시지와 함께 〈신경학 Neurology〉의 온라인판에 새로 게재된 논문의 링크가 실려 있었다.[35]

하고 싶었지만 시간과 비용 문제로 불가능하다고 생각했던 바로 그 연구였다. 시카고 대학교 연구팀은 노화에 관한 대규모 장기 연구의 일부로 내 가설을 증명하는 데 필요한 자료를 전부 모아놓았다. 그러니 이미 수집한 자료로 내 가설도 쉽게 증명할 수 있을 것이었다.

로버트 윌슨 Robert Wilson을 필두로 한 시카고 대학교 연구팀은 노인 165명을 매년 사망할 때까지 추적 조사했다. 사망까지 평균 6년이 걸렸으며 사망 당시 나이는 평균 88세였다. 매년 인지 능력을 측정해 그 감소 정도를 사망 후 뇌 상태와 비교했다. 그런데 이들은 뇌의 질병 징후를 조사했을 뿐만 아니라 뇌간핵 각각의 세포 수까지 조사했다. 뇌간핵은 뇌의 활동에 꼭 필요한 여러 가지 신경전달물질을 생산하는 아주 작은 공장들이다.

시카고 대학교 연구팀은 다음과 같은 결론을 내렸다.

"청반에서 노르아드레날린을 생성하는 뉴런의 밀도가 높을수록, 핵과 뇌 다른 부분의 일반적인 신경퇴행을 감안하더라도 인지 능력 감소 폭은 줄어든다."[36] 80대 노인들의 6년에 걸친 인지 능력 감소 폭은 뇌가 스스로 노르아드레날린을 생성할 수 있는 능력으로 거의 정확히 예측할 수 있다. 그리고 이는 뇌세포 수와 인지 기능 감소를 유발하는 제 3의 요소, 즉 질병과는 상관이 없었다. 노르아드레날린은 인지 예비용량에 직접적인 영향을 끼친다는 것이 그들의 결론이었다. 2015년 말, 샌디에이고의 또 다른 연구팀이 56~75세 사이의 노인들을 대상으로 노르아드레날린을 생성하는 청반의 크기와 인지 예비용량의 관계를 증명했다.[37]

그렇다면 교육과 치매 발병률의 관계에 대해 내릴 수 있는 결론은 다음과 같다. 교육 수준이 높은 사람들은 정신적 자극을 더 많이 받을 가능성이 높고 이는 노르아드레날린의 생성을 촉진한다. 심지어 자극을 받을 때 교육 수준이 낮은 사람들보다 노르아드레날린을 더 많이 생성한다. 그와 같은 과정으로 교육이 뇌를 확장시키고 튼튼하게 만들어 질병의 징후에도 더 오래 기능할 수 있게 된다.

노르아드레날린은 뇌의 기능과 질병 저항력을 높이는 신경전달물질로, 정신적 자극이나 새로운 상황을 마주할 때마다 소량씩 평생 수

백만 번에 걸쳐 분사되며, 지능이 높고 교육 수준이 높을수록 분사량이 많아진다. 지나친 자극이 스트레스를 유발해 여키스-도슨 곡선의 정점을 넘어서지만 않는다면 이 반복적인 과정을 통해 뇌의 기능이 향상된다.

보통 사람들에게 가장 어려운 도전은 아마 인간관계일 것이다. 타인의 감정과 생각을 읽고 그에 맞게 반응하는 것은 뇌에게도 쉽지 않은 일이다. 따라서 사회 관계망이 뇌를 보호한다는 것도 어쩌면 놀라운 일이 아니다. 타인과의 상호작용이 동공을 확장시킨다는 직접적인 증거는 없지만 좋아하는 사람을 볼 때 동공이 확장된다는 증거는 이미 충분히 많다. 그렇다면 타인에 대한 애정이 노르아드레날린을 생성해 인지 예비용량을 높인다는 말도 충분히 설득력이 있다. 좋은 이웃, 좋은 친구와 가족이 튼튼한 뇌를 만들고 질병도 막아준다.

그렇다면 인간 누구나 언젠가 겪을 사건이 분수령이 될지도 모른다는 생각이 들었다. 바로 은퇴다. 정신적 자극이 노르아드레날린을 생성해 뇌를 튼튼하게 만든다면 그 자극을 감소시키는 것은 무엇이든 그 반대의 역할을 할 것이다. 은퇴가 정신적 자극을 감소시킨다면 인지 능력도 떨어질 것이고 치매의 위험성은 높아질 것이다. 그 암울한 가정을 뒷받침할 근거가 과연 있을까?

나는 놀라운 사실을 발견했다. 보통 60~64세의 인구가 일하는 비율과 50~54세의 인구가 일하는 비율의 차이는 나라마다 무척 다르다. 프랑스나 이탈리아 등 조기은퇴제도가 탄탄한 나라에서는 그 차이가 특히 크다. 그런 나라들에서 60대 인구가 일하고 있을 확률은 영국이나 미국에서 같은 나이대의 인구가 일하고 있을 확률보다 훨씬 낮다(세대별 취업률). 50대와 60대의 인지 기능 차이 역시 나라마다 다르다(세대별 영민함 비율).

자료를 살펴보니 그 두 비율이 서로 관련이 있었다. 조기 은퇴자의 비율이 높을수록 정신적 영민함의 비율 차이도 컸다.[38] 그리고 많은 나라들이 그랬다.

미국을 예로 들어보자. 60~64세의 일하는 남성 비율은 50~54세의 일하는 남성 비율보다 대략 30퍼센트 정도 낮았다. 프랑스는 풍족한 연금제도 덕분에 그 차이가 거의 90퍼센트까지 벌어졌다. 그리고 60대 미국 남성의 인지 기능은 50대에 비해 평균 5퍼센트 감소하는 반면, 프랑스 60대 남성의 인지 기능은 50대에 비해 20퍼센트 감소했다. 그렇다면 범인은 프랑스의 조기은퇴제도일까?

이는 남자들에게만 해당되는 게 아니다. 어느 나라든 일하지 않는 여성 인구를 합쳐도 비슷한 결과가 나온다. 예를 들어 미국은 일하지 않는 60대 남녀 합산 비율이 약 50퍼센트였고 프랑스는 거의 90퍼센트에 달했다. 60~64세 사이의 미국인은 인지 능력 검사에서 열두 문제 중 평균 열한 문제를 맞힌 반면, 프랑스인은 평균 여덟 문제를 맞혔다. 스웨덴, 스위스, 영국, 덴마크는 미국과 비슷한 양상을 보였고 이탈리아, 벨기에, 오스트리아는 프랑스와 비슷했다.

물론 누군가에게 은퇴는 좋은 선택일 수 있다. 직장에서 스트레스를 많이 받거나 유쾌하지 않은 일을 했던 경우는 더욱 그럴 것이다.

STRESS TEST

하지만 치러야 할 대가도 분명 있다.

일을 그만두면 정신적 자극이 감소하고 그 결과 인지 능력이 떨어진다. 물론 일 말고도 자극을 줄 수 있는 대안은 존재한다. 인지 능력 감소가 걱정된다면 일 대신 자극을 줄 수 있는 활동을 은퇴 전에 미리 준비하는 편이 좋다.

하지만 인지 능력이 좀 떨어진다고 호들갑을 떨 필요는 없지 않을까? 기억력은 좀 떨어졌지만 멋진 시간을 보낼 수도 있지 않을까? 지금까지 살펴본 것처럼 기억력과 인지 능력은 인지 예비용량을 구성하며, 치매 발병률을 낮추려면 이 인지 예비용량을 최대한 높여야 한다. 실제로 프랑스에서 65세까지 연금을 받지 않고 일을 계속하는 사람은 60세부터 연금을 받는 사람에 비해 치매에 걸릴 확률이 15퍼센트 정도 낮았다.[39]

그렇다면 분명하다. 정신적 자극은 실제로 정말 중요하다. 그리고 적정 수준의 자극은 우리를 더 똑똑하게 만들어준다. 물론 각성의 티핑 포인트를 넘어설 때 받는 스트레스라는 문제는 존재한다. 그렇게 되면 노르아드레날린 수치가 너무 높아져 코르티솔 같은 나쁜 스트레스 호르몬이 뇌와 몸을 가득 채운다. 그러므로 정신적 자극은 각성의 티핑 포인트 정점에 머무르되 이를 넘어서지 않는 정도가 이상적이다.

모든 것의
핵심,
통제력

　　　　　　　　4장에서 나는 긍정적인 자극과 스트레스가 비슷한 신체 증상을 동반하지만 마음가짐으로 감정을 변화시킬 수 있다고 말했다. 도전이 우리를 더 영리하게 만든다면 스트레스는 우리를 더 우둔하게 만든다. 스트레스는 도전 과제가 자기 능력에 대한 믿음을 넘어설 때 발생한다. 지속적으로 심한 스트레스를 받는 사람은 그렇지 않은 사람보다 기억력이 나쁘고 인지 기능도 떨어지는 경향이 있다.[40·41] 심지어 치매 발병률도 높다.[42] 즉 스트레스는 인지 예비용량을 높이기보다는 떨어뜨린다. 그렇다면 도전과 스트레스를 가르는 기준은 과연 무엇일까? 유익한 스트레스라는 것이 과연 존재할까?

　'유익한 스트레스'라는 말은 꼭 모순 같지만 특정한 형태의 스트레스가 노인들의 인지 기능을 향상시킬 수 있다는 증거가 있다. 하지만 스트레스가 인지 예비용량을 무너뜨린다는 사실도 맞다. 그렇다면 그 둘 사이의 타협점이 과연 존재할까?

　한 가지 분명한 요소는 스트레스의 강도다. 아이를 잃었을 때 받는 스트레스는 매우 커서 우리를 무너뜨릴 수 있다. 이처럼 강도가 지나쳐 우리를 강하게 만들기보다는 완전히 무너뜨리는 스트레스도 분명 존재한다. 하지만 극단적인 경우를 제외하면 사람마다 스트레스에 대응하는 방법은 다르다. 위협으로 받아들이는 사람도 있고 극복해야

할 도전으로 여기는 사람도 있다. 나는 어떤 사람들이 어떻게 반응할지 궁금했다. 그래서 논문을 뒤지다가 한 가지 중요한 요소를 발견했고, 그때 한 유명한 납치 사건이 떠올랐다.

1986년 4월 11일 아일랜드 출신의 브라이언 키난Brian Keenan은 레바논 베이루트의 화창한 이른 아침에 영어를 가르치던 대학으로 출근하고 있었다. 그런데 구식 메르세데스 한 대가 그의 옆으로 천천히 달리다가 갑자기 멈춰 문을 열고 그를 막았다. 총을 든 남자 네 명이 차에서 내려 키난을 강제로 차에 태웠다. 차는 달리기 시작했고 총을 든 남자들은 키난을 차 바닥으로 내동댕이쳤다. 하지만 "나는 차 바닥으로, 그들 발밑으로 내려가고 싶지 않았고, 내려가지 않았다. 그저 차 안에 있던 남자의 무릎에 고개를 박고 있었다. 그것이 큰 혼란을 야기한 것 같았다"라고 키난은 나중에 말했다.

결국 키난은 4년 반 동안 잔인한 이슬람 지하드의 인질로 갇혀 지냈다. 처음에는 혼자였지만 나중에 영국의 저널리스트 존 매카시John McCarthy 역시 인질로 잡혀왔다. 어느 날 눈가리개를 하고 있던 키난에게 간수 한 명이 오더니 그 옆의 침대에 뭔가를 내려놓았다.

"새 옷이다. 입어라."

목소리가 말했다.

"그 옷은 절대로 안 입겠소. 죄수복은 결코 입지 않을 것이요."

키난은 반복해서 말했다.[43]

이 두 가지 사소한 저항 행동이 바로 내가 발견한 요소의 완벽한 예였다. 스트레스를 위협으로 바라보느냐 도전으로 바라보느냐, 나를 무너뜨리는 것으로 바라보느냐 더 강하게 만들어주는 것으로 바라보느냐를 좌우하는 핵심 요소 말이다. 그 핵심 요소는 바로 '통제력'이었다.

키난은 처음 납치를 당한 순간부터 계속 이어졌던 목숨의 위협에도 불구하고 통제력을 잃지 않으려고 노력했다. 그는 아무 손도 쓸 수 없었지만 티끌만큼이라도 통제력을 유지하는 것이 감정적 생존에 필수적이라는 사실을 본능적으로 알고 있었다. 납치범들은 그 통제력을 짓밟기 위해 할 수 있는 짓은 다 했다. 수용소라는 것은 갇힌 사람의 머릿속에도 감옥이라는 벽을 세울 수 있어야만 효과를 발휘하기 때문이다. 하지만 키난은 그들이 자기 머릿속에 그 벽을 세우도록 내버려두지 않았다.

그는 납치 기간 동안 극도의 스트레스를 받았지만 잘 대처했고 결국 살아남아 그 시절에 대한 회고록을 집필했다. 《악마의 요람An Evil Cradling》은 역사상 가장 유명한 납치 회고록이다. 납치돼 있는 상황에서도 티끌만큼의 통제력을 유지하고자 했던 키난의 결단은 그가 보여준 놀라운 감정적 회복탄력성의 핵심이었다.

객관적인 상황이 어떻든 자기 삶을 약간이나마 통제하고 있다고 믿는 사람은 스트레스를 달아나야 할 위협이 아니라 덤벼볼 만한 도전으로 여기는 경향이 훨씬 높다. 자기 삶의 통제 정도에 대한 믿음은 개개인마다 다르다. 키난처럼 내면의 통제력이 강한 사람들은 '나는 내 삶에서 일어나는 많은 일을 통제할 수 있다'고 확신하지만 그렇지 않은 사람들은 '내 삶의 많은 일이 우연히 일어난다'고 생각한다.

스트레스를 받을 때 내면의 통제력이 강한 사람은 스트레스 호르몬인 코르티솔을 훨씬 덜 생성해서 스트레스를 덜 받는다. 반면 자기 삶을 통제하지 못한다고 생각하는 사람은 일생 동안 코르티솔을 더 많이 생성하고 결국 해마상 융기의 기억 센터가 수축된다. 코르티솔이 기억 센터의 뇌세포에 독이 되기 때문이다. 자기 삶을 통제하지 못한다고 생각할 때 스트레스는 실제로 뇌를 약하게 만든다.[44]

키난이 겪었던 극단적인 스트레스 상황, 객관적인 통제 정도가 지극히 낮았던 상황을 생각해보면 중요한 것은 객관적인 상황보다는 스트레스에 대한 태도다. 개개인이 스트레스를 통해 더 강해지려면 자기 삶에서 일어나는 사건들에 대해 어느 정도의 통제력을 갖고 있다고 믿어야 한다. 아주 사소한 저항밖에 할 수 없었던 키난처럼 실제로 그 통제 정도가 지극히 제한돼 있더라도 말이다. 스트레스는 통제력을 발휘하는 사람에게만 유익하게 사용될 수 있다.

그렇다면 숙명론과 니체는 어울리지 않는다. 운명을 믿어 삶을 통제할 수 없다고 생각하면 힘든 시기에 더 스트레스를 받을 수밖에 없다. 그 스트레스는 문제가 발생했을 때 대처 능력을 손상시킬 뿐만 아니라 장기적으로 문제 해결을 위해 필요한 정신적 능력까지 고갈시킬 수 있다. 간단히 말해 뇌를 보호해주는 인지 예비용량을 약화시킨다.

이와 반대로 통제력을 행사하고 있다고 느끼면 스트레스를 덜 받을 뿐만 아니라 강도에게 폭행당했던 경비원 마크처럼 아주 특별한 방법으로 대처할 수 있다. 즉 스트레스를 주는 사건에 대한 '재평가'를 하는 것이다. 그는 분노를 불안으로 인식하고 강도의 공격을 개인적으로 받아들이지 않음으로써 트라우마를 남길 수 있는 경험을 재구성했다. 그는 자기 삶과 감정을 통제할 수 있다고 믿었기 때문에 지난하고 고된 재평가 작업을 해낼 수 있었다.

그런데 여기서 인지 예비용량에 대해 꼭 짚고 넘어가야 할 점이 있다. 그와 같은 정신적 재구성 작업을 위해서는 장기간에 걸쳐 전두엽의 활동이 활성화되어야 한다.[45] 전두엽의 활동은 뇌의 주요 감정 센터인 편도체의 스트레스 관련 활동을 줄인다. 다시 말해 스트레스를 주는 사건의 재평가 작업을 통해 마크는 불안과 분노의 감정을 줄였을 뿐만 아니라 뇌의 전두엽까지 활성화했다고 할 수 있다.

스스로 통제력이 있다고 믿을수록 스트레스를 유발하는 나쁜 경험을 재구성하기가 훨씬 쉽다. 그리고 지속적인 재구성 작업은 다시 전두엽을 활성화한다. 나이 많은 사람들이 정신적 영민함을 유지할 수 있도록 돕는 '인지 풍부화' 작업과 비슷한 과정이다. 그렇다면 어떤 스트레스가 스스로 통제력을 갖고 있다고 느끼는 사람들의 정신적 활동을 높여 인지 기능을 향상시킬 수 있을까? 아동기에 학대 경험이 있는 노인들은 끊임없이 삶을 되돌아보면서 그 사건을 재구성하려고 노력했던 것일까? 반복적인 전두엽 활동이 감정적 트라우마를 넘어서는 풍부한 자극으로 작용해 인지 기능을 향상시킨 것일까?

다른 요소들도 물론 있을 것이다. 끔찍한 사건에 대한 재구성은 반복적으로 분노와 불안의 감정을 유발한다. 그리고 그 감정 때문에 노르아드레날린이 반복적으로 생성된다. 그러면 이렇게 생성된 노르아드레날린이 학대로 인한 건강과 감정 문제에도 불구하고 뇌와 인지

기능을 보호하는 효과를 발휘하는 것일까?

얼음물이 든 양동이에 손을 넣는다고 하자. 당연히 차가움의 고통에 스트레스를 받겠지만 놀랍게도 얼음물 속에 손을 넣고 새로운 단어를 외우라고 하면 평소보다 외운 단어를 더 잘 기억한다. 스트레스가 코르티솔과 노르아드레날린을 증가시키고, 이것이 단기 기억력을 높이기 때문에 최적의 각성 상태를 넘어서지 않는 한 기억력이 향상되는 것이다.[46] 즉 어떤 스트레스는 우리를 정신적으로 더 깨어 있게 한다.

■ ■ ■ ■

5장 앞부분에서 언급했듯이 배우자의 심각한 질병이나 가족, 이웃 간의 불화와 같은 스트레스를 견딘 70대 노인들은 그렇지 않은 노인들보다 인지적으로 영민하다. 하지만 자식이나 손자의 죽음 같은 더 심각한 스트레스는 그와 같은 보호 효과를 발휘하지 못한다. 그 이유는 바로 통제력 때문이다. 뇌졸중으로 쓰러진 배우자를 돌보거나 가족 내 불화를 해결하는 과정에서는 일종의 통제력을 행사할 수 있다. 하지만 자식이나 손자의 죽음에 대해서는 아무것도 할 수 없다. 통제력을 행사할 수 없으니 스트레스의 유익함도 없다.

반면에 스트레스 강도가 약한 질병이나 불화에 대처하는 과정에서는 그 상황과 자신의 반응을 지속적으로 재평가하면서 문제를 해결하고 감정을 조절하느라 반드시 전두엽을 사용할 수밖에 없다. 결국 극단적이지만 않다면 어느 정도의 감정적 동요는 노르아드레날린 수치를 높여 인지 능력을 강화한다.

그와 같은 스트레스를 '양성'이라고 부르는 것은 어쩌면 지나친 미화일지 모른다. 평생을 함께한 배우자가 뇌졸중으로 쓰러지면 당연히 스트레스를 받을 것이다. 가족 내 불화 역시 고통스럽다. 하지만 그런 스트레스는 정신을 일깨우고 충분히 긍정적인 방향으로 사용될 수 있다. 스트레스라기보다는 도전이다. 도전은 올바른 사고방식으로 바라보기만 한다면 뇌를 활성화해서 뇌의 기능을 높인다.

그렇다면 아동기에 성적 학대를 당한 사람들은 그 사건을 재평가하려는 노력 덕분에 정신적 활동이 활발해져서, 감정적으로는 힘들지만 인지 능력은 발달하는 것일까? 아동기에 성적 학대를 겪은 사람들은 인격이 형성되는 시기에 일어났던 그 사건과의 타협을 위해 평생 지속되는 자기 탐구의 길로 들어선다. 학대의 경험은 성장하고 있는 자아의 내면 깊은 곳에 새겨지면서, 그 이질적인 경험으로 생성된 자아를 벗어던지고 자유로워지기까지는 몇십 년이 걸릴 수도 있다. 그러는 동안 그 사건에 대한 수많은 생각과 감정의 혼란, 끝없는 대화와 상담이 이어진다.

이는 자아라는 소프트웨어를 대대적으로 재구성하는 것과 마찬가지며 때문에 평생 그 작업을 마무리하지 못하는 사람도 많다. 그나마 한 줄기 위로가 있다면 언급했던 것처럼 지난한 재평가 작업이 뇌의 전두엽에서 벌어진다는 것이다. 전두엽의 끝없는 자기 인식과 자기 성찰 훈련은 강렬한 정신적 자극으로 수년에 걸쳐 노르아드레날린을

반복 생성하고 결국 인지 기능에 긍정적인 영향을 끼친다. 다시 말해 끔찍한 경험에 대한 재평가 작업으로 훨씬 영리해질 수 있다. 물론 평생 자신을 괴롭히는 그 사건으로 조금의 이익도 보지 못할 수도 있다.

요약하면 스트레스는 우리를 더 똑똑하게 만들어 문제 해결력과 스트레스 대처 능력을 높여줄 수 있다. 단, 통제력이 있어야 한다. 우리 앞에 놓인 도전은 뇌에서 천연 특효약 노르아드레날린을 생성하는 정신적 자극으로 인지 예비용량을 높이고 새로운 문제를 더 잘 해결할 수 있는 능력을 키워준다.

물론 수행 능력을 최고로 끌어올리되 티핑 포인트를 넘어서지 않는 도전이어야 한다. 6장에서 살펴보겠지만 장기간에 걸친 과도한 스트레스는 확실히 우리를 강하게 만들지 않는다.

조앤의 전화 한 통으로 시작된 여정이었다. 그 과정에서 나는 스트레스를 주는 경험이 우리를 더 똑똑하게 만들 수 있다는 사실을 발견했다. 그렇다면 그 반대의 경우는 어떨까? 삶이 너무 편하기만 하거나 스트레스가 없다면 과연 어떻게 될까?

Chapter

6

ENERGY.

나로부터
물러서는 힘

자기 내면의 티핑 포인트와
균형 잡기

행복한 사람이
빠지는
실패의 덫

"안 돼! 멈춰!"

나는 자동차의 대시보드를 부서져라 붙들고 두 발로 바닥을 쳐대며
쉰 목소리로 외쳤다. 두 눈을 크게 뜨고 쿵쿵대는 심장 소리를 들으며
운전대를 잡고 있던 켄을 절망적으로 바라봤다. 그런데 켄은 웃고 있
었다! 세상에, 웃음이 나오다니! 나는 다시 외쳤다.

"멈추라고!"

르노가 커브 길로 이어지는 반대편 차선을 부서질 듯 흔들리며 질
주하고 있었다. 높은 돌담이 획획 지나갔고 시야가 확보되지 않은 커
브에서 갑자기 차가 달려들 것만 같았다. 나는 죽을지도 모른다는 두
려움에 다시 한번 간절히 외쳤다. 그제야 켄도 내 목소리를 들은 것

같았다. 켄은 액셀에서 발을 떼고 갑자기 방향을 틀어 원래 차선으로 되돌아왔다.

"내가 운전할게."

내가 이를 갈며 말했다. 켄은 웃음이 가신 얼굴로 차를 멈추고 내게 운전대를 맡겼다. 땅거미가 지기 시작한 쌀쌀한 스코틀랜드의 오후였다. 목적지에 도착할 즈음 한껏 들떠 있던 활발한 켄은 사라지고 시무룩하고 불안한 켄이 내 옆에 앉아 있었다.

켄과 마지막으로 함께 탄 차는 1981년 말경, 그를 병원으로 태우고 가는 구급차였다. 나는 구급대원 한 명과 뒷좌석 침대에 앉아 있었고 켄은 운전사 옆 조수석에 앉아 흥분을 주체하지 못하고 운전사에게 병원으로 가는 길을 안내하고 있었다.

켄과 자동차에 대한 기억은 그것 말고도 몇 가지 더 있다. 한번은 파티에 온 켄이 모든 사람을 밖으로 몰고 나가 방금 뽑아온 반짝반짝 빛나는 빨간 스포츠카를 자랑했다. 자동차 전시장에서 파티가 열리는 곳까지 32킬로미터를 10분 만에 주파했다는 소리에 모두 얼굴이 하얗게 질렸다. 그런데 차압을 당했는지 빨간 스포츠카는 갑자기 사라졌고 그 후 깡통 같은 르노가 등장했다. 그 르노 안에서 내가 삶이 파노라마처럼 스쳐 지나가는 순간을 겪은 것이다.

마지막 기억은 켄이 어느 날 또 구급차에 실려 가던 날 그의 집 앞에 먼지를 쓴 채 방치돼 있던 르노였다. 그때 켄은 흥분해 날뛰지도, 신이 나서 떠들고 있지도 않았다. 인간의 탈만 남기고 영혼이 빠져나간 것 같았다. 켄은 멍하게 축 처진 상태로 구급차에 실려 갔다.

켄은 누가 봐도 분명한 조울증 환자였다. 그는 충만함과 황홀함, 과도한 자신감과 말없는 우울함 사이를 극단으로 오갔다. 우울할 때는 며칠이고 몇 주고 침대에 웅크리고 있기만 했다. 결국 누군가 구급차를 불러 병원으로 실려 갈 때까지 그는 방 안에서 나오지 않았다. 하지만 기분이 좋을 때는 재치 있고 위트 넘치는 친구이자 직장에서도 나무랄 데 없는 전문가였다. 목표에 집중하고 사람들을 하나로 모을 줄 아는 유능한 리더였다. 기분 좋은 켄과 함께 있으면 누구나 덩달아 기분이 좋아졌다.

하지만 기분이 계속 좋아질수록 상황은 나빠졌다. 그는 기분이 좋을 때면 마치 초인이라도 된 양 힘이 넘쳐흐르고 긍정적인 태도가 하늘을 찔렀다. 반대 차선으로 속도를 내며 달려도 트럭에 치일 일은 없다고 생각했으며, 어느 은행에 가도 원하는 만큼 기금을 지원받을 수 있고 어떤 목표든 달성할 수 있다고 장담했다. 켄의 밝고 충만한 세상에는 위험도, 불안도 존재하지 않았다.

켄은 힘도 좋았다. 어느 날 다정하게 내 목을 팔로 감싸고 웃으며 농담을 하는데 나는 숨이 막혀 아무 말도 할 수 없었다. 하지만 그는 그 사실을 전혀 의식하지 못했다. 흥분 상태에 돌입하면 실수나 위험에 대한 자기 지각 능력이 완전히 사라지곤 했다. 나는 두 손으로 그의 강철 같은 팔을 뜯어내려고 애썼지만 허사였다. 그는 한참을 그러고 있다가 갑자기 팔에 힘을 풀고 자기가 무슨 짓을 한지도 모른 채 숨을 헐떡이는 나를 보며 웃기만 했다. 그러면 얼마 지나지 않아 구급차가 도착했다.

STRESS TEST

마지막으로 본 지 30년이나 지났지만 켄은 절대 잊을 수 없는 친구다. 그리고 니체의 퍼즐 마지막 한 조각을 찾고 있을 때 가장 먼저 그가 생각났다. 켄이 퍼즐을 맞추는 데 어떤 도움을 주었는지는 이 장 말미에 더 자세히 설명할 것이다. 먼저 오래전 진료했던 환자 조를 만나보자.

· · · · ·

조의 태도는 딱히 뭐라고 규정하기 힘들었다. 22세의 키 크고 잘생긴 그는 거만하게 느껴질 정도로 의자에 몸을 파묻고 앉아 있었다. 하지만 침울해 보였고 자신감이라고는 없었다. 처음에는 이해하기 힘들었는데 문득 몸 안의 공기가 다 빠져나간 것 같은 어떤 결핍을 그에게서 느꼈다. 대체 무엇이 빠져나간 것일까? 바로 삶에 대한 의욕이었다. 조는 전장에 나가보지도 못하고 패배한 젊은 장수 같았다.

조는 왜 나를 만나러 왔는지도 정확히 설명하지 못했다. 그저 엄마와 새아빠가 누구라도 만나보라고 해서 나를 찾아왔지만 나 역시 그가 왜 나를 만나러 왔는지 파악하기 힘들었다. 조는 천천히 자기 이야기를 풀어놓았다. 그의 권태는 앉은 자세에만 국한된 것은 아니었다. 말투도 축축 늘어졌고 활기라고는 없었으며 '음', '그러니까', '그냥' 같은 단어가 난무했다. 하지만 천천히 큰 그림이 드러나기 시작했다.

조는 축복받은 어린 시절을 보냈다. 사랑이 넘치는 부모님 밑에서 운동도 잘하고 공부도 잘하는 아들이었으며 친구들에게도 인기 많은 학생이었다. 여름이면 해변의 가족 별장에서 사랑스러운 여동생 두 명과 즐거운 여름방학을 보냈다. 학교에 친한 친구들도 많았고 운동과 공부에서 많은 상을 휩쓸었다. 용돈은 풍족했고 학업을 1년 쉬고 여행을 할 때는 가장 멀고 이국적인 곳으로 가서 친구들에게 엽서를 보냈다.

그런데 몇 가지 사건이 벌어졌다. 문제는 늘 한꺼번에 터진다. 대학 1학년이던 열아홉 살에 세계 여행을 함께한 여자 친구와 헤어졌다. 한 달 후, 부모님이 별거를 선언했고 얼마 지나지 않아 살면서 처음으로 시험에 통과하지 못했다.

조는 이 세 가지 불행한 사건에 적절히 대응하지 못했다. 의욕을 잃고 여름 내내 공부에 손을 놓았으며 재시험에도 실패해 결국 대학을 중퇴했다. 쾌활하고 자신감 넘치던 성격은 냉소적이고 우울한 성격으로 변했다. 대마초를 피우기 시작했고 옛 친구들과 연락이 끊기고 불량배들과 어울리며 빠른 속도로 그들과 비슷한 사람이 돼가고 있었다. 대체 조에게 무슨 일이 일어난 것일까?

쉽게 해결할 수 있는 문제는 아니었다. 조 역시 자기 생각이나 감정을 정확히 파악하지 못하는 듯했지만 그래도 자기 지각은 충분히 하고 있다는 느낌이 들었다. 자신이 남들보다 대단하다고 생각해서 삶에서뿐만 아니라 다른 사람들에게서 특별 대우를 받아야 한다고 느끼는 사람들이 있다. 이런 사람들은 자신과 자신의 욕구가 타인과 타인의 욕구보다 더 중요하다고 생각한다. 그처럼 자기애가 강한 사람

들은 삶이 기대하지 못한 방향으로 흘러갈 때 잘 대처하지 못하는 경향이 있다. 그렇다면 조 역시 낙담한 나르시시스트였을까?

이야기를 나눠보니 어느 정도 그런 면이 있었다. 1970년대 후반에 자란 축복받은 세대라는 점을 생각해보면 특히 그랬다. 조의 세대는 학교를 졸업하면 누구나 취업이 가능했다. 고용 불안은 없었다. 무엇이든 가능하고 한계는 없다는 생각으로 청소년기를 거쳐 성인기에 진입한 세대였다. 경제와 심리에 관한 연구를 살펴보니 경제적 황금기에 성인이 된 사람들은 자기애가 훨씬 강했다. 반대로 불황기에, 예를 들면 2008년 경제위기가 닥쳤을 때 성인이 된 사람들은 나르시시스트적인 성격이 훨씬 덜했다.[1]

인격이 형성되는 중요한 시기의 사회 분위기는 개인의 성격과 가치 및 태도에 영향을 미친다. 경제적으로 힘든 시기에 자란 사람들은 더 조심스럽고 위험을 싫어하며 현재 가진 것에 감사하는 경향이 있다. 어려운 시기에 삶을 꾸려가야 하므로 덜 안달하고 그나마 가진 것에 만족한다. 뿐만 아니라 가족과 친구, 팀, 동료 등 주변 사람들을 챙기는 '타인 지향적' 사고방식이 발달하고 개인의 욕구나 포부, 실망이나 목표에 대한 생각은 줄어든다. 반대로 조처럼 풍족한 시절에 자란 사람은 그와 정반대의 모습을 보인다. 늘 더 나은 것을 추구하고 자신에게만 집중하는 극단적인 자기애를 보이기 쉽다.[2]

조가 바로 그런 경우인 것 같았다. 그런데 몇 가지 의문이 들었다. 조에게 그런 나르시시스트 같은 면이 있다면 도대체 왜 그렇게 삶에 대한 의욕 없이 허무하기만 한 것일까? 지난 100년 동안 1930년대보다 경제적으로 더 힘든 시기도 몇 차례 있었다. 배급 음식으로 견디던 시절은 물론 대량 실업의 시대도 있었고 존 스타인벡의 소설 《분노의 포도》에서 묘사된 먼지 폭풍과 대기근의 시대도 있었다. 그럼에도 불구하고 이 암울한 시기에 성인이 된 사람들의 우울증은 풍요로운 현대보다 훨씬 덜했다. 조사에 따르면 1938년의 미국 대학생들보다 1990년대의 빌 클린턴 시대를 경험한 대학생들의 우울증 수치가 50퍼센트나 더 높았다.[3]

그렇다면 좋은 시절에 사람들은 자기애가 높아질 뿐 아니라 더 불행해진다고 생각할 수 있다. 반대로 어려운 시기에 사람들은 더 감사하게 되고 타인을 생각하게 된다. 그리고 확실한 이유는 밝혀지지 않았지만 우울증도 덜하다. 조의 의욕을 꺾고 그를 불행하게 만든 것도 어쩌면 그 좋은 시절이었는지 모른다. 하지만 왜 그럴까? 왜 좋은 시절이 그런 결과를 야기하는 것일까?

바람은 강한 잔디를 만든다

2012년 나는 아일랜드 서해안을 달리며 조의 문제를 어떻게 해결할지 궁리하고 있었다. 그런데 하필 그때 라디오에서 잔디에 대한 이야기가 흘러나왔다. 어떤 잔디가 러시

아의 대초원 같은 척박한 환경에서 살아남는지에 대한 설명이었다. 며칠 동안 쉬지 않고 불어대는 엄청난 바람이 가는 줄기를 공격해 납작 뭉개버려도 바람이 멈추기만 하면 다시 벌떡 일어나 자라기 시작하는 그런 잔디 말이다. 하지만 그 위대한 자연 이야기가 나를 사로잡은 건 아니었다. 바로 그다음 이야기였다. "똑같은 잔디를 온실에서 키우다가 밖에 심으면 바람이 한 번만 불어도 바로 뽑혀 죽습니다."[4]

대서양의 강풍이 갑자기 차로 달려들었고 길가의 나무들이 신음하며 몸을 뒤흔들었다. 그런데 나는 해안이 가까워지고 있는 줄도 모르고 잔디 생각에만 빠져 있었다. 따뜻한 온실 안에서 보기 좋게 자라고 있는 튼튼한 잔디의 이미지를 떠올리고 있었다. 바로 그때 이런 생각이 들었다. 조의 어린 시절이 바로 온실 안의 그 잔디 같지 않았을까? 바람이 한 번만 불어도 맥없이 쓰러져버리는 잔디 말이다.

더블린으로 돌아오자마자 그 생각을 뒷받침할 만한 연구를 찾았다. 그리고 버펄로 대학교 연구팀의 실험을 발견했다. 이 연구팀은 미국의 성인 2,000명에게 질병, 사고, 폭력, 사별, 파산, 홍수, 지진, 화재 등 살면서 겪은 다양한 도전과 어려움에 대한 질문을 했다.[5] 그리고 2001년부터 2004년까지 3년 동안 스트레스의 정도, 이에 대처하는 방법, 일반적인 삶의 만족도에 대한 추적 연구를 진행했다.

놀랍게도 역경과 심리적 회복탄력성의 관계에서도 여키스-도슨 곡선과 같은 역U 그래프가 그려졌다. 심각한 역경을 겪은 사람은 역경에 잘 대처하지 못했고 스트레스를 받았으며 삶의 만족도도 낮았다. 조처럼 역경이라고는 모르고 살았던 사람도 마찬가지였다. 그런데 역경 곡선의 꼭대기에 있는 사람, 다시 말해 살면서 적당한 스트레스를 받았던 사람들은 앞의 두 그룹에 비해 심리적으로 훨씬 더 잘 대처하고 있었다.

10~12세 사이의 입양아들에게도 매우 비슷한 티핑 포인트가 존재했다. 입양 전에 적당한 수준의 스트레스를 받은 아이들은 중산층 집안에서 부모의 보살핌을 받으며 자란 조 같은 아이들보다 스트레스를 훨씬 잘 이겨냈고 심리적으로도 강인했다. 반면 입양 전에, 예를 들면 가난한 고아원에서 지내며 힘든 시기를 보낸 아이들은 스트레스 없이 자란 아이들과 비슷한 정도로 스트레스 대처 능력이 낮았다.[6] 니체가 어느 정도는 옳았다. 나를 죽이지 못하는 것은 나를 더 강하게 만든다. 단, 그 정도가 너무 심하면 안 된다.

역경이
가져다주는
심리적 백신

얼음이 가득 든 양동이에 손을 넣고 최대한 버텨보자. 손을 넣으면 얼음이 덜거덕거리며 곧 팔에 닭살이 돋을 것이다. 처음의 차갑다는 느낌은 점차 욱신거리는 고통으로 변한다. 과연 얼마나 오래 버틸 수 있을까?

이것은 고통을 얼마나 참을 수 있는지 측정하는 '냉 압박 검사cold

STRESS TEST

pressor test'다. 인생 초기에 별 어려움 없이 자란 조 같은 사람은 어느 정도 힘든 경험을 한 사람보다 훨씬 빨리 손을 꺼낸다. 신체적 고통을 감내하지 못하기 때문이다.[7] 심한 어려움을 겪은 사람도 마찬가지다. '나를 죽이지 못하는 것'이 나를 정신적으로 더 강하게 만들어주는 티핑 포인트가 존재한다는 뜻이다. 허리 통증으로 고생하는 사람들도 검사 결과가 똑같이 적용된다. 전혀 힘들지 않게 살아온 사람들은 살면서 다양한 좌절과 어려움을 겪은 사람들에 비해 허리 통증에 더 스트레스를 받았고 무기력해졌으며 진통제도 훨씬 많이 복용했다.[8]

그렇다면 이 정신력 강화 작용은 어떻게 일어나는 것일까? 역경을 겪지 않은 사람들은 고통에 직면하면 '파국' 상태로 진입하는 경향이 있다. '이 고통이 나를 잡아먹을 거야', '난 견딜 수 없어'라고 생각한다. 하지만 과거에 정신적·신체적 고통을 이겨낸 경험이 있는 사람들은 이번에도 이겨낼 수 있으며 그 고통이 나를 잡아먹지 못한다는 사실을 알고 있다.

'나를 죽이지 못하는 것'의 중요한 교훈 한 가지는 다음과 같다.

역경은 대부분 지나간다는 것이다. 하지만 그런 경험이 없다면 얼음물에 손을 담그고 버티기 같은 사소한 사건을 잠깐의 불편함이 아니라 위협으로 느낀다. 조처럼 심리적·신체적 고통을 느껴본 적 없는 사람들이 어떻게 다른 생각을 할 수 있겠는가? 고통에 짓눌려 자신을 통제하지 못하고 있다는 느낌은 다시 두려움과 불안을 야기해 결국 현재의 역경에 맞설 힘을 갉아먹는다.

그것이 바로 조를 통해서 깨달은 점이었다. 너무 심하지만 않다면 역경은 나쁜 일이 언젠가는 지나간다는 사실을 알려준다. 또한 맥박이 빨라지고 손에 땀이 나는 등의 신체적 각성 증상에 적응하게 해준다. 위협에 대한 자연스러운 반응에 겁먹지 않게 되는 것이다.

과거에 혹독한 일을 겪었다면, 그럼에도 불구하고 살아남았다면 스트레스에 대한 신체적 반응이나 온갖 생각 또는 감정에 익숙할 것이다. 더 중요한 것은 결국 다 지나간다는 사실을 배웠다는 점이다. 그것이 바로 역경이 제공하는 심리적 백신이다. 박테리아나 바이러스에 노출돼 다음 역경을 이겨낼 수 있는 항체를 만든 것이다.

스트레스가
뇌를 강화하는
체계

2012년 10월 안식년을 맞아 미국에서 지내고 있었다. 어퍼웨스트사이드에 있는 아파트 14층 창문으로 밖을 내다보니 뉴욕 스카이라인 사이에서 으스스한 분위기의 푸른빛이 번쩍였다. 번개인 줄 알았는데 알고 보니 홍수로 변전소들이 폭발하여 불빛이 난 것이었다. 태풍 샌디였다. 비바람이 사납게 포효할 때마다 오래된 아파트의 나무 창틀과 유리창이 힘없는 노인처럼 덜거덕거렸다. 엄청난 바닷물이 지하철과 건물을 뒤덮었고 맨해튼 남부전체가 종말이라도 맞은 듯 칠흑 같은 어둠에 빠져들었다. 하지만

15미터 높이로 우뚝 솟은 건물 덕분에 나는 따뜻하고 밝은 곳에서 송구스럽게도 그 폭풍을 바라보며 안식년 첫날 떠오른 질문에 대해 골똘히 생각할 수 있었다.

예전에 몇 달을 함께 보낸 컬럼비아 대학교의 야코브 스턴^{Yaakov} Stern은 '인지 예비용량'이라는 용어를 만들어낸 연구자이다. 5장에서 이미 언급했듯이 교육과 같은 인지 예비용량의 요소들은 치매를 방지한다. 야코브의 다음 질문은 이것이었다. 인지 예비용량의 보호 효과는 정확히 뇌의 어느 부위에서 일어나는가?

나는 한 달이 넘게 그 질문에 대한 답을 조금도 찾지 못했고 소중한 안식 기간을 낭비하고 있는 건지도 모른다는 두려움에 조금씩 짜증이 나고 있었다. 그래서 미국 역사상 두 번째로 파괴적이었던 태풍 속에서도 컴퓨터 앞에 앉아 있었다. 폭풍이 몰아치기 전, 줄이 길게 늘어선 와인 가게에서 가까스로 구해온(다른 가게들보다 줄이 훨씬 길었다!) 와인을 즐기지도 못하고 야코브의 문제로 골머리를 썩고 있었다. 그리고 폭풍이 여전히 기세를 떨치고 있을 때 잠자리에 들었다.

다음 날 아침 웨스트 86번가를 지나 숙소에서 두 블록 떨어진 센트럴파크로 조깅을 하러 갔다. 거리는 괴기스러울 정도로 텅 비어 있었다. 공원에는 나무 몇 그루가 쓰러져 있었고 사람들이 주로 드나드는 입구에는 공원이 폐쇄됐다는 안내문이 붙어 있었다. 하지만 센트럴파크 저수지 둘레를 도는 달콤함을 포기하고 싶지 않았다. 그 놀라운 도시에서 단 하루도 낭비하고 싶지 않았기 때문에 안내문을 무시하고 공원으로 들어갔다.

사람들이 별로 달리지 않는 저수지 동쪽 중간쯤을 달릴 때였다(80~90대 노인들이 조깅하는 모습은 뉴욕에서만 볼 수 있는 특별한 광경이다). 그런데 누가 불쑥 손을 내밀며 나를 가로막았다. 무서운 표정의 경찰이었다.

"폐쇄 안내문 보셨죠?"

"네."

"그래도 들어오신 겁니까?"

"네."

심장이 빨라지기 시작했다. 그는 나를 당장 경찰서로 끌고 갈 태세였다.

"이러시면 안 됩니다."

나는 안 될 건 없다고 생각했다. 나무 몇 그루가 쓰러졌을 뿐이다. 물론 기울어진 나무가 갑자기 내 머리 위로 떨어질지도 모른다는 생각이 들기는 했지만 그럴 가능성은 길거리에서 지붕 파편에 맞을 가능성보다 낮아 보였다. 하지만 뉴욕 경찰과 실랑이를 벌일 필요는 없다.

"아, 네. 죄송합니다."

그는 엄지로 동쪽을 가리키며 근엄하게 말했다.

"당장 나가세요."

가장 가까운 입구를 향해 달리는데 갑자기 온갖 감정이 뒤섞이기 시작했다. 경찰이 야기한 불안은 경찰서에 안 가도 된다는 안도감으로 조금씩 희미해졌다. 하지만 부끄러웠다. 흰머리까지 난 교수인 내가 내 나이의 절반도 안 될 것 같은 경찰에게 어린아이처럼 혼이 났다는 사실이 몹시 부끄러웠다.

공원을 에둘러 아파트로 돌아오느라 평소보다 생각할 시간이 많았다. 그래서 좀 전에 경찰을 마주했을 때의 내 반응에 대해 곰곰이 생각해봤다.

첫째, 맥박이 평소보다 빨라졌다. 까칠한 경찰이 범칙금을 부과할지도 모른다는 두려움 때문이었다. 둘째, 또 다른 경찰이 불쑥 나타날까 사방을 살피듯 주변에 대한 집중력이 고도로 강화됐다. 셋째, 모든게 새로워 보였다. 텅 빈 거리, 쓰러진 나무들과 비현실적인 도시의고요 모두가 새로웠다. 하지만 그 모든 감정을 압도하는 네 번째 감정이 있었다. 바로 자의식이었다. 경찰에게 혼이 난 후 내 마음은 안내문을 무시하고 들어온 것이 잘한 일인지 잘못한 일인지 계속 곱씹었다. 내 에고가 자가 재생 작업에 돌입했음을 느낄 수 있었다. 법을 준수하고 안전을 고려하고 책임감 있는 훌륭한 시민이라는 자기 인식을 보호하기 위한 조치였다.

공원의 서쪽을 걷고 있을 즈음 자의식은 조금씩 사라지고 어느새나는 야코브의 질문에 대한 답을 궁리하고 있었다. 내가 가장 먼저 느낀 동요는 두려움과 부끄러움으로 인한 각성 증상이었고, 잘 알고 있듯이 그 증상의 핵심 요소는 바로 노르아드레날린이다.

나는 뉴욕에 오기 전 뇌의 연결망을 강화시키는 노르아드레날린의반복 생성으로 인지 예비용량이 높아진다는 논문을 이미 발표한 상태였다.[9] 적당한 스트레스는 노인들의 인지 기능에 긍정적인 효과를발휘한다는 사실도 알고 있었고 이 또한 노르아드레날린 덕분이라고생각하고 있었다.

자의식에 휩싸여 천천히 아파트로 돌아오면서, 야코브의 질문에 대한 답을 찾을 수 있는 방법이 갑자기 떠올랐다. 인지 예비용량에 중요한 노르아드레날린이 특별히 중요한 역할을 하는 뇌의 연결망을 찾아내는 것이다. 나는 안전하게 집으로 돌아와 샤워를 하고 조금은 차분해진 상태로 아침을 먹으며 답을 찾을 준비를 했다.

며칠 동안 수많은 논문을 정독해야 했지만 답은 확실했다. 노르아드레날린이 핵심적인 역할을 하는 뇌의 연결망은 네 가지였다.

첫째, 각성과 환기다. 둘째, 주의력, 특히 지속적 주의력이다. 셋째, 새로운 것에 대한 반응이다. 예상치 못한 사건은 곧바로 노르아드레날린을 방출한다. 그리고 네 번째는 바로 자기 지각이다.[10]

놀랍게도 그 네 가지가 바로 공원에서 터덜터덜 돌아오면서 내가 느낀 것들이었다. 그 사소한 스트레스가 맥박을 높이고 주의력을 향상시키고 모든 것을 새롭고 낯설게 만들었을 뿐만 아니라 약간 불편하게 나 자신을 의식하게 만들었다.

지금까지 내가 알게 된 사실들은 다음과 같다. 각성과 환기는 니체의 원칙을 적용하는 데 중요한 요소이며(1장, 4장) 주의력은 우리를 감정적으로 강화하는 데 중요하다(2장, 3장). 또한 새로움은 뇌의 연결망을 늘려 우리를 더 똑똑하게 만들어준다(5장). 하지만 니체의 티핑 포인트와 자기 지각의 관계는 아직 찾아내지 못했다. 그런데 그 자기 지각이 조의 퍼즐을 맞추는 데 아주 큰 도움이 됐다.

마음이
내 안에 갇히면
불행해진다

내가 조의 태도에서 확실히 규정하기 힘들었던 점이 바로 그 부분이었다. 냉소적인 태도로 세상에는 별 관심이 없었던 조의 마음을 거의 대부분 차지하고 있던 것은 바로 '조' 자신이었다. 조는 극단적인 나르시시스트는 아니었지만 분명 부정적인 방향으로 자신에게 파묻혀 있었다. 그는 늘 자신을 관찰하고 자기의 말을 듣고 있는 것 같았다. 여기에는 정신직 에너지가 들어가기 때문에 조의 느리고 산만한 태도도 어느 정도는 그 때문일 것으로 추측됐다.

누구나 가끔 자신을 살핀다. 센트럴파크에서 무서운 경찰을 만난 후 나도 분명히 그랬다. 하지만 그 사건이 일어나기 전 내 마음은 맨해튼의 멋진 스카이라인, 즉 밖으로 향해 있었고 '나'는 내 마음속에 잠깐 스쳐 지나갔을 뿐이었다.

태풍 샌디 때문에 지하철이 폐쇄되고 청소부들이 황량한 거리를 청소하고 있을 때 나는 자기 지각에 대한 논문들을 살펴보기 시작했다. 결론은 확실했다. 조처럼 자기 자신이 마음의 대부분을 차지하고 있으면 대부분 불안해지고 불행해진다. 한 가지 예외가 있긴 했다. 자신의 긍정적인 점에 대해서만 생각하면, 자신이 가진 것과 자신이 이룬 성취에만 집중하면 기분이 좋아질 수도 있다.[11] 하지만 긍정적인 자기 집중도 정신적 에너지가 많이 들기 때문에 함께 있기 피곤한 사람이 될 수도 있다.

조의 생각과 행동을 점점 이해하게 됐지만 인지 예비용량에 대한 야코브의 질문은 어떨까? 뇌의 인지 기능은 네 가지 요소(각성, 주의력, 새로움, 자기 지각)에 달려 있으며 우뇌, 특히 우뇌의 전두엽이 그 네 가지 요소와 긴밀하게 연결돼 있다.[12·13] 그리고 그중 세 가지, 즉 각성, 주의력, 자기 지각은 우뇌의 노르아드레날린 활동과 관련이 있다는 사실도 이미 많은 연구를 통해 밝혀졌다. 그런데 나머지 한 요소, 새로움도 마찬가지였다.[14]

센트럴파크에서 경찰을 만난 부끄러운 경험 덕분에 야코브가 던진 질문의 답을 찾을 수 있었다. 우뇌의 전두엽과 두정엽이 인지 예비용량을 좌우하는 핵심 부위다. 그리고 치매 저항력을 키우는 과정이 스트레스를 이겨낼 수 있는 힘을 주는 데도 중요한 역할을 한다.

에고와
적당한
거리 두기

조는 멋지고 행복했던 과거의 자신과 스스로도 만족스럽지 못한 현재의 자신 사이의 괴리를 받아들이지 못하는 것 같았다. 과거의 모습을 잊고 현재의 자신을 받아들이지 않으면 절대로 자신의 문제를 해결하지 못할 것이다.

STRESS TEST

나는 조보다 훨씬 극적인 자기 변화를 받아들인 사람들을 많이 만났다. 일도 잘하고 사회적으로도 활발하게 활동하던 사람들이 갑자기 뇌를 다쳐 직장을 잃고 궤도에서 이탈해 나이 많은 부모님 집으로 들어가는 경우도 있었다. 뇌졸중이나 다른 신경학적 이유로 한창 활동할 시기에 길을 잃은 사람들, 가정이나 지역사회에서 중요한 인물이었다가 순식간에 다른 사람에게 의지할 수밖에 없게 된 사람들도 있었다.

조의 스트레스를 사소한 것으로 만들어버리는 그 엄청난 역경에 그들은 어떻게 대처했을까? 많은 사람들이 체념하고 항복했다. 자신에게 부당한 일이 일어났다며 분노하고 억울해했고 자신은 물론 사랑하는 사람을 괴롭히는 이들도 있었다. 3장에서 언급했던 폴처럼 갑자기 무능해진 자신이 아무렇지도 않다는 듯 이상할 정도로 차분한 사람들도 있었다. 나중에 알고 보니 그런 태도는 뇌의 자기 지각 부위가 손상됐기 때문이었다.

하지만 흔치 않은 네 번째 경우가 있었다. 바로 지독한 상실 가운데서도 긍정적인 면을 찾아내는 사람들이었다. '나를 죽이지 못하는 것은 나를 더 강하게 만든다'는 말을 온몸으로 보여주는 이들이었다. 게리는 그런 면에서 잊을 수 없는 환자였다. 산업기술자였던 게리는 콘크리트 덩어리에 뇌를 다쳐 더 이상 일을 할 수 없었다. 다행히 자기 지각 능력은 영향을 받지 않았다. 처음에 혼수상태에서 깨어나 앞으로 헤쳐나가야 할 어려움을 마주하고서는 몇 달 동안 슬퍼하고 우울해했다. 말을 더듬고 몸도 불편해지면서 예전 직장 동료와 친구들과 멀어질 수밖에 없다는 사실을 씁쓸하게 받아들였다.

하지만 점차 새로운 삶과 타협해나갔다. 마음이 편해지면서 할 수 없는 일에 더 이상 신경 쓰지 않게 됐다. 그리고 한 번도 해본 적 없는 그림을 그리기 시작했다. 게리는 생생한 색을 사용해 그림을 그렸다. 아이들 그림처럼 유치하다고 할 수도 있었지만 달리 보면 자유롭고 비범했다. 예술에 몰입할수록 게리의 우울증은 빠르게 사라졌다.

그는 끔찍한 상황에서도 긍정적인 면을 찾아냈다. 그를 죽이지 못한 것은 정말로 그를 감정적으로 더 강하게 만들었다. 하지만 게리처럼 역경 앞에서 강해지려면 두 가지가 전제돼야 한다.

첫째, 솔직한 자기 인식이다. 마음을 비우고 자신이 누구이며 무엇을 할 수 있는지 새로운 한계를 받아들여야 한다. 그래야 필요한 변화를 만들어낼 수 있다. 당연히 고통스럽고 힘든 과정이며, 게리도 예전의 자기 모습으로 돌아가고 싶다는 마음을 포기하는 데 2년이 걸렸다.

둘째, 3장에서 언급한 '전진'하려는 근성이다. 목표가 안 보여도 힘든 시기를 통과하고자 하는 단호한 접근 상태 말이다. 어쩌면 전진 자체가 목표일지도 모른다. 게리는 직장도 없고 만날 사람도 없는 상황에서 외로움과 권태로 절망을 느꼈지만 그림을 그리면서 접근 상태가 되려고 힘들게 노력했다. 이렇게 게리가 자기 지각과 근성 둘 다 갖고 있었다면 조는 높은 자기 지각 수준에 비해 전진하려는 근성이 없었다.

게리의 이야기는 지나치게 낙천적으로 들릴 위험이 있지만, 이것이 그만의 이야기는 아니다. 척추를 다쳐 신체 일부가 마비된 환자들의

예를 들어보자. 사고를 당한 후 두 다리가 마비되거나 사지가 마비된 환자들의 1~2년 후 감정 상태는 어떨까? 그 질문에 답하려면 이렇게 물어야 한다. 누구와 비교해서 그럴까? 극적인 사건 하나로 삶이 완전히 달라진 사람들과 비교하는 것이 이상적일 것이다.

일리노이의 연구팀은 복권 당첨자 22명과 척추 손상으로 신체 일부가 마비된 환자 29명을 비교 연구했다. 결과는 놀라웠다. 극적인 사건이 있은 지 1년 후, 일상적인 삶에서 기쁨을 느끼는 정도는 두 집단이 똑같았다.[15]

심각한 뇌 손상으로 게리와 비슷한 문제를 겪고 있는 환자들에 대한 조앤 콜리컷Joanne Collicutt의 연구 결과도 주목할 만하다. 조앤은 한 그룹은 사고 후 7개월이 지나서, 다른 한 그룹은 사고 후 대략 10년이 지난 후에 인터뷰를 실시했다. 그녀는 외상 후 성장 징후, 다시 말해 게리처럼 끔찍한 사건을 겪고도 긍정적인 면을 찾아낸 사람들이 있을지 궁금했다. 연구 결과 실제로 많은 사람들이 그랬다. "매일 감사하며 살아요." "다른 사람들과 친밀감을 느껴요." "자신감이 늘었어요." "새로운 취미가 생겼어요." 심지어 자신에게 일어난 최고의 일이 바로 뇌 손상이었다고 대답한 여성도 있었다(다른 한 가지는 첫 번째 남편과 헤어진 것이었다!).[16]

콜리컷의 환자들은 니체의 격언을 증명하는 완벽한 예다. 그들을 죽이지 못한 것은 그들을 더 강하게 만들었다. 그들은 일리노이의 신체 마비 환자들처럼 삶의 사소한 것에서 즐거움을 찾았다. 일에서의 성공이나 능력 발휘, 사회적 지위처럼 더 이상 적용할 수 없는 기준을 포기했으며 대신에 새로운 시각으로 자신을 바라보는 법을 배웠다.

자신감의 원천이었던 기준을 포기하는 것은 물론 쉬운 일이 아니다. 게리 역시 일과 일을 통한 수입, 동료들을 잃었다는 상실감을 버리고 화가로서 일상의 기쁨을 찾으며 자신에 대한 좋은 감정을 느끼는 데 수년이 걸렸다.

이렇게 되기 위한 방법은 오직 자기 지각뿐이다. 특히 자신에게 일어났던 일에 대한 재평가가 이뤄져야 한다. 그 과정에 대해 더 살펴보니 자신에게 일어난 일을 재평가할 수 있는 방법은 두 가지였다. 우리 모두 언젠가는 해내야 할 일인데, 바로 '상황'을 재평가하는 것과 '자신'을 재평가하는 것이다.

상황을 재평가하는 예는 다음과 같다. 커피 자판기 앞에서 직장 동료를 만났는데 당신이 별생각 없이 한 말에 그가 몹시 화를 낸다. 그래서 불안해지고 화가 나고 안절부절못하게 된다. 하지만 이렇게 생각한다. '주말에 나쁜 일이 있었나? 기분이 안 좋은가 보네.' 그러면 즉시 기분이 나아진다. 그 상황을 재평가했기 때문이다.

자신을 재평가하는 예는 다음과 같다. 동료가 괜히 시비를 걸며 기분 나쁘게 만든다. 그리고 다른 동료들에게 가서는 즐거운 모습을 보인다. 그렇다면 상황이 문제가 아니라 내가 문제라는 생각이 들 것이다. 하지만 그를 화나게 할 만한 짓도 하지 않았고 그에게 직접 물어봐도 특별한 이유는 없다고 한다. 그럼에도 불구하고 계속 내게만 부정적인 모습을 보인다.

일반적으로 후자와 같은 사례가 훨씬 심각하게 느껴질 것이다. 타

인의 거절은 인간에게 가장 큰 스트레스 요인 중 하나이며 그럴 만한 이유도 충분하다. 진화론에 입각해서 살펴보면 집단에서 거절당하는 것은 적들이나 포식자에게 죽임을 당할 수도 있다는 뜻이기 때문이다. 사회적 거절로 인한 고통은 신체적 고통을 느낄 때와 똑같은 뇌 연결망을 활성화한다. 이럴 때 실제로 아스피린을 먹으면 기분이 나아지기도 한다.[17]

동료가 아무 이유 없이 자신을 거부하면 엄청난 스트레스와 불안을 느낀다. 그 스트레스의 주된 원인은 바로 다음과 같은 질문이다. '나한테 문제가 있나?' 그렇게 소중한 지아가 위협을 느낄 때 상황에 대한 재평가로는 그 위협에서 빠져나갈 수 없다. 그때 필요한 것이 바로 자신에 대한 재평가다. 이는 뇌나 척추 손상으로 인한 끔찍한 상실과 화해한 사람들을 보며 내가 찾고 있던 단어와도 같은 뜻이었다. 바로 '거리 두기'다.

거리 두기는 '나'라는 전쟁터에서 한 발짝 물러난다는 뜻이다. 편안하고 행복할 때나 기분 좋은 생각이 많을 때는 나 자신에게서 비교적 쉽게 빠져나갈 수 있다. 자기를 비웃거나 특이한 성격을 놀리기도 한다. 그것이 거리 두기다. 하지만 위협에 처했을 때, 예를 들어 경쟁 상대에게 공개적인 자리에서 비난을 받고 있다면 상황이 다르다. 그 전쟁터에서 빠져나올 방법은 없다. 충돌 시 어떤 손상을 입을지 불안하게 살피며 위급 상황 매뉴얼을 따를 수밖에 없다. 그런 상황에서는 거리 두기가 불가능하다. 유쾌한 분리는 없다. 잠도 자지 못하고 직장에서도 불안해하며 자신만 바라볼 것이다.

자기 재평가는 힘든 일이지만 연습을 통해 나아질 수 있다. 이는 우리 뇌가 '바라보고 있다고 말한 것을 바라볼 수 있는' 위대한 능력을 갖고 있기 때문에 가능하다.

자기 재평가는 이미 벌어진 현실을 받아들인다는 뜻이다. 앞에서 언급했던 그 동료는 이유도 말해주지 않고 더 이상 나를 좋아하지 않는다. 하지만 나는 나 자신을 재평가해 그 현실이 내게 끼치는 영향력을 줄일 수 있다. 예를 들면 내게는 나를 좋아하는 다른 친구들도 많고 그 친구의 변덕은 내 문제가 아니라고 스스로 다독이는 것이다.

이런 거리 두기는 한 가지 방법일 뿐이지만 고통을 줄여 힘든 시기를 이겨낼 수 있도록 도와주는 아주 좋은 방법이다.[18] 예를 들어 해직 권고를 받았다고 해보자. 돈이나 생존과 같은 현실적인 걱정이 드는 것도 당연하지만 직장을 잃을지도 모른다는 생각을 자신에 대한 위협으로 받아들여 더 큰 불안의 원인으로 만들 필요는 없다.

내가 진료했던 많은 환자들은 힘든 장애에도 불구하고 거리 두기를 배워 감정적으로 살아남았다. '내 일이 곧 나는 아니야.' '성적 능력이 없다고 내가 없어지는 건 아니야.' '다리가 없어도 나는 나야.' 이런 재평가를 통해 자신을 다독이는 것이다.

이것은 외상 후 성장에 꼭 필요한 요소다. 고난을 통해 성장하려면 후퇴와 접근이 동시에 필요하다. 그렇다. 상실 앞에서도 전진해야 하지만 먼저 과거 자신의 목표에서 물러나야 한다. 결국 나를 죽이지 못하는 것을 통해 더 강해지려면 단순한 행복보다는 더 복잡한 감정을 느낄 수 있는 상태로 좌뇌와 우뇌를 활용해야 한다.

이는 조앤 콜리컷의 발견과도 일치한다. 뇌 손상 이후 가장 많이 성장한 환자들은 가장 불안해했던 환자들이었다.[19] 더 정확히 말하면 니체가 말한 대로 강해지기 위해서는 그 복잡한 감정을 느껴야 했다. 그 복잡한 감정은 단순하지도 않을뿐더러 결코 편해지지도 않을 것이다. 하지만 바로 그 불편함이 고난을 통해 더 강해진 사람들이 생생하게 살아 있다는 느낌을 받는 이유인지도 모른다. 이는 긍정성과 목표에 집중하는 전두엽 좌측과, 신중함과 거리 두기와 약간의 불안한 자기 지각을 가능하게 하는 전두엽 우측이 함께 움직여야 가능한 것이다.

이런 내 생각을 뒷받침하는 연구가 있었다. 상황에 대한 재고는('주말에 나쁜 일이 있었나보군') 전두엽 좌측을 활성화하고 자신에 대한 재평가는(누가 나를 싫어할 때 느끼는 고통과 거리 두기) 전두엽 우측을 활성화한다.[20·21] 고난을 통한 접근과 회피 사이의 아슬아슬한 균형 잡기는 뇌에도 꼭 필요하다.

우리는 가끔 반드시 물러서야 한다

이 장의 첫머리에서 나를 거의 죽일 뻔했던 켄에 대해 이야기했다. 켄은 접근과 회피의 극단을 오가고 있었고 그 중간에서 균형을 잡지 못하는 것이 그의 비극이었다. 간혹 그 균형을 찾아 티핑 포인트에 머무를 때 켄은 재능이 넘치고 매력적인 인간이었지만 불행하게도 그 상태에 오래 머물지 못했다. 양극성 장애의 조증 상태일 때는 전두엽 좌측의 활동이 왕성해져 미래를 내다보고 목표를 향해 돌진하는 리더가 된다. 반대로 우울한 상태가 되면 전두엽 우측이 우세해져 실패와 위험에 대한 생각으로 불안해하며 뒷걸음질 치는 패배자가 된다.[22]

조는 양극성 장애라기보다는 만성적으로 기분이 안 좋고 불안해하고 회피하며 자기 생각에만 빠져 있는 상태였다. 조 역시 균형을 찾아야 했는데 일단 균형을 찾으면 아마 켄보다는 그 상태를 유지하기가 훨씬 쉬웠을 것이다.

켄을 생각하면 고난을 통해 성장하기 위해 꼭 필요한 것은 '균형'이라는 내 결론에 확신이 든다. 접근과 회피, 긍정과 부정, 보상 추구와 징벌 회피의 균형뿐만 아니라 자아의 균형, 즉 자기 내면의 티핑 포인트 역시 필요하다. 켄은 기분이 좋을 때 긍정성과 에너지가 넘쳤지만 무엇보다도 새로운 목표를 성취하고 이를 통해 얻는 기쁨과 보상에 목말라했다. 더 자세히 살펴보니 양극성 장애의 조증 상태에 있는 사람들은 실제로 보상 네트워크의 일부인 쾌락 센터, 즉 복측선조체가 다른 사람들보다 훨씬 민감하게 반응했다.[23]

켄처럼 쾌락 센터가 민감한 사람들이 또 있다. 바로 코카인 중독자들이다. 코카인도 무엇이든 할 수 있을 것 같다는 긍정적인 기분을 느끼게 해준다. 월스트리트와 런던의 은행가들, 브로커들이 코카인을

STRESS TEST

남용한 것이 2008년 글로벌 금융위기의 한 원인이었을 것이라는 주장도 있다.[24] 악명 높은 사기꾼 버니 매도프Bernie Madoff의 사무실은 '눈이 엄청나게 쌓여 있는 북극'이라고도 알려져 있다(마약이 하얀색인 것을 비유한 표현이다-옮긴이).[25]

켄은 접근 체계가 과도하게 활성화돼 경제적으로 파산했지만 적어도 글로벌 금융위기는 초래하지 않았다. 하지만 코카인을 복용한 금융 종사자들처럼 자기 지각이나 위험에 대한 판단 능력이 무뎠다. 그래서 내가 스코틀랜드의 그 도로에서 켄의 차에 탔다가 큰일이 날 뻔했던 것이다. 하지만 켄처럼 접근 체계를 활성화하기 위해 코카인을 복용할 필요는 없다. 대부분의 사람들이 가끔은 일상의 업무와 목표에 진지하게 집중한다. 지루한 반복일 수 있지만 승진이나 경제적 보너스라는 보상에 집중하는 미래지향적 열망일 수도 있다.

접근 체계가 너무 강력하게 작동해 더 많은 보상을 바라게 되면 전두엽 우측의 회피 체계는 억제될 수밖에 없다. 불안이 가라앉아 전진하게 되는 긍정적인 면이 있고, 자기 지각이 약해진다는 부정적인 면도 존재한다. 성공에 취해 자기만 생각하고 오만해지거나 타인의 관심과 감정에 무심하게 변한 사람을 한 명쯤은 알고 있을 것이다. 이들은 아마도 삶의 도전에 적절하게 대응하면서 자신에 대한 재평가를 하지 못하는 대가를 치를 것이다. 자기 지각은 자기 재평가를 위해서도 중요하지만 보상만 추구하다가 자기 지각이 무뎌지면 성장 가능성 또한 줄어든다.

뇌 손상으로 힘든 시기를 보내야 했던 게리만큼 성장해야 한다는 뜻은 아니다. 게리는 더 이상 일도 할 수 없고, 친구도 잃고, 말하고 듣기는 물론 제대로 걷기도 힘들어져 이상하게 바라보는 사람들의 시선을 느꼈다. 하지만 그러면서도 여전히 삶은 달콤할 수 있다는 사실을 발견함으로써 도전에 맞섰다. 궁극적으로 모든 인간은 게리처럼 삶에 적응해나가야 한다. 누구나 삶의 모든 측면에서 더 이상 뛰어나지 않은 때를 맞이한다. 젊은 사람들에게 밀려 더 이상 최고가 아니라는 생각에 낙담할 수 있다. 젊음을 잃었다는 사실을 받아들이지 못하는 사람도 있고 직장에서 물러나야 한다는 사실에 고통스러워하는 사람도 있다. 물론 뇌를 다쳐 갑자기 온몸이 마비된 사람들이 마주해야 하는 도전에 비하면 아주 사소할 뿐이다.

니체의 마지막 퍼즐 한 조각은 바로 이것이었다.

역경을 통해 강해지려면 자기 안에서 그 미묘한 균형을, 티핑 포인트를 찾아야 한다. 고난을 겪으며 성장하느냐 후퇴하느냐는 바로 그 접근과 회피의 균형에 달려 있다. 조는 고난을 통해 성장하지 못했다. 조는 불안해하는 회피 상태로 위축됐고 그의 삶은 궁지에 몰렸다. 게리는 성장했지만 완전한 후퇴와 회피, 절망의 시기를 거쳐야 했다. 자신을 재구성하는 것은 재미있지도 쉽지도 않은 일이다.

더 잘 뛰기 위해 물러서야 한다는 속담은 니체에게도 적용된다. 또한 베케트의 말과는 상관없이 그저 전진하지 못하는 때도 종종 있다. 불안해하고 경계하는 회피 상태로 물러날 수밖에 없고 절망의 구역으로 몰릴 수도 있다. 자기 인식은 고통스러울 수 있으며 많은 사람들이 어떻게든 이를 피해 가려고 노력한다. 과도한 일로, 과음과 약물

로, 성에 대한 강박으로, 자학에 가까운 운동으로 말이다. 하지만 우리는 가끔, 반드시 물러서야 한다. 과도한 접근 체계에서 빠져나와야 한다. 그렇지 않으면 재평가에 익숙하지 않고 고난을 통해 강해지지 않은 무기력한 자아는 결국 장벽에 부딪혀 크게 휘청거릴 수밖에 없다. 조는 너무 일찍 그 벽에 부딪혀 대가를 치러야 했다.

그런데 내가 진료했던 많은 환자들이 자기 인식 없이 불도저처럼 삶을 밀고 나가기만 하는 정반대의 모습을 보였다. 대부분 알코올중독이었거나 중독에 가까워지고 있었다. 오웬이라는 젊은 환자도 그랬다. 주치의가 술을 너무 많이 마신다고 걱정하면서 내게 보낸 환자였다. 바를 몇 개 소유하고 있는 성공적인 사업가였던 오웬은 이렇게 말했다.

"서른 살이 되기 전에 백만장자가 되는 게 목표예요. 반드시 그렇게 되고 말 겁니다!"

하지만 술을 너무 많이 마셨고 이성과의 관계도 오래가지 못했다. 주치의에 따르면 간 기능 검사에서 알코올중독을 의심하게 됐다고 했다. 하지만 오웬은 서른이 되기 전에 백만장자가 되겠다는 목표를 향해 불타오르고 있는 완전한 접근 상태였다. 실제로 목표에 거의 도달했고 곧 그 목표를 이룰 수 있다는 생각에 잔뜩 흥분해 있었다. 하지만 흥분과 동시에 불안하기도 했고 그것이 과음을 부추기는 요인이기도 했다.

그러면 결국 어떻게 될까? 오웬은 흥분과 불안 때문에 어려움을 겪고 있었지만 접근 상태에서 빠져나올 수 없었다. 열여섯 살 때부터 서른 전에 백만장자가 되겠다는 열망 하나로 일에만 매달렸고 이제 거의 목표에 도달했으니 그럴 만도 했다. 지금 생각해보면 그의 문제는 바로 자신이 그 목표가 돼버렸다는 점이었다. 그는 좁은 의자에 웅크리고 앉아 조금도 성장하지 않고 발전하지 않았다. 목표를 달성하기 위해 하루에 열여섯 시간씩 앞만 보고 달려왔기 때문이다.

생각해보면 그는 사고로 신체가 마비된 환자들보다 결코 더 행복하지 않았던 일리노이의 복권 당첨자들과 비슷했다. 나는 그가 어쩌면 뇌나 척추를 다친 환자들보다 훨씬 불행해질 것 같다는 생각까지 들었다. 그의 자아가 삶에서 차지하는 비중이 너무 작았고, 그는 그 사실을 인정하지 않으려고 계속 술을 더 마실 것이기 때문이다.

하지만 자기 지각이 '물러섬'의 전부가 아니라는 생각이 강하게 들었다. 오웬이 술을 끊고 접근 상태에서 빠져나와 자신을 돌아보는 상태로 물러섰다고 해도 문제는 남는다. 그러고 나서 어떻게 할 것인가? 눈앞이 깜깜할 것이다. 그는 그 생각만 해도 두려워질 것이고 그래서 과음을 할 수밖에 없었을 것이다.

■ ■ ■ ■ ■

균형을 찾기 위해서는 자기 재평가가 전부가 아니라는 생각이 들었다. 그때 갑자기 떠올랐다. 다리를 잃으면, 외모가 망가지면, 직장을 잃고 사회적 지위와 삶의 목표를 잃으면 새로운 자신감의 토대를 찾아야 한다.

STRESS TEST

이를 위해 필요한 것은 무엇일까? 바로 창조성이다. 나를 죽이지 못하는 것을 통해 강해지려면 자기 평가의 토대가 될 수 있는 새로운 형태의 목표를 '창조'해야 한다. 결코 쉬운 작업은 아니다.

나는 다시 논문을 파고들었다. 접근 상태에서 물러나 회피 상태로 돌입하면 창조성 발휘에 도움이 될까? 아니면 그 반대일까? 답은 이미 나와 있었다. 연구에 따르면 창조적이고 확산적인 사고는 우뇌의 역할이었다.[26] 회피 체계는 우뇌의 지배를 받는다고 이미 언급했다. 즉 회피 상태일 때 더 창조적일 수 있다는 뜻이다. 엄청난 좌절을 겪은 후 새로운 목표를 찾아야 할 때 필요한 것은 바로 물러섬과 창조성 두 가지다. 이에 대한 증거도 있다. 논리적·수렴적 사고로는 풀 수 없고 창조성의 핵심인 느슨하고 확산적인 사고로만 풀 수 있는 '통찰 문제'가 있다. 확산적 사고는 수렴적 사고보다 아이디어와 개념이 덜 분명하고 훨씬 열린 관계를 토대로 한다. 예를 들어보자. 다음 세 단어와 관련 있는 한 단어는 무엇일까?

tooth(치아) / heart(심장) / potato(감자)

답을 찾으려면 논리보다는 열린 사고가 필요하다. 바로 sweet(달콤함)이다. 다음 문제도 풀어보자(정답은 다음 단락 끝에 있다).

Light(불빛) / birthday(생일) / stick(막대기)
copyright(권리) / cat(고양이) / carbon(먹지)

문제를 풀기 전에 한 그룹은 왼손으로 45초 동안 네 차례 고무공을 주물렀다. 손을 전혀 움직이지 않은 통제 집단과 비교해볼 때 고무공을 주무른 사람들은 창의력 관련 문제를 훨씬 잘 풀었다.[27] 공을 주무르는 행동이 회피 상태일 때처럼 우뇌를 활성화하기 때문이다. 전두엽 우측을 자극하면 창조성이 발휘된다는 또 다른 연구도 있다.[28] (답은 candle[양초]과 copy[베끼기]다.)

과연 정말일까? 창조성을 발휘하는 데 가장 큰 장애는 기존의 사고를 떨쳐버리는 것이다. 현재의 사고방식을 내려놓고 더 폭넓은 시각으로 새로운 것을 찾아야 한다. 이것이 바로 회피 상태일 때 일어나는 일이다. 눈앞의 목표를 내려놓고 관심 대상을 넓히고 가끔은 불안하게, 위협이 있는지 세밀하게 수평선을 살핀다. 이를 통해 느슨해진 마음으로 새로운 인식, 새로운 사고, 새로운 해석을 한다. 그러면 결국 새로운 기회를 받아들일 수 있게 된다.

그것이 바로 내가 찾고 있던 물러섬의 긍정적인 측면이었다. 상실 앞에서 새로운 자기 모습을 상상해낼 수 있는 가능성 말이다. 물러섬이 꼭 나쁜 것은 아니다. 오히려 성공을 향해 앞만 보고 달려가는 접근 상태일 때 불가능했던 방식으로 자신에 대해 다시 상상해볼 수 있는 기회를 제공한다.

게리는 상실 후 애도의 기간에 새로운 자기 모습을 그려나갔지만 조는 그렇지 못했다. 조는 새로운 자신을 만들어가기 위해 반드시 거쳐야 할 자기 인식을 피해 대마초를 피웠다. 대마초는 의욕을 떨어뜨렸고, 결과적으로 회피 상태에서 벗어나 접근 상태로 돌입하기 힘들

STRESS TEST

어져서 감정적 회복탄력성을 발휘할 수도 없었다.

《해리 포터》시리즈의 작가 J. K. 롤링은 2008년 하버드 대학교 졸업식 축사에서 실패의 긍정적인 면에 대해 언급했다.[29] 롤링은 짧은 결혼에 실패한 후 가난하고 일도 없는 싱글맘으로 삶의 어두운 시기를 보내야 했다. 그녀는 과연 끝이 있을까 싶은 어두운 터널에 갇혀 있다고 느꼈다. 하지만 그 후퇴가, 그 실패가 불필요한 것들로부터 벗어나는 효과를 발휘했다. 롤링은 다른 무엇으로라도 성공했다면 작가가 되겠다는 결심을 결코 하지 못했을 것이라고 말했다. 그녀는 과거의 목표를 벗어던지고 어두운 곳으로 물러났고 바로 그곳에서 반짝이는 새로운 목표를 찾았다.

롤링은 의도하지는 않았지만 물러나게 된 상황 때문에 자신의 예전 모습, 일과 결혼, 전통적인 성공의 개념에서 벗어날 수 있었다. 그녀의 인생은 접근과 회피, 보상과 징벌, 분투와 후퇴, 만족과 불안의 낯선 뒤섞임을 보여준다. 그것이 바로 역경을 마주할 때 꼭 필요한 것들이라고 나는 믿는다.

그런 정신적 균형의 공간은 삶 자체가 그렇듯 쓰기도 하고 달기도 하다. 어느 정도의 물러섬과 회피 없이는, 이를 통한 고통스러운 자기인식과 재평가 없이는 니체가 말한 대로 강해질 수 없다. 하지만 베케트가 말한 대로 물러선 만큼 전진하지 않으면 강해질 수 없다. 미래에 대한 추상적인 희망과 믿음뿐일지라도 삶을 향해, 목표를 향해 접근하지 않으면 강해질 수 없다.

조는 결국 대마초를 끊고 삶의 좌절을 온전히 받아들인 후 다시 전진할 수 있었다. 시행착오가 있었지만 다시 대학으로 돌아가 사진을 공부해 사진작가가 되었다. 하지만 고된 자기 재평가의 과정이 필요했고 새로운 삶의 균형을 찾기까지 회피와 접근 사이클을 지난하게 반복해야 했다. 사실 누구나 가끔 그래야 한다. 영원한 것은 없고 영원히 같은 상태로 머무를 수도 없기 때문이다.

나를 죽이지 못하는 것은 정말로 나를 강하게 만들 수 있다. 하지만 역경을 통해 균형을 찾을 때만 가능하다. 안타깝게도 켄은 그 균형을 찾지 못했다.

시작 버튼을 누르자 컴퓨터가 윙윙거리며 살아났다. 그런데 갑자기 나타난 '자동 복구 준비 중' 메시지가 다시 내 마음을 무너뜨렸다. 문 득 마감 기한이 떠오르면서 불안하고 초조하게 기다렸다. 화면이 까 매졌다. 오, 안 돼! 그리고 또 다른 메시지가 떴다. '컴퓨터를 진단 중 입니다.' 휴, 알아서 고치려나보군. 다시 화면이 어두워졌고 똑같은 메시지가 떴고 다시 어두워지고 메시지가 뜨기를 반복했다. 결국 다 른 사무실로 달려가 컴퓨터를 빌려와야 했다.

알고 보니 내 컴퓨터의 소프트웨어가 '무한 루프'에 걸린 것이었다. 수리 기사에 따르면 소프트웨어가 특정한 사건이 일어날 것이라고 '믿기' 때문에 이런 것이라고 했다. 그 사건이 일어나야 소프트웨어가 무한 루프를 끝내고 다음 단계로 넘어간다. 다음 단계로 넘어가야 워 드프로세서를 열어 이미 기한이 넘긴 논문을 작성할 수 있다. 하지만 도무지 그 사건이 일어나지 않아 프로그램은 그 사건만 기다리며 루프만 끝없이 반복했다. 수리 기사가 운영체제를 다시 설치해 컴퓨터는 살아났다. 적어도 얼마 동안은 살아 있었다.

그런데 이상하게도 그 일로 내 마음에 균열이 생겼다. 왜 어떤 사람은 역경을 통해 강해지고, 어떤 사람은 역경을 통해 무너지는지에 관한 니체의 퍼즐을 풀었다고 자만하고 있었다. 하지만 내가 찾은 답에 아주 중요한, 그리고 아주 인간적인 결함이 존재했다는 사실을 발견하고 얼마나 놀랐는지 모른다. 내가 놓쳤던 것은 바로 '믿음'이었다.

니체는 위대한 사상가였다. 니체는 힘에 대한 의지를 통해 자기 운명을 통제할 수 있다고 믿었다. 하지만 그가 드리운 어두운 그림자가 그 철학의 근본 가정 역시 흐리게 만들었다. 즉, 힘에 대한 의지가 있다고 '믿어야만' 그 힘을 발휘할 수 있다는 사실 말이다.

거기까지 생각이 미치자 갑자기 예전 환자들에 대한 한 가지 사실이 망치가 돼 내 머리를 가격했다. 거의 모든 환자들이 자신의 감정적 어려움은 외적인 것이며 어떤 사건이나 사물처럼 자신에게 '다가온' 것이라고 믿고 있었다.

지금 생각해보면 환자들은 그 감정적 어려움을 갑작스러운 눈보라나 폭풍우처럼 느꼈던 것 같다. 어쩌면 불안과 우울을 열병처럼 느꼈다는 것이 더 적절한 비유 같기도 하다. 약이나 물리치료를 처방받았던 환자들은 특히 더 그랬다.

스코틀랜드에서 나를 죽음으로 몰고 갈 뻔했던 켄 역시 조증과 울증이 스스로 통제할 수 없는 열병처럼 멋대로 자신을 휩쓴다고 생각했다. 켄의 심각한 양극성 장애는 분명 생화학적 불균형 때문이었을

것이고 약물치료의 도움을 받으면 약간은 통제할 수 있었을 것이다. 그는 상태가 심각해지기 전에 전조 증상을 보였고 충분히 일찍 발견하기만 하면 가족과 의사의 도움으로 미리 조치를 취할 수도 있었다. 하지만 그에게 감정적 균형을 유지하는 것은 끝없는 투쟁이었고 그의 뇌에서 벌어지는 알 수 없는 생화학적 요인은 이를 지극히 어려운 작업으로 만들었다.

하지만 켄처럼 증상이 심각하지 않았던 환자들 역시 자신의 감정적 문제를 스스로 통제할 수 없는 열병으로 느끼는 듯했다. 대중 연설 공포증이 있었던 사이먼 역시 마찬가지였다.

불안의 근원이
외부라는
믿음의 허상

돌이켜보면 그 잘못된 믿음이 그의 회복을 가로막는 가장 큰 장애였다. 감정 문제가 '다가온다'는 잘못된 믿음이 장애가 되는 이유는 두 가지다.

첫째, 자신의 감정적 문제가 외부에서 오는 것이라고 느끼면 이를 두려워하게 될 수 있다. 사이먼은 공황발작이 '다가오고 있다'는 것을 느낄 때 무섭고 배가 아프다고 했다. 그렇게 불안해지면 그 감정을 더 무서워하게 되고 점점 더 큰 불안의 소용돌이에 빠져든다. 두려움에 대한 두려움이 그 감정을 폭발시키는 연료가 된다. 우울증도 마찬가지다. 우울한 기분이 '다가온다'고 느끼는 사람들은 절망과 공포를 느끼면서 우울을 더 심하게 만든다. 이 경우에는 우울에 대한 우울이 악순환의 연료다.

두 번째 이유는 단순하다. 스스로 통제할 수 없다고 느끼면 가만히 앉아 기다리는 것 외에는 다른 어떤 노력도 의미가 없다고 생각할 수 있기 때문이다. 그렇게 믿으면 결국 감정적 균형을 유지하기 위한 어떤 조치도 취하지 않게 된다.

니체의 격언을 실천하기 위해서는 '믿음'이 필요하다. 자신의 감정을 어느 정도 통제할 수 있다고 믿어야 한다. 그 믿음 없이는 나를 죽이지 못하는 것을 통해 결코 강해질 수 없다. 시험에 한 번 실패하고 삶 전체가 힘들어졌던 루시도 마찬가지다. 루시 역시 사이먼처럼 감정적 균형을 유지할 수 있는 상태로 되돌아오기까지 생각보다 훨씬 오랜 시간이 걸렸다. 불안을 자신에게 다가오는 열병이라고 느꼈기 때문이다. 외부에서 다가오는 감정을 통제할 수 없다는 생각이 실제로 그 감정의 가장 큰 원인이었다.

루시와 또래였던 피터 역시 자신에게 일어난 일로 스트레스를 받았지만 그는 그에 대한 조치를 차근차근 취했다. 어떻게 그럴 수 있었을까? 자신의 감정을 어쩔 수 없는 것으로 바라보지 않고, 자신에게 일어난 불행한 사건으로 야기된 역동적인 과정으로 바라봤기 때문이다. 하지만 루시는 스스로 통제할 수 없는 외부의 힘이 불안을 야기했다고 생각하고 무력감을 느꼈다. 그래서 피터와 달리 어떤 행동도 취하

지 않았다. 루시는 자신의 두려움을 두려워했고 사이먼처럼 그 감정을 스스로 통제할 수 없다고 믿었으며, 그 잘못된 믿음 때문에 결국 몇 달 동안 회색빛으로 고독하게 지낼 수밖에 없었다.

아무것도 달라지지 않을 것이라는 무력감에 빠지지 않기

나는 사람들의 믿음이 감정 문제에 영향을 끼친다는 개념을 30여 년 동안 마음속에 담아만 두고 있었다. 그러다가 이 책의 집필을 마무리할 즈음 스탠퍼드 대학교의 심리학자 캐럴 드웩**Carol Dweck**의 연구를 통해 마침내 그 개념을 제대로 정리할 수 있었다.

내 컴퓨터는 어떤 사건이 일어날 것이라는 믿음 때문에 무한 루프에 빠졌다. 그런데 그 사건은 일어나지 않았고 결국 그 잘못된 믿음 때문에 내 컴퓨터는 아무 쓸모도 없는 작업을 끝없이 반복하게 됐다. 드웩에 따르면 인간은 아동기에 자신에 대한 믿음, 즉 이론을 발전시킨다. 지능을 예로 들어보자. 사람들이 자기 지능에 대해 갖고 있는 믿음은 두 가지로 나뉜다. 지능은 고정돼 있다는 믿음과 변할 수 있다는 믿음이다(캐럴에 따르면 '불변 이론' 대 '증진 이론'이다).[1] 불변 이론은 지능은 타고난 것으로 쉽게 바꿀 수 없다는 믿음이다. 증진 이론은 내가 하는 행동이나 내게 일어난 사건의 영향으로 지능도 변할 수 있다는 믿음이다.

'인간의 지능은 어느 정도 고정돼 있어 크게 변하지 않는다', '아무리 많이 배워도 지능은 변하지 않는다'고 생각하면 불변 이론을 믿는 쪽이며 '지능은 높일 수 있다', '아무리 영리해도 더 발전할 여지가 있다'는 말에 동의한다면 증진 이론을 믿는 것이다.

지능이 변하지 않는다고 믿는 아동이나 성인은, 특히 부모나 교사에게 '영리하다'는 말을 자주 들었던 사람들은 자신의 지적 능력이 드러나는 학교나 직장에서의 실패에 잘 대처하지 못하는 경향이 있다. 그들이 겪은 실패가 다른 수업을 더 듣거나 더 열심히 노력하는 식으로 해결할 수 없는 문제라고 생각하기 때문이다. 영리하게 태어났으니 그 영리함을 보여주는 것밖에 자신이 할 수 있는 일은 없다고 생각한다. 시험이나 프로젝트에서 실패하면 더 배우거나 노력하라는 자극으로 받아들이는 게 아니라 에고(자아)에 대한 엄청난 위협으로 받아들인다. '안 돼! 내가 그렇게 영리하지 않다고? 말도 안 돼!'

결국 사고가 마비되고 실패에서 교훈을 찾지 못한다. 예를 들어 자신의 수학 실력이 변하지 않는다고 믿는 청소년들은 변할 수 있다고 믿는 학생들에 비해 학기 초의 실제 수학 성적에 상관없이 1년 동안 수학 점수의 상승 폭이 훨씬 적었다.[2]

하지만 그 믿음에 대한 내 오랜 생각을 구체화한 드웩의 놀라운 발견은 따로 있었다. 바로 불변 이론과 증진 이론이 성격에도 적용된다는 사실이다.[3] 학교를 옮겨 새로 적응해야 하는 상황이라고 해보자.

새 친구를 사귀다 보면 때때로 거절당하는 상황이 반드시 있기 마련이다. 하지만 성격이 변하지 않는다고 믿는 아이들은, 지능이 변하지 않는다고 믿는 아이들이 실패에 잘 대응하지 못하듯 그 거절에 적절하게 대응하지 못한다.

성격이 변하지 않는다고 믿는 아이들은 상황을 회피하고 다시 시도하지 않을 가능성이 훨씬 크다. 거절의 이유가 자기 내면에 있다고 생각하기 때문이다. '저 아이들은 너무 자기들끼리만 놀아. 다른 친구를 찾아봐야겠어(증진 이론)'라고 생각하기보다 '나는 다른 아이들과 어울리는 데 소질이 없어(불변 이론)'라고 생각한다. 자기 성격에 문제가 있다고 느끼기 때문에 새 친구를 사귀려는 노력 자체를 그만둘 수 있다. 결국 친구를 사귈 수 있는 행동을 회피했기 때문에 실제로 친구가 없는 상태가 될 수 있다. 성격은 변하지 않으니 어쩔 수 없다는 운명론 때문이다.

이는 식습관과 다이어트에도 적용된다. 유전적으로 뚱뚱할 수밖에 없다고 믿는 사람들은 행동이 체중에 중요한 역할을 한다고 믿는 사람들보다 건강에 나쁜 음식을 먹고 운동을 하지 않는 경향이 있으며 그 결과 실제로 건강이 나빠진다.[4]

내가 진료했던 거의 모든 환자들의 가장 큰 문제는 바로 감정 문제에 대한 '무력감'이었다. 불안과 분노, 우울의 원인에 대한 잘못된 믿음이 어쩔 수 없다는 운명론의 가장 큰 이유였다. 그리고 어떤 환자들에게는 그 잘못된 믿음이 실제로 가장 큰 문제라는 생각이 들기 시작했다.

피터는 엄마의 죽음과 이후의 사건들로 스트레스를 받았지만 스스로 도움을 찾아 나서지는 않았다. 그를 걱정한 교수의 조언으로 나를 만나러 왔는데 사실 내가 도울 부분도 별로 없었다. 아마 자신의 감정과 성격이 변할 수 있다고 생각했기 때문일 것이다. 피터는 자신의 불안과 스트레스를 어려운 상황에 대한 반응으로 바라봤고 이를 에너지로 사용해 결국 자신에게는 물론 가족에게도 훨씬 긍정적인 결과를 가져올 수 있었다.

반대로 루시는 자신의 감정과 성격이 변하지 않는다고 생각했을 것이다. 그리고 두 가지 이유로 사소한 시험 실패에 적절히 대응하지 못했다. 첫째, 지능도 변하지 않는다고 생각했을 것이고 따라서 시험 실패는 똑똑하다는 자기 이미지에 큰 타격이 됐다. 둘째, 그전까지는 결코 느껴보지 못했던 불안을 느끼기 시작하자 그 감정에 대해서도 불변 이론을 적용했다. 자신의 감정 문제를 상황 변화에 따른 유동적인 반응이라기보다 자신의 결점 때문이라고 생각한 것이다.

드웩은 대학생들의 우울증 연구에서 피터와 루시의 차이를 정확히 보여줬다. 성격이 변하지 않는다고 믿는 학생들은 우울한 기분을 느낄 때 루시처럼 잘 대처하려고 노력하지 않았다. 하지만 성격이 변한다고 믿는 학생들은 기분이 우울해질 때 피터처럼 이를 에너지로 사용해 더 노력했고 결국 더 능력을 발휘했다.[5] 증거는 더 있다. 나쁜 경험이 자기 내면 때문이라고 생각하는, 즉 불변 이론을 믿는 청소년들은 스트레스는 역동적이며 변할 수 있다고 믿는 청소년들보다 그 후 5년 동안 우울해질 가능성이 훨씬 높았다.[6]

STRESS TEST

루시는 제때 치료를 받지 않았다면 점점 더 우울해졌을 것이다. 물론 21세기였다면 당연히 처방받았을 항우울제를 1970년대에는 처방받지 못했겠지만 말이다. 영국 인구가 5,300만이던 2013년 영국에서 발행된 처방전의 수가 5,300만 장이었다는 사실을 기억하라.

갑자기 모든 기억이 떠올랐다. 뉴질랜드에서 월요일 아침마다 휠체어를 밀던 기억, 모즐리 병원 정신과 동료들과의 토론, '뇌는 근육이 아니다'라고 설파했던 에든버러에서의 내 강의들. 그 모두가 동시에 떠올랐다.

하드웨어와 소프트웨어 논쟁은 학문적으로만 의미 있는 것은 아니었다. 실제로 우리는 둘 다 고려해야 하며, 마음이라는 소프트웨어가 뇌라는 하드웨어를 재구성할 수 있고 그 반대도 가능하다는 사실을 받아들여야 비로소 둘 사이의 균형을 찾을 수 있다.

하지만 하드웨어와 소프트웨어에 관한 가장 중요한 쟁점은 바로 무엇을 '믿는가'였다. 루시가 항우울제를 처방받았다면 자신에 대한 그녀의 이론은 어떤 영향을 받았을까? 루시는 자기 뇌의 하드웨어에 문제가 있다고 느꼈을 것이고, 그 결과 감정 문제에 대한 불변 이론은 더욱 강화됐을 것이다. 하지만 그녀의 하드웨어에는 문제가 없었다. 그녀가 하드웨어가 고장이라고 생각하면서 항우울제를 복용했다면, 즉 감정의 불변 이론을 받아들였다면 그녀의 마음이라는 소프트웨어를 다시 설치하려던 내 작업은 훨씬 어려워졌을 것이다.

감정과 지능은
변화하고
성장한다

나는 우울과 불안에 손쉽게 약을 처방하는 현실이 우려스럽다. 환자들의 마음속에 증진 이론보다는 불변 이론을 심어줌으로써 대처 능력을 떨어뜨리는 그 부작용이 말이다. 감정의 문제를 외부에서 오는 것으로, 의학적 치료의 대상으로 여기는 문화 때문에 스트레스를 통해 더 강해질 수 있는 우리의 능력이 훼손되고 있다. 그러면 결국 스트레스 앞에서 무력감을 느끼게 된다. 1970년대에 비해 루시 같은 사람들이 많아지고 피터 같은 사람들이 줄어들지는 않을지 걱정스럽다.

물론 좋은 항우울제와 뇌의 하드웨어가 고장 난 경우를 위한 다른 약물도 필요하다. 내 친구 켄 역시 정신의학협회 동료들의 도움으로 개발한 조제약이 없었다면 그만큼 오래 살아남지 못했을 것이다. 그리고 심각한 우울증을 겪는 환자들이 하드웨어에 중점을 둔 약물과 ECT 치료로 상태가 몹시 호전되는 경우도 분명히 있다.

오랫동안 몸담았던 정신의학계에 반기를 들 생각은 없지만, 전 세계 수백만 명을 대상으로 한 처방전 남용은 분명 걱정스러운 일이다. 대부분 루시나 피터보다 심각한 경우도 아니다. 피오나 오도허티도 10여 년 전에 이렇게 경고했다. "처방전을 남용하면 감정의 불변 이론을 조장하고, 이는 스트레스를 통해 강해질 수 있는 인간의 능력을 떨어뜨린다"고 말이다. 불변 이론은 자신의 감정을 통제할 수 있다는

믿음을 떨어뜨려 사람들을 더 우울하게 만든다.

만성불안으로 일상생활이 힘들었던 글로리아는 항불안제와 항우울제를 동시에 처방받았다. 하지만 불안이 거의 평생 지속됐다는 점을 생각해보면 약을 처방받았다고 감정 문제에 대한 글로리아의 믿음이 크게 변하지는 않았을 것이다. 어쨌든 글로리아는 불변 이론을 믿는 쪽이었고 그 때문에 더 비관적이었으며 문제 해결에 실제로 도움이 되는 조치를 취하지 못했다. 글로리아가 지금 내게 진료를 받고 있다면 나는 그녀가 만성적인 회피 상태에서 빠져나와 접근 상태로 들어갈 수 있도록 돕기 전에 감정을 통제할 수 없다는 그 비관적인 믿음부터 건드렸을 것이다.

조 역시 그런 잘못된 믿음의 희생자였다. 그는 영리하고 재능 있는 소년이었기에 성공은 노력하지 않아도 따라오는 것이라고 생각했고 이런 불변 이론으로 살아왔던 삶과 화해하려는 무한 루프에 갇혀 있었다. '노력하지 않는다'라는 말이 핵심이다. '똑똑하다'는 부모님의 칭찬이 지능은 변하지 않는다는 믿음을 심어주었고, 그 결과 처음 경험한 실패는 단순한 실패가 아니라 자신이 똑똑하다는 믿음이 틀렸을지도 모른다는 끔찍한 신호로 작용했다. 이에 에고가 위협을 느꼈고 결국 조는 몇 년씩 그 위협을 피해 달아나고 있었던 것이다.

성격도 마찬가지였다. 조는 거절당한다거나 다른 사람들과 친해지기 위해 노력한다는 것이 어떤 것인지 전혀 몰랐다. 그는 자신이 운 좋게 좋은 성격을 타고났다고 믿었다. 다른 사람들이 얼마나 시행착오를 거치며, 가끔은 고통스럽게 자신에 대해 고민하며, 그저 전진하고자 하는 단순한 끈기로 자기 모습을 만들어가고 있다는 사실조차 모르고 있었다.

조는 성격은 변하지 않는다는 믿음 때문에 부모님이 이혼하고 여자 친구가 떠나도 상황을 바꾸기 위해 뭐라도 하려는 생각조차 못 했다. 다만 '내가 누구한테나 사랑받는 소중한 존재는 아닐지도 몰라'라고 생각하며 자신의 에고를 향한 엄청난 위협과 싸울 뿐이었다. 그리고 그 잘못된 믿음 위에서 현실과 화해하려는 불가능한 임무에 매달려 있었다. 조가 할 수 있는 일은 대마초를 피우는 것으로 그 이론과 현실의 괴리를 무디게 만드는 것뿐이었다. 처음에 나를 혼란스럽게 만들었던 조의 그 생소하고 거만해 보였던 수동성도 바로 그 때문이었다. 그는 좁힐 수 없는 이론과 현실의 차이를 없애려는 무한 루프에 빠져 있었던 것이다.

•••••

자신의 감정을 통제할 수 있다는 믿음 여부가 스트레스에 어떻게 대처하는지 좌우하는 가장 중요한 요소라는 사실을 조금 더 일찍 알았다면 어땠을까. 성격이 타고나는 것이라면 감정적 장애도 마찬가지다. 그렇다면 감정을 통제하는 법을 배우면서 이를 뚫고 지나가겠다는 결심도 불가능하다. 어차피 통제할 수 없다고 믿기 때문이다.

그런 환자들에게 인지행동치료의 일환으로 목표를 제시할 때마다 나는 좀처럼 규정하기 힘든 어떤 '저항'을 느꼈다. 나와 접근 방식이

다른 정신과 의사들이라면 더 쉽게 알아차렸을 무의식적 저항이 분명 있었다. 그 저항은 사실 자기 마음을 통제할 수 있다는 믿음의 부족, 어쩔 수 없다는 운명론이었다. 그리고 그 운명론의 뿌리는 바로 자기 감정에 대한 불변 이론이었다.

자기 통제권에 대한 믿음의 중요성

나를 죽이지 못하는 것을 통해 정말로 강해지려면 자기 마음과 감정을 어느 정도는 통제할 수 있다는 믿음이 선행돼야 한다. 그와 같은 확신 없이는 내가 이 책에서 밝혀온 회복탄력성의 다른 요소들도 제자리에 두지 못할 것이다. 감정을 통제할 수 있다고 믿으면 뇌의 소프트웨어와 하드웨어의 상호작용에 대한 지식을 활용할 수 있다. 그리고 이를 통해 언제 어디서든 노력과 포기, 느긋함과 각성, 접근과 회피, 자기 잊기와 자기 인식, 그 외에 다른 많은 감정들을 균형에 가까운 상태로 유지할 수 있다.

무엇보다도 스트레스가 흥분 또는 분노와 증상을 공유한다는 사실을 기억해야 한다. 우울은 지독한 피로나 낮은 각성 상태와 비슷한 증상을 공유한다. 감정을 제대로 규정할 때 통제력도 높아진다. 물론 감정이나 성격은 변하지 않는다는 잘못된 믿음으로 스스로를 옭아매지 말고 감정의 '유동성'을 믿어야 한다.

나는 이 책을 읽은 독자들이 자신의 믿음과 감정 상태를 좌우하는 요소에 대해 더 잘 이해하고 감정적 균형을 찾을 수 있다는 자신감을 갖길 바란다. 통제할 수 있다고 믿을 때 우리는 복잡하면서도 언제든 변할 수 있는 뇌와 뇌를 통제하는 마음의 소프트웨어를 활용할 수 있으며, 삶의 도전에 맞서기 위해 필요한 정신적 균형을 찾을 수 있다.

프롤로그

1. Chapman, A. and M. Chapman-Santana (1995), 'The influence of Nietzsche on Freud's ideas'. British Journal of Psychiatry, 166(2), 251–3.

2. Nietzsche, F. W. (2001), *Twilight of the Idols with the Antichrist and Ecce Homo*. London: Wordsworth Editions.

3. Batstone, W. (1966), 'The fragments of Furius Antias'. *Classical Quarterly* (New Series), 46(02), 387–402.

4. HSCIC (2013) a.I. *Statins, antidepressants, diabetes prescribing items and NIC 1991 to 2013* [cited 27 April 2015]; Available from: http://www.hscic.gov.uk/article/2021/Website-Search?q=anti-depressants&go=Go&area=both.

5. Merzenich, M. M., et al. (1983), 'Progression of change following median nerve section in the cortical representation of the hand in areas 3b and 1 in adult owl and squirrel monkeys'. *Neuroscience*, 10(3), 639–65.

6. Jenkins, W. M., M. M. Merzenich and G. Recanzone (1990), 'Neocortical representational dynamics in adult primates: implications for neuropsychology'. *Neuropsychologia*, 28(6), 573–84.

7. Rossini, P., et al. (1994), 'Short-term brain "plasticity" in humans: transient finger representation changes in sensory cortex somatotopy following ischemic anesthesia'. *Brain Research*, 642(1),169–77.

8. Sadato, N., et al. (1996), 'Activation of the primary visual cortex by Braille reading in blind subjects'. *Nature*, 380, 526–8.

9. Clark, S. A., et al. (1988), 'Receptive fields in the body-surface map in adult cortex defined by temporally correlated inputs'. *Nature*, 332, 444–5.

10. Recanzone, G. H., C. E. Schreiner and M. M. Merzenich (1993), 'Plasticity in

the frequency representation of primary auditory cortex'. *Journal of Neuroscience*, 13, 87–103.

11. Tallal, P., et al. (1996), 'Language comprehension in language-learning impaired children improved with acoustically modifi ed speech'. *Science*, 217, 81–4.

12. Mishra, J., et al. (2014), 'Adaptive training diminishes distractibility in aging across species'. *Neuron*, 84(5), 1091–1103.

13. Maguire, E. A., et al. (2000), 'Navigation-related structural change in the hippocampi of taxi drivers'. *Proceedings of the National Academy of Sciences, USA* , 97, 4398–4403.

14. Moutsiana, C., et al. (2015), 'Insecure attachment during infancy predicts greater amygdala volumes in early adulthood'. *Journal of Child Psychology and Psychiatry*, 56(5), 540–8.

15. Glaser, R., et al. (1990), 'Psychological Stress-Induced Modulation of Interleukin 2 Receptor Gene Expression and Interleukin 2 Production in Peripheral Blood Leukocytes'. *Archives of General Psychiatry*, 47(8), 707–12.

16. Sotnikov, S. V., et al. (2014), 'Bidirectional rescue of extreme genetic predispositions to anxiety: impact of CRH receptor 1 as epigenetic plasticity gene in the amygdala'. *Translational Psychiatry*, 4, e359.

17. Fares, R. P., et al. (2013), 'Standardized environmental enrichment supports enhanced brain plasticity in healthy rats and prevents cognitive impairment in epileptic rats'. *PLOS ONE*, 8(1), e53888.

18. Lopez-Maury, L., S. Marguerat and J. Bahler (2008), 'Tuning gene expression to changing environments: from rapid responses to evolutionary adaptation'. *Nature Reviews Genetics*, 9(8), 583–93.

19. Glaser et al., 'Psychological Stress'.

20. Brydon, L., et al. (2005), 'Psychological stress activates interleukin-1β gene expression in human mononuclear cells'. *Brain, Behavior, and Immunity*, 19(6), 540–6.

21. Saxena, S., et al. (2009), 'Rapid effects of brief intensive cognitive-behavioral therapy on brain glucose metabolism in obsessive-compulsive disorder'. *Molecular Psychiatry*, 14(2), 197–205.

22. McNab, F., et al. (2009), 'Changes in Cortical Dopamine D1 Receptor Binding Associated with Cognitive Training'. *Science*, 323(5915), 800–2.

23. Robertson, I. (1999), *Mind Sculpture* . London: Bantam.

1. Robertson, I. H., et al. (1997), '"Oops!": performance correlates of everyday attentional failures in traumatic brain injured and normal subjects'. *Neuropsychologia*, 35, 747–58.

2. Manly, T., et al. (2003), 'Enhancing the sensitivity of a sustained attention task to frontal damage. Convergent clinical and functional imaging evidence'. *Neurocase*, 9, 340–9.

3. Edkins, G. and C. Pollock (1997), 'The influence of sustained attention on railway accidents'. *Accident Analysis and Prevention*, 29, 533–9.

4. Manly, T., et al. (2002), 'Coffee in the cornflakes: Time-of-day as a modulator of executive response control'. *Neuropsychologia*, 40, 1–6.

5. Aston-Jones, G., et al. (2001), 'A neural circuit for circadian regulation of arousal and performance'. *Nature Neuroscience*, 4, 732–8.

6. Sara, S. J. (2009), 'The locus coeruleus and noradrenergic modulation of cognition'. *Nature Reviews Neuroscience*, 10, 211–23.

7. Saper, C. B., T. E. Scammell and J. Lu (2005), 'Hypothalamic regulation of sleep and circadian rhythms'. *Nature*, 437(7063), 1257–63.

8. Bellgrove, M. A., et al. (2006), 'The Cognitive Genetics of Attention Deficit Hyperactivity Disorder (ADHD): Sustained attention as a Candidate Phenotype'. *Cortex*, 42, 838–45.

9. Greene, C., et al. (2009), 'Noradrenergic genotype predicts lapses in sustained attention'. *Neuropsychologia*, 47, 591–4.

10. Manly, T., et al. (1999), 'The absent mind: Further investigations of sustained attention to response'. *Neuropsychologia*, 37, 661–70.

11. Smilek, D., J. S. A. Carriere and J. A. Cheyne (2010), 'Failures of sustained attention in life, lab, and brain: Ecological validity of the SART'. *Neuropsychologia*, 48(9), 2564–70.

12. Manly et al., 'The absent mind'.

13. Manly, T., et al. (in press), 'Enhancing the sensitivity of a sustained attention task to frontal damage. Convergent clinical and functional imaging evidence'. *Neurocase*.

14. O'Connor, C., I. H. Robertson and B. Levine (2011), 'The prosthetics of vigilant attention: random cuing cuts processing demands'. *Neuropsychology*, 25(4), 535–43.

15. Robertson, I. H., et al. (1998), 'Phasic alerting of neglect patients overcomes their spatial deficit in visual awareness'. *Nature*, 395(10), 169–72.

16. Manly, T., et al. (2002), 'Rehabilitation of Executive Function: Facilitation of effective goal management on complex tasks using periodic auditory alerts'. *Neuropsychologia*, 40, 271–81.

17. Robertson, I. H., et al. (1995), 'Sustained attention training for unilateral neglect: theoretical and rehabilitation implications'. *Journal of Clinical and Experimental Neuropsychology*, 17, 416–30.

18. Murphy, P., et al. (2014), 'Pupil Diameter Covaries with BOLD Activity in Human Locus Coeruleus'. *Human Brain Mapping*, 35, 4140–54.

19. Yamamoto, K.-i., H. Arai and S. Nakayama (1990), 'Skin conductance response after 6-hydroxydopamine lesion of central noradrenaline system in cats'. *Biological Psychiatry*, 28(2), 151–60.

20. Storm, H., et al. (2002), 'Skin conductance correlates with perioperative stress'. *Acta Anaesthesiologica Scandinavica*, 46(7), 887–95.

21. Bradley, M. M., et al. (2008), 'The pupil as a measure of emotional arousal and autonomic activation'. *Psychophysiology*, 45(4), 602–7.

22. O'Connell, R. G., et al. (2008), 'Self-Alert Training: Volitional modulation of autonomic arousal improves sustained attention'. *Neuropsychologia*, 46(5), 1379–90.

23. Salomone, S., et al. (2012), 'A biofeedback-based programme to improve attention and impulsivity in adults with ADHD'. *Irish Journal of Psychology*, 33, 86–93.

2장 나를 죽이지 못하는 것은 나를 더 강하게 만든다

1. Helton, W. and J. Head (2012), 'Earthquakes on the Mind: Implications of Disasters for Human Performance'. *Human Factors*, 54, 189–94.

2. Yerkes, R. M. and J. D. Dodson (1908), 'The relation of strength of stimulus to rapidity of habit-formation'. *Journal of Comparative and Neurological Psychology*, 18, 459–82.

3. Beilock, S. L. (2008), 'Math performance in stressful situations'. *Current Directions in Psychological Science*, 17(5), 339–43.

4. Killingsworth, M. A. and D. T. Gilbert (2010), 'A Wandering Mind Is an

Unhappy Mind'. *Science*, 330(6006), 932.

5. McVay, J. C., M. J. Kane and T. R. Kwapil (2009), 'Tracking the train of thought from the laboratory into everyday life: An experience-sampling study of mind wandering across controlled and ecological contexts'. *Psychonomic Bulletin & Review*, 16(5), 857–63.

6. Buckner, R. L. and D. C. Carroll (2007), 'Self-projection and the brain'. *Trends in Cognitive Sciences*, 11(2), 49–57.

7. Somerville, L. H., et al. (2013), 'The Medial Prefrontal Cortex and the Emergence of Self-Conscious Emotion in Adolescence'. *Psychological Science*, 24(8), 1554–62.

3장 두려움을 뚫고 전진할 수 있는가

1. Morrow, L., et al. (1981), 'Arousal responses to emotional stimuli and laterality of lesion'. *Neuropsychologia*, 19, 65–71.

2. Heilman, K. M., H. D. Schwartz and R. T. Watson (1978), 'Hypoarousal in patients with the neglect syndrome and emotional indifference'. *Neurology*, 28, 229–32.

3. Güntürkün, O. (2003), 'Human behaviour: Adult persistence of head-turning asymmetry'. *Nature*, 421, 711.

4. Joanette, Y., et al. (1986), 'Pointing with left vs right hand in left visual field neglect'. *Neuropsychologia*, 24(3), 391–6.

5. Robertson, I. H. and N. North (1992), 'Spatio-motor cueing in unilateral neglect: The role of hemispace, hand and motor activation'. *Neuropsychologia*, 30, 553–63.

6. Robertson, I. H. and N. North (1993), 'Active and passive activation of left limbs: influence on visual and sensory neglect'. *Neuropsychologia*, 31, 293–300.

7. Robertson, I. H. and N. North (1994), 'One hand is better than two: Motor extinction of left hand advantage in unilateral neglect'. *Neuropsychologia*, 32, 1–11.

8. Roskes, M., et al. (2011), 'The Right Side? Under Time Pressure, Approach Motivation Leads to Right-Oriented Bias'. *Psychological Science*, 22(11), 1403–7.

9. Quaranta, A., M. Siniscalchi and G. Vallortigara (2007), 'Asymmetric tailwagging responses by dogs to different emotive stimuli'. *Current Biology*,

17(6), R199–201.

10. Beckett, S. (1960), *The Unnamable*. London: Calder and Boyers.

11. Beckett, S. (1983), *Worstward Ho*. London: Calder.

12. Robertson, I. H., et al. (2002), 'Rehabilitation by Limb Activation Training (LAT) Reduces Impairment in Unilateral Neglect Patients: A Single-Blind Randomised Control Trial'. *Neuropsychological Rehabilitation*, 12, 439–54.

13. Robertson, I. (2012), *The Winner Effect: How Power Affects Your Brain*. London: Bloomsbury.

14. Wilkinson, D., et al. (2010), 'Feeling socially powerless makes you more prone to bumping into things on the right and induces leftward line bisection error'. *Psychonomic Bulletin & Review*, 17(6), 910–14.

15. Boksem, M. A. S., R. Smolders and D. D. Cremer (2012), 'Social power and approach-related neural activity'. *Social Cognitive and Affective Neuroscience*, 7(5), 516–20.

16. Garavan, H., T. J. Ross and E. A. Stein (1999), 'Right hemispheric dominance of inhibitory control: an event-related fMRI study'. *Proceedings of the National Academy of Sciences, USA*, 96, 8301–6.

17. Gray, J. A. (1990), 'Brain systems that mediate both emotion and cognition'. *Cognition & Emotion*, 4(3), 269–88.

18. Davidson, R. J. (1992), 'Anterior cerebral asymmetry and the nature of emotion'. *Brain and Cognition*, 20(1), 125–51.

19. Toga, A. and P. Thompson (2003), 'Mapping Brain Asymmetry'. *Nature Reviews Neuroscience*, 4, 37–48.

20. Montani, V., M. De Filippo De Grazia and M. Zorzi (2014), 'A new adaptive videogame for training attention and executive functions: Design principles and initial validation'. *Frontiers in Psychology*, 13, 5, 409.

21. Oke, A., et al. (1978), 'Lateralization of norepinephrine in human thalamus'. *Science*, 200: 1411–13.

22. Davidson, 'Anterior cerebral asymmetry'.

23. Tomer, R., et al. (2008), 'Incentive motivation is associated with striatal dopamine asymmetry'. *Biological Psychology*, (77), 98–101.

24. Wacker, J., et al. (2013), 'Dopamine-D2-receptor blockade reverses the association between trait approach motivation and frontal asymmetry in an approach-motivation context'. *Psychological Science*, 24(4), 489–97.

25. McGregor, I., K. A. Nash and M. Inzlicht (2009), 'Threat, high self-esteem, and

reactive approach-motivation: Electroencephalographic evidence'. *Journal of Experimental Social Psychology*, 45(4), 1003–7.

26. Niedenthal, P. M. (2007), 'Embodying Emotion'. *Science*, 316(5827), 1002–5.

27. Ibid.

28. Davidson, 'Anterior cerebral asymmetry'.

29. Davidson, R. J. and N. A. Fox (1989), 'Frontal brain asymmetry predicts infants' response to maternal separation'. *Journal of Abnormal Psychology*, 98(2), 127.

30. Buss, K. A., et al. (2003), 'Right frontal brain activity, cortisol, and withdrawal behavior in 6-month-old infants'. *Behavioral Neuroscience*, 117, 11–20.

31. Shackman, A. J., et al. (2009), 'Right Dorsolateral Prefrontal Cortical Activity and Behavioral Inhibition'. *Psychological Science*, 20(12), 1500–6.

32. Harmon-Jones, E. (2006), 'Unilateral right-hand contractions cause contralateral alpha power suppression and approach motivational affective experience'. *Psychophysiology*, 43(6), 598–603.

33. Schiff, B. B. and M. Lamon (1994), 'Inducing emotion by unilateral contraction of hand muscles'. *Cortex*, 30(2), 247–54.

34. Carney, D. R., A. J. C. Cuddy and A. J. Yap (2010), 'Power Posing'. *Psychological Science*, 21(10), 1363–8.

35. McGregor, Nash and Inzlicht, 'Threat, high self-esteem, and reactive approach-motivation'.

4장 분노에 먹힐 것인가, 분노를 해석할 것인가

1. Dutton, D. G. and A. P. Aron (1974), 'Some evidence for heightened sexual attraction under conditions of high anxiety'. *Journal of Personality and Social Psychology*, 30(4), 510.

2. Reisenzein, R. (1983), 'The Schachter theory of emotion: two decades later'. *Psychological Bulletin*, 94(2), 239.

3. Meston, C. M. and P. F. Frohlich (2003), 'Love at first fright: Partner salience moderates roller-coaster-induced excitation transfer'. *Archives of Sexual Behavior*, 32(6), 537–44.

4. Rivier, C. and S. Rivest (1991), 'Effect of stress on the activity of the hypothalamic-pituitary-gonadal axis: peripheral and central mechanisms'. *Biology of Reproduction*, 45(4), 523–32.

5. Nepomnaschy, P. A., et al. (2006), 'Cortisol levels and very early pregnancy loss in humans'. *Proceedings of the National Academy of Sciences, USA*, 103(10), 3938–42.

6. Schachter, S. and J. Singer (1962), 'Cognitive, social, and physiological determinants of emotional state'. *Psychological Review*, 69(5), 379.

7. White, G. L., S. Fishbein and J. Rutsein (1981), 'Passionate love and the misattribution of arousal'. *Journal of Personality and Social Psychology*, 41(1), 56.

8. Brooks, A. W. (2014), 'Get excited: Reappraising pre-performance anxiety as excitement'. *Journal of Experimental Psychology: General*, 143(3), 1144.

9. Johnson, A., *Dallaire opens up about four suicide attempts. CTV News*, 19 May 2015 [cited 2 May 2015]; Available from: http://www.ctvnews.ca/dallaireopens-up-about-four-suicide-attempts-1.707796.

10. *UN general's Rwandan nightmares. BBC News*, 5 July 2000 [cited 2 May 2015]; Available from: http://news.bbc.co.uk/2/hi/africa/820827.stm.

11. Harmon-Jones, E. (2003), 'Anger and the behavioral approach system'. *Personality and Individual Differences*, 35(5), 995–1005.

12. Carver, C. S. and E. Harmon-Jones (2009), 'Anger is an approach-related affect: evidence and implications'. *Psychological Bulletin*, 135(2), 183.

13. Orth, U. and E. Wieland (2006), 'Anger, hostility, and posttraumatic stress disorder in trauma-exposed adults: A meta-analysis'. *Journal of Consulting and Clinical Psychology*, 74(4), 698.

14. Carver and Harmon-Jones, 'Anger is an approach-related affect'.

15. Ibid.

16. Orth and Wieland, 'Anger, hostility and posttraumatic stress disorder'.

17. Kelley, N. J., R. Hortensius and E. Harmon-Jones (2013), 'When Anger Leads to Rumination: Induction of Relative Right Frontal Cortical Activity With Transcranial Direct Current Stimulation Increases Anger-Related Rumination'. *Psychological Science*, 24(4) 475–81.

18. Ibid.

19. Tamir, M., C. Mitchell and J. J. Gross (2008), 'Hedonic and instrumental motives in anger regulation'. *Psychological Science*, 19(4), 324–8.

20. Sell, A., J. Tooby and L. Cosmides (2009), 'Formidability and the logic of human anger'. *Proceedings of the National Academy of Sciences, USA*, 106(35), 15073–8.

21. Wacker, J., et al. (2013), 'Dopamine-D2-receptor blockade reverses the

association between trait approach motivation and frontal asymmetry in an approach-motivation context'. *Psychological Science*, 24(4), 489–97.

22. *CNN News*, 28 May 2014.
23. Lovett, I. 'Rampage Victims Drawn to California Campus From Near and From Far.' *New York Times*, 25 May 2014.
24. Inzlicht, M., L. Legault and R. Teper (2014), 'Exploring the Mechanisms of Self-Control Improvement'. *Current Directions in Psychological Science*, 23(4), 302–7.
25. Lerner, J. S., et al. (2007), 'Facial Expressions of Emotion Reveal Neuroendocrine and Cardiovascular Stress Responses'. *Biological Psychiatry*, 61(2), 253–60.
26. Lawson-Tancred, H. (1991), *Aristotle: The Art of Rhetoric*. London: Penguin Books.
27. Miller, T. Q., et al. (1996), 'Meta-analytic review of research on hostility and physical health'. *Psychological Bulletin*, 119(2), 322.
28. Davidson, K., et al. (2000), 'Constructive anger verbal behavior predicts blood pressure in a population-based sample'. *Health Psychology*, 19(1), 55.
29. Davidson, K., et al. (1999), 'Increasing constructive anger verbal behavior decreases resting blood pressure: a secondary analysis of a randomized controlled hostility intervention'. *International Journal of Behavioral Medicine*, 6(3), 268–78.
30. Ochsner, K. N., et al. (2002), 'Rethinking Feelings: An fMRI Study of the Cognitive Regulation of Emotion'. *Journal of Cognitive Neuroscience*, 14, 1215–29.
31. Goldin, P. R., et al. (2008), 'The Neural Bases of Emotion Regulation: Reappraisal and Suppression of Negative Emotion'. *Biological Psychiatry*, 63(6), 577–86.
32. Gross, J. J. (2002), 'Emotion regulation: Affective, cognitive, and social consequences'. *Psychophysiology*, 39(3), 281–91.
33. Ibid.

5장 우리를 똑똑하게 만드는 스트레스

1. Feeney, J., et al. (2013), 'Cognitive Function Is Preserved in Older Adults With a Reported History of Childhood Sexual Abuse'. *Journal of Traumatic Stress*, 26(6), 735–43.
2. Ritchie, K., et al. (2011), 'Adverse childhood environment and late-life cognitive

functioning'. *International Journal of Geriatric Psychiatry*, 26(5), 503–10.

3. Comijs, H. C., et al. (2011), 'Accumulated and Differential Effects of Life Events on Cognitive Decline in Older Persons: Depending on Depression, Baseline Cognition, or ApoE ε4 Status?' *Journals of Gerontology Series B: Psychological Sciences and Social Sciences*, 66B(suppl 1), i111–i120.

4. Rosnick, C. B., et al. (2007), 'Negative Life Events and Cognitive Performance in a Population of Older Adults'. *Journal of Aging and Health*, 19(4), 612–29.

5. Plassman, B. L., et al. (2011), 'Incidence of dementia and cognitive impairment, not dementia in the United States'. *Annals of Neurology*, 70(3), 418–26.

6. Ott, A., et al. (1995), 'Prevalence of Alzheimer's disease and vascular dementia: association with education. The Rotterdam study'. *British Medical Journal*, 310(6985), 970–3.

7. Parker, E. S. and E. P. Noble (1977), 'Alcohol consumption and cognitive functioning in social drinkers'. *Journal of Studies on Alcohol and Drugs*, 38(07), 1224.

8. Robertson, I. (1984), 'Does moderate drinking cause mental impairment?' *British Medical Journal* (Clinical Research edn), 289(6447), 711.

9. Gatz, M., et al. (2007), 'Accounting for the relationship between low education and dementia: A twin study'. *Physiology & Behavior*, 92(1–2), 232–7.

10. Draganski, B., et al. (2006), 'Temporal and Spatial Dynamics of Brain Structure Changes during Extensive Learning'. *Journal of Neuroscience*, 26(23), 6314–17.

11. Ibid.

12. Maguire, E. A., et al (2000), 'Navigation-related structural change in the hippocampi of taxi drivers'. *Proceedings of The National Academy of Sciences*, 97, 4398–4403.

13. Draganski et al., 'Temporal and Spatial Dynamics of Brain Structure Changes'.

14. Valenzuela, M. J., et al. (2011), 'Multiple Biological Pathways Link Cognitive Lifestyle to Protection from Dementia'. *Biological Psychiatry*, 71, 783–91.

15. Bennett, D. A., et al. (2006), 'The effect of social networks on the relation between Alzheimer's disease pathology and level of cognitive function in old people: a longitudinal cohort study'. *Lancet Neurology*, 5(5), 406–12.

16. Verghese, J., et al. (2003), 'Leisure Activities and the Risk of Dementia in the Elderly'. *New England Journal of Medicine*, 348(25), 2508–16.

17. Klusmann, V., et al. (2010), 'Complex Mental and Physical Activity in Older Women and Cognitive Performance: A 6-month Randomized Controlled Trial'.

Journals of Gerontology Series A: Biological Sciences and Medical Sciences, 65A(6), 680–8.

18. Valenzuela, M. and P. Sachdev (2009), 'Can Cognitive Exercise Prevent the Onset of Dementia? Systematic Review of Randomized Clinical Trials with Longitudinal Follow-up'. *American Journal of Geriatric Psychiatry*, 17(3), 179–87.

19. Rundek, T. and D. A. Bennett (2006), 'Cognitive leisure activities, but not watching TV, for future brain benefits'. *Neurology*, 66(6), 794–5.

20. Csikszentmihalyi, M. and R. Kubey (1981), 'Television and the Rest of Life: A Systematic Comparison of Subjective Experience'. *Public Opinion Quarterly*, 45(3), 317–28.

21. Depp, C. A., et al. (2010), 'Age, affective experience, and television use'. *American Journal of Preventive Medicine*, 39(2), 173–8.

22. Valenzuela, M. J. and P. Sachdev (2006), 'Brain reserve and dementia: a systematic review'. *Psychological Medicine*, 36(04), 441–54.

23. Baroncelli, L., et al. (2010), 'Nurturing brain plasticity: impact of environmental enrichment'. *Cell Death and Differentiation*, 17, 1092–1103.

24. Catlow, B. J., et al. (2009), 'Effects of environmental enrichment and physical activity on neurogenesis in transgenic PS1/APP mice'. *Brain Research*, 1256(0), 173–9.

25. Veyrac, A., et al. (2008), 'Novelty Determines the Effects of Olfactory Enrichment on Memory and Neurogenesis Through Noradrenergic Mechanisms'. *Neuropsychopharmacology*, 34, 786–95.

26. Robertson, I. H. (2014), 'A right hemisphere role in cognitive reserve'. *Neurobiology of Aging*, 35(6), 1375–85.

27. Naka, F., et al. (2002), 'An enriched environment increases noradrenaline concentration in the mouse brain'. *Brain Research*, 924(1), 124–6.

28. Feinstein, D. L., et al. (2002), 'Noradrenergic regulation of infl ammatory gene expression in brain'. *Neurochemistry International*, 41(5), 357–65.

29. Heneka, M. T., et al. (2010), 'Locus coeruleus controls Alzheimer's disease pathology by modulating microglial functions through norepinephrine'. *Proceedings of the National Academy of Sciences, USA*, 107(13), 6058–63.

30. Robertson, I. H. (2013), 'A noradrenergic theory of cognitive reserve: implications for Alzheimer's disease'. *Neurobiology of Aging*, 34, 298–308.

31. Murphy, P., et al. (2014), 'Pupil Diameter Covaries with BOLD Activity in Human Locus Coeruleus'. *Human Brain Mapping*, 35, 4140–54.

32. Bornemann, B., et al. (2010), 'Mathematical cognition: individual differences in resource allocation'. *ZDM*, 42(6), 555–67.

33. Van Der Meer, E., et al. (2010), 'Resource allocation and fluid intelligence: Insights from pupillometry'. *Psychophysiology*, 47(1), 158–69.

34. Robertson (2013), 'A noradrenergic theory of cognitive reserve' *Neurobiology of Aging*, 34, 298–308.

35. Wilson, R. S., et al. (2013), 'Neural reserve, neuronal density in the locus coeruleus, and cognitive decline'. *Neurology*, 80, 1202–8.

36. Ibid.

37. Clewett, D.V., et al. (2015), 'Neuromelanin marks the spot: identifying a locus coeruleus biomarker of cognitive reserve in healthy aging'. *Neurobiology of Aging* 37, 117–126.

38. Rohwedder, S. and R. Willis (2010), 'Mental Retirement'. *Journal of Economic Perspectives*, 24, 119–38.

39. Dufouil, C., et al. (2013), 'Older age at retirement is associated with decreased risk of dementia: Analysis of a health care insurance database of self-employed workers'. *Alzheimer's & Dementia: The Journal of the Alzheimer's Association*, 9, 342–343.

40. Bremner, J. D., et al. (1995), 'MRI-based measurement of hippocampal volume in patients with combat-related posttraumatic-stress-disorder'. *American Journal of Psychiatry*, 152, 973–81.

41. Chen, L., et al. (2013), 'Impact of acute stress on human brain microstructure: An MR diffusion study of earthquake survivors'. *Human Brain Mapping*, 34(2), 367–73.

42. Wilson, R. S., et al. (2003), 'Proneness to psychological distress is associated with risk of Alzheimer's disease'. *Neurology*, 61(11), 1479–85.

43. Keenan, B. (1992), *An Evil Cradling* . London: Vintage.

44. Pruessner, J. C., et al. (2005), 'Self-esteem, locus of control, hippocampal volume, and cortisol regulation in young and old adulthood'. *NeuroImage*, 28(4), 815–26.

45. Ochsner, K. N., et al. (2002), 'Rethinking Feelings: An fMRI Study of the Cognitive Regulation of Emotion'. *Journal of Cognitive Neuroscience*, 14, 1215–29.

46. Duncko, R., et al. (2007), 'Acute exposure to stress improves performance in trace eyeblink conditioning and spatial learning tasks in healthy men'. *Learning*

& *Memory*, 14(5), 329–35.

6장 나로부터 물러서는 힘

1. Bianchi, E. C. (2014), 'Entering Adulthood in a Recession Tempers Later Narcissism'. *Psychological Science*, 25(7), 1429–1437.
2. Ibid.
3. Twenge, J. M., et al. (2010), 'Birth cohort increases in psychopathology among young Americans, 1938–2007: A cross-temporal meta-analysis of the MMPI'. *Clinical Psychology Review*, 30(2), 145–54.
4. Smith, V. and A. Ennos (2003), 'The effects of air flow and stem flexure on the mechanical and hydraulic properties of the stems of sunflowers Helianthus annuus L.', *Journal of Experimental Botany*, 54(383), 845–9.
5. Seery, M. D., E. A. Holman and R. C. Silver (2010), 'Whatever does not kill us: cumulative lifetime adversity, vulnerability, and resilience'. *Journal of Personality and Social Psychology*, 99(6), 1025.
6. Gunnar, M. R., et al. (2009), 'Moderate versus severe early life stress: associations with stress reactivity and regulation in 10–12-year-old children'. *Psychoneuroendocrinology*, 34(1), 62–75.
7. Seery, M. D., et al. (2013), 'An Upside to Adversity? Moderate Cumulative Lifetime Adversity Is Associated With Resilient Responses in the Face of Controlled Stressors'. *Psychological Science* 24(7), 1181–9.
8. Seery, M.D., et al. (2010), 'Lifetime exposure to adversity predicts functional impairment and healthcare utilization among individuals with chronic back pain'. *Pain*, 150(3), 507–15.
9. Robertson, I. H. (2013), 'A noradrenergic theory of cognitive reserve: implications for Alzheimer's disease'. *Neurobiology of Aging*, 34, 298–308.
10. Robertson, I. H. (2014), 'A right hemisphere role in cognitive reserve'. *Neurobiology of Aging*, 35(6), 1375–85.
11. Mor, N. and J. Winquist (2002), 'Self-focused attention and negative affect: a meta-analysis'. *Psychological Bulletin*, 128(4), 638.
12. Robertson, I. H. (2010), 'Anosognosia and Error Processing in Various Clinical Disorders', in G. P. Prigatano (ed.), *The Study of Anosognosia*. Oxford: Oxford University Press.

13. Harty, S., et al. (2014), 'Transcranial Direct Current Stimulation over Right Dorsolateral Prefrontal Cortex Enhances Error Awareness in Older Age'. *Journal of Neuroscience*, 34(10), 3646–52.

14. Singh-Curry, V. and M. Husain (2009), 'The functional role of the inferior parietal lobe in the dorsal and ventral stream dichotomy'. *Neuropsychologia*, 47, 1434–48.

15. Brickman, P., D. Coates and R. Janoff-Bulman (1978), 'Lottery winners and accident victims: Is happiness relative?', *Journal of Personality and Social Psychology*, 36(8), 917.

16. Collicutt McGrath, J. and P. A. Linley (2006), 'Post-traumatic growth in acquired brain injury: A preliminary small scale study'. *Brain Injury*, 20(7), 767–73.

17. Eisenberger, N. I. (2011), 'The neural basis of social pain: Findings and implications', in G. MacDonald and L. A. Jensen-Campbell (eds), *Social Pain: Neuropsychological and Health Implications of Loss and Exclusion*. New York: American Psychological Association, pp. 53–78.

18. Kalisch, R., et al. (2005), 'Anxiety reduction through detachment: subjective, physiological, and neural effects'. *Journal of Cognitive Neuroscience*, 17(6), 874–83.

19. Collicutt McGrath and Linley, 'Post-traumatic growth in acquired brain injury'.

20. Kalisch et al., 'Anxiety reduction through detachment'.

21. Ochsner, K. N., J. A. Silvers and J. T. Buhle (2012), 'Functional imaging studies of emotion regulation: a synthetic review and evolving model of the cognitive control of emotion'. *Annals of the New York Academy of Sciences*, 1251, E1–E24.

22. Harmon-Jones, E., P. A. Gable and C. K. Peterson (2010), 'The role of asymmetric frontal cortical activity in emotion-related phenomena: A review and update'. *Biological Psychology*, 84(3), 451–62.

23. Mason, L., et al. (2014), 'Decision-making and trait impulsivity in bipolar disorder are associated with reduced prefrontal regulation of striatal reward valuation'. *Brain*, 137(8), 2346–55.

24. Anderson, G., 'Did cocaine use by bankers cause the global financial crisis?' 15 April 2013, *Guardian*.

25. Service, M. F., 'Fraudster Bernie Madoff "had so much cocaine in his office it was dubbed the North Pole". 21 October 2009, *Daily Mail*.

26. Mihov, K. M., M. Denzler and J. Förster (2010), 'Hemispheric specialization

and creative thinking: A meta-analytic review of lateralization of creativity'. *Brain and Cognition*, 72(3), 442–8.

27. Goldstein, A., et al. (2010), 'Unilateral muscle contractions enhance creative thinking'. *Psychonomic Bulletin & Review*, 17(6), 895–9.

28. Chi, R. P. and A. W. Snyder (2011), 'Facilitate insight by non-invasive brain stimulation'. *PLOS ONE*, 6(2), e16655.

29. Rowling, J. (2008), 'The Fringe Benefits of Failure, and the Importance of Imagination', in *Harvard Gazette*. Cambridge, Mass.: Harvard University.

에필로그

1. Dweck, C. S. and A. Master (2008), 'Self-theories motivate self-regulated learning', in D. H. Schunk and B. J. Zimmerman (eds), *Motivation and Selfregulated Learning: Theory, Research, and Applications*. New York: Taylor and Francis, pp. 31–51.

2. Blackwell, Lisa S., K. H. Trzesniewski and C. S. Dweck (2007), 'Implicit Theories of Intelligence Predict Achievement Across an Adolescent Transition: A Longitudinal Study and an Intervention'. *Child Development*, 78(1), 246–63.

3. Dweck, C. and E. Leggett (1988), 'A Social-Cognitive Approach to Motivation and Personality'. *Psychological Review*, 256–73.

4. Parent, M. C. and J. L. Alquist (2015), 'Born Fat: The Relations Between Weight Changeability Beliefs and Health Behaviors and Physical Health'. *Health Education & Behavior*, doi:10.1177/1090198115602266.

5. Molden, D. C. and C. S. Dweck (2006), 'Finding "meaning" in psychology: a lay theories approach to self-regulation, social perception, and social development'. *American Psychologist*, 61(3), 192.

6. Garber, J., M. K. Keiley and N. C. Martin (2002), 'Developmental trajectories of adolescents' depressive symptoms: predictors of change'. *Journal of Consulting and Clinical Psychology*, 70(1), 79–95.

옮긴이 임현경

이화여자대학교 영어교육과를 졸업했다. 학교에서 아이들을 가르치고 연극무대에 섰으며 아이와 함께 여행을 떠나는 등 다양한 경험을 한 후 전문 번역가의 길로 접어들었다. 번역가들의 네트워크 '컨트라베이스'에서 활동하고 있으며, 옮긴 책으로 『불안에 서툰, 당신에게』 『제 3의 식탁』 『No Baggage, 여행 가방은 필요 없어』 『설득의 재발견』 『마즐토브』 『무엇이 우리의 선택을 좌우하는가』 『속도에서 깊이로』 등이 있다.

스트레스는 나쁜 것이 아닙니까

1판 1쇄 인쇄 2018년 3월 23일
1판 1쇄 발행 2018년 3월 30일

지은이 이안 로버트슨
옮긴이 임현경

발행인 양원석
본부장 김순미
편집장 최두은
디자인 RHK 디자인팀 조윤주, 김미선
해외저작권 황지현
제작 문태일
영업마케팅 최창규, 김용환, 양정길, 정주호, 이은혜, 신우섭,
　　　　　　　유가형, 이규진, 김보영, 임도진, 김양석, 우정아

펴낸 곳 ㈜알에이치코리아
주소 서울시 금천구 가산디지털2로 53, 20층 (가산동, 한라시그마밸리)
편집문의 02-6443-8844　**구입문의** 02-6443-8838
홈페이지 http://rhk.co.kr
등록 2004년 1월 15일 제2-3726호

ISBN 978-89-255-6349-7 (03180)